대중의 봉기

LA REBELIÓN DE LAS MASAS

초판인쇄일 | 2022년 10월 20일
초판발행일 | 2022년 10월 30일
지은이 | 호세 오르테가 이 가세트 (José Ortega y Gasset)
옮긴이 | 정헌주
펴낸곳 | 간디서원
펴낸이 | 최청수
주소 | (03340) 서울 은평구가좌로335, 2층
전화 | 02)3477-7008
팩스 | 02)3477-7066
등록 | 제2022-000014호
E_mail | gandhib@naver.com
ISBN | 978-89-97533-47-3 (03330)

• 잘못된 책은 바꾸어 드립니다.

대중의 봉기

LA REBELIÓN DE LAS MASAS

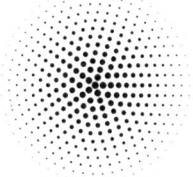

호세 오르테가 이 가세트
José Ortega y Gasset

정현주 옮김

간디서원

일러두기

현재의 글은 1922년에 출간한
『무기력한 스페인』Espana Invertebrada과
『태양』El Sol에 기고한 논문 「대중」Masas, 1926의
내용과 부에노스아이레스의
'예술가협회'the Association of Friends of Art, 1928에서
두 차례 걸쳐 행한 강의 내용을
발전시킨 것이다. 이 책을 쓰는 목적은
이미 언급한 내용을 집약하여 우리 시대의
가장 중요한 사실을 유기적으로 이해하기
위한 학설을 제시하는 것이다.

차례

7 옮긴이 서문

1부 대중의 출현

17 제1장 대중의 출현
27 제2장 역사 수준의 향상
37 제3장 시대의 절정

2부 대중의 해부

53 제4장 삶의 향상
65 제5장 통계적 사실
73 제6장 대중의 해부가 시작되다

3부 왜 대중은 모든 일에 폭력으로 개입하는 것일까

83 제7장 귀족의 삶과 평범한 삶 또는 노력과 타성
92 제8장 왜 대중은 모든 일에 폭력으로 개입하는 것일까
104 제9장 원시성과 전문성
116 제10장 원시 상태와 역사

4부 '전문화'의 야만성

129 제11장 자기만족 시대
142 제12장 '전문화'의 야만성
151 제13장 최대의 위험 - 국가

5부 누가 세계를 지배하는가?

167 제14장 누가 세계를 지배하는가?
249 제15장 현실적인 문제에 도달하다

옮긴이 - 서문

대중이란 어떤 존재인가? 우리는 거의 대부분 대중으로 태어나서 대중으로 살다가 대중으로 생을 마감한다. 우리가 일상생활에서 마주치는 사람도 대중이고, 서로 어울리고 사랑을 나누는 사람도 대중이다. 이처럼 우리는 한평생을 대중으로 살고, 대중과 함께 하고 있다. 그럼에도 우리가 배우는 것은 대중이 아니라 영웅, 위인, 스타뿐이고, 이들을 본받으라고 가르치고 늘 이들과 비교하고 이들을 본받으라고 일러준다.

플루타르크, 나폴레옹, 이순신 등등 영웅이나 위인에 대해서는 어릴 적부터 영웅전, 위인전 등을 통해 달달 외울 정도로 익히 배우고 들어 알고 있다. 드라마나 영화를 보더라도 주로 주인공hero만 조명을 받고 엑스트라는 이름도 없이 잠깐 스쳐지나 간다. 물론 나폴레옹이나 이순신 같은 영웅이 훌륭한 인물이고, 사회에 기여한 바가 매우 크다는 것은 어느 누구도 부정할 수 없는 명백한 사실이고, 많은 사람들의 귀감이 되는 존재임은 누구도 부정할 수 없는 역사적 사실이다.

그럼에도 아무리 뛰어난 영웅, 위인이라 할지라도 대중mass 없이 성공할 수 있었을까? 아무리 화려한 주인공이라 하더라도 엑스트라 대중의 탁월한(?) 뒷받침 없이 열연을 펼치고 흥행에 성공할 수 있을까?

사회에는 수많은 사람, 아니 대다수 사람이 대중이고, 영웅이나 위인의 활약이나 성공 이면에는 항상 대중이 뒤에(?) 있었다. 하지만 우리 주위에는 영웅, 위인, 스타만이 존재하고 대중은 존재하는지도 모르고 산다. 실제로 도서관, 서점에는 영웅이나 위인에 대한 저작은 즐비한데 비해 대중의 기여에 대해서는 물론이고 대중의 존재에 관한 책은 어느 구석을 뒤지더라도 찾아볼 수 없고, 그 수많은 논문에서도 찾아보기 힘들다.

학교에서도 역사나 도덕 수업시간에 영웅이나 위인만 등장하고, 대중에 대해서는 한 줄도 나오지 않으며, 당연히 시험에도 나오지 않으니 배운 적도 없다. 우리는 대중으로서 그냥 이를 외우고, 받아 적으며, 시험 문제에 나와 맞추면 즐거워한다.

학교나 주위에서는 이들을 본받으라고 가르치고, 실제로 대다수 사람들을 그들을 따라가려고 노력하지만 거의 모두가 이름없는 대중으로 한평생을 보낸다.

이처럼 거의 모든 사람이 평생을 대중으로 살아가는 대중인데도 대중이 무엇인지, 내가 대중인지, 왜 대중인지 모르고 생각해 본 적이 없다. 하지만 사회는 대중 없이 존재할 수 있는가? 대중 없이 역사가 흘러갈 수 있을까? 어쨌든 대중에 관한 책은 드물다 못해 희귀하다는 것이 현실이다. 그런 점에서 『대중의 봉기』는 우리에게 대중이 어떤 존재인지를 알려주는 초석이 될 것이다.

* * *

일반적으로 대중mass을 주제로 하여 지성계에 큰 반향을 불러일으킨 것은 현대사회를 대중문화mass culture, 대중사회mass society로 규정한 마르쿠제Herbert Marcuse, 아도르노Theodor Wiesengrund Adorno, 호르크하이머Max Horkheimer로 대표되는 프랑크푸르트학파의 『계몽의 변증법』(1947) 등으로 알려져 있다. 하지만 오르테가 이 가세트의 『대중의 봉기』는 그보다 20년 가까이나 앞설 뿐만 아니라 제목뿐 아니라 시종일관 대중을 소재로 한 최초의 책이다.

또한 프랑크푸르트학파의 대중사회는 『계몽의 변증법』을 비롯한 저작 군데군데서 지칭되고 있는 반면 『대중의 봉기』는 대중의 출현에서 대중의 해부에 이르기까지 오로지 대중에 모든 논의가 집중되어 있다. 18세기말부터 19세기에 접어들면서 대중이 역사의 전면에 등장했고 지금은 대중사회를 당연시하고 있음에도 불구하고 이에 대해 면밀하게 분석한 저작이 없었던 것이 사실이다. 그런 점에서 오르테가 이 가세트의 『대중의 봉기』는 선구적인 저작일 뿐만 아니라 아직도 대중에 대해 이에 필적할 만한 저작이 나오지 않고 있다. 이것이 『대중의 봉기』가 고전으로 꼽히는 이유이기도 하다.

* * *

오르테가 이 가세트는 스페인을 대표하는 세계적인 철학자이자 문예비평가로 꼽힌다. 오르테가는 1883년 마드리드에서 태어나 14세에 빌바오에 있는 데우스토대학에 입학하여 법학, 철학, 문학을 공부했다. 다음해 마드리드대학으로 옮겨 2년 후 『천년의 공포』라는 논문으로 철학박사 학위를 받았다. 졸업 후 독일로 건너가 라이프치히, 뉘른베르크, 뮌헨, 마르부르크 등을 거치며 H. 코엔, G. 짐멜, W. 분트 등의 가르침을 받았다. 마르부르크대학에서 헤르만 코헨을 만나 신칸트학파에 매료되었다. 1908년에 귀국하여 마드리드고등사범학교 교수로 부임하고, 2년 후 1910년 27세에 마드리드대학 철학부 교수가 되었다.

마드리드대학 교수로 재직하면서 오르테가는 당시 스페인의 자유화와 근대화를 위해 많은 노력을 기울여 큰 영향을 미쳤다. 1931년 왕정이 무너지고 제2공화국이 성립되자 공화국봉사회를 창설하여 제헌의회 의원을 지냈다. 하지만 정치에 염증을 느껴 물러나서 강연활동에 몰두했다. 그러는 사이 이탈리아 무솔리니의 파시즘의 영향을 받은 군부의 프랑코가 쿠데타를 일으켜 군부세력과 공화주의 및 공산주의를 비롯한 반파시즘 세력이 연대한 인민전선이 격돌하면서 내전에 돌입, 결국 군부의 승리로 독재정치가 시작되자 망명길을 떠났다.

오르테가는 이웃나라 포르투갈, 프랑스를 거쳐 남미의 아르헨티나로까지 먼 길을 떠나 2차 대전이 끝난 1945년에야 귀국했다. 귀국후 1948년에 인문학연구소를 설립하여 스페인 인문학 발전에 기여했다. 1955년에 생을 마감했다.

오르테가는 마드리드대학 교수로 재직하는 동안 많

은 저서를 남겼다. 대표적인 저작으로『돈키호테에 관한 명상』Meditaciones del Quijote, 1914,『무기력한 스페인』España invertebrada, 1921,『예술의 탈인간화』La deshumanización del Arte e Ideas sobre La novela, 1925,『대중의 봉기』La Rebelión de las masas, 1930,『관객』El Espectador,1916~1934 등이 있다.

* * *

『대중의 봉기』는 1929년부터 일간지『태양』El Sol에 기고한 글을 모아 다음해인 1930년에 단행본으로 출간한 책이다. 이 책의 시대적 배경은 당연히 유럽이다. 이 책은 잡지에 기고한 글이라 내용이 비교적 어렵지 않은 편이지만 유럽 역사에 대한 지식이 뒷받침되지 않으면 이해하기 쉽지는 않다. 특히 당시 스페인 역사에 대한 배경 지식이 다소 요구된다.

    프랑스혁명을 계기로 대중이 역사 무대에 등장했고 귀족의 전유물인 자리를 차지하게 되었다. 그러나 이 책은 혁명사에 관한 책이 아니다. 이 책은 19세기에 들어서면서 인구가 급증한 것에 주목한다. 늘어난 인구는 그간 소수[귀족]이 가진 공간, 즉 주택, 극장, 거리 등으로 밀려들어오며 그 자리를 차지하기 시작한 것이다. 이것이야말로 역사상 한 번도 본 적이 없는 기이한 일이고, 이것이 초래하는 결과는 실로 엄청나다는 것이다. 그 결과에 대해서는 은유적인 표현이 많아서 옮긴이가 예단할 것이 아니라 독자들이 판단할 문제이다.

    다만 이 넘쳐나는 대중이 자리를 차지하는 것이 바람직하지 않다는 것이 저자의 견해인 듯하다. 이는 저자의 고국인 스페인의 당시 상황과 무관하지 않은 것 같다. 스페인 왕정이 무너진 것은 1873년으로 프랑스혁명(1789년)보다 약 100년이 지나서다. 하지만 스페인 공화국은 1년 사이에 무너지고 왕정시대로 되돌아간다. 오르테가는 이 왕정복고시대에 태어나 왕정이 무너진 1931년까지 25년 동안 교수직을 지냈다.

그 사이에 스페인은 뒤늦게 왕정이 무너진 만큼 유럽에서 존재한 모든 사상의 집합소였다. 자유주의, 사회주의, 공화주의, 공산주의, 무정부주의, 유토피아주의, 국가주의, 전체주의, 정통마르크스주의, 수정마르크스주의, 개량주의 등등 대중을 등에 없고 지구상에 존재할 수 있는 모든 사상이 총출동한 것이다.

이로 인해 스페인에서는 다른 유럽국가와 달리 대중이 하나의 사상 아래 규합되지 못하고 분열되어 있었다. 1931년 총선에서 공화파가 승리하면서 드디어 스페인도 공화국의 탄생을 눈 앞에 두었다. 그러자 이탈리아에서 무솔리니가 주도한 파시즘에서 영감을 얻고, 독일 히틀러의 나치즘 승리에 힘을 얻은 군부 프랑코가 쿠데타를 일으키며 스페인은 다시 혼란에 빠진다. 교회, 군부, 기업가 등의 지지를 받은 국가주의자와 중산층, 노동자 등의 지지를 받은 공화파 간의 내전이 펼쳐지고 결국 국가주의자로 승리로 끝나 스페인은 군부독재시대로 마감되고, 오르테가는 망명길을 떠난다.

수많은 이념과 사상 속에 동원된 대중, 이 혼란한 광경이 오르테가의 눈에는 어떻게 비쳤을까? 지금 시대는 대중이 쏟아져 나오는 것이 전혀 기이하지 않고 자리가 소수집단의 전유물이 아니라는 것은 평범한 사실이다. 그 기이한 사실이 어떻게 해서 평범한 사실이 되었을까? 우리가 대중으로 살아가는 것이 당연한 일인가? 대중이 봉기하는 그날이 정말 올 것인가? 이것이 이 책이 던져주는 메시지가 아닐까?

* * *

이 책은 영역본 THE REVOLT OF THE MASSES, W. W. NORTON & COMPANY. INC, New York, 1932를 기초로 하였다. 이 책은 저자의 지적 지평만큼이나 고대 그리스·로마의 황제, 장군 뿐 아니라 신화에 나오는 각종 신들이 등장하고 스페인 중세의 역사적 나라와 지방, 인물을 비롯하여 현대 유럽의 인물에 이르기까지 생소한 인물, 지명 등이 포함되어 이에 대한 다방면의 지식이 없으면 맥락을 놓치기 쉽다. 그런 만큼 고전을 번역하는 일은 쉽지 않았다. 그런데도 여느 때와 같이 문장 하나하나를 검토해준 간디서원 편집자에게 감사의 말을 드린다.

안암골 연구실에서
옮긴이

1부

대중의 출현

제1장 | 대중의 출현
제2장 | 역사 수준의 향상
제3장 | 시대의 절정

제1장 **대중의 출현**

지금 유럽 사회는 좋은 일인지 나쁜 일인지 알 수 없지만 중대한 사실에 직면하고 있다. 대중이 사회 권력으로 부상하고 있는 것이다. 일반적인 정의에 따르면, 대중은 자신의 개인적 삶을 통제해서도 안 되고, 통제할 수도 없으며, 나아가 사회를 지배하지도 못한다. 그러므로 지금 유럽은 지금까지 어느 민족, 어느 국가, 어느 문명도 겪어 보지 못한 큰 위기에 직면하고 있는 것이다. 그러나 이런 위기는 역사적으로 이미 여러 차례 발생한 적이 있어서 그 위기의 특징과 결과는 물론 그 명칭에까지도 잘 알려져 있다. 우리는 그것을 '대중의 봉기'라 부른다.

이 가공할 사실을 이해하기 위해서는 애초에 '봉기'나 '대중', '사회세력' 같은 단어에 우선적인 또는 배타적인 정치적 의미를 부여하지 않는 것이 중요하다. 사회에는 정치적 의미만 있는 것이 아니라 지적, 도덕적, 경제적, 종교적 의미도 있으며, 또한 의상 및 오락의 유행 등 집단의 모든 관습도 있다.

이 역사적 현상에 접근하는 최선의 방법은 시각적 경험에 주목하여 우리 시대의 한 측면을 선명하게 보이도록 부각하는 것이다. 지금 직면하고 있는 이 사실을 분석하는 것은 어렵지만 보여주는 것은 간단하다. 나는 그 사실을 '밀집' 또는 '응집'이라 부르고자 한다.

도시 거리는 사람들로 붐비고, 주택은 세입자들로 가득 차 있고, 호텔은 객실이 만원이다. 기차는 여행객으로 가득 차 있고, 카페 앞에는 대기하는 고객이 길게 줄을 서 있으며, 공원은 산책하는 사람들로 북적댄다. 유명 의사가 진료하는 병원은 환자들로 가득 차 있고, 극장은 관객들로 붐비며, 해변에는 수영하는 인파가 몰려 있다. 이전에는 자리를 잡는 일이 문젯거리가 아니었는데 이제는 일상적인 문제가 되고 있다.

모든 것이 그렇다. 오늘날 일상생활에서 이보다 더 단순하고, 더 명백하고 더 항구적인 것이 있을까? 이제 우리가 관찰한 이 평범한 사실을 꿰뚫고 들어가 보자. 그곳에서 일상생활의 밝은 빛이 마치 분수에서 형형색색으로 뿜어나오 듯이 갑자기 솟아나는 것을 보면 깜짝 놀랄 것이다. 우리 앞에 펼쳐지기는 광경이 어떠하기에 그토록 놀라게 하는 것일까? 우리는 문명이 만들어낸 도구와 시설을 군중multitude이 차지하고 있는 모습을 목도하고 있다.

그런데 조금만 생각해 보면 우리를 놀라게 한 사실에 다시 한 번 놀란다. (그래서 이것이 어쨌다는 것인가? 이것이 이상적인 상태가 아닐까?) 극장은 만석이고, 집집마다 사람들로 가득 차 있다. 지금은 모든 곳이 사람들로 넘쳐나 자리를 차지하려고 밖에서 애타게 기다리고 있다. 이는 매우 논리적이고 자연스러운 일이다. 그렇지만, 주목할 점은 지금은 곳곳에서 나타나고 있는 일이 이전에는 한 번도 일어나지 않았다는 것이다. 모든 곳에서 일대 변화와 혁신이 일어나고 있는 것이다. 따라서 우리가 놀라는 것은 당연하다.

어떤 일에 놀라고 경탄한다는 것은 그것을 이해하는 출발점이다. 그것은 지식인 특유의 유희이자 사치이다. 이처럼 놀라서 눈을 부릅뜨고 세상을 바라보는 것은 지식인 특유의 특징이다. 두 눈을 부릅뜨고 세상을 보게 되면 모든 것이 기묘하고 신기하게 보인다. 이 경이로운 능력은 축구 '팬'은 즐기기를 거부하지만, 반면에 지식인은 환상가의 영원한 무아경으로 빠져들게 한다. 지식인이 가진 특유의 성질은 불가사의한 눈이다. 그래서 고대인들은 미네르바[1]에게 현란한 눈을 가진 부엉이라는 이름을 붙였다.

예전에는 밀집 또는 응집 같은 현상을 빈번하게 볼 수 없었는데 지금은 왜 자주 나타나는 것일까? 우리 주변에서 자주 마주치는 군중은 무에서 솟아나는 것이 아니다. 15년 전에도 사람들의 수는 거의 같았을 것이다. 현재는 1차 세계대전 직후라서 당연히 그 수가 줄어들었다고 생각할 수도 있다. 그럼에도 불구하고 여기서 우리는 첫 번째 중요한 문제에 마주치게 된다. 즉 과거에도 군중을 구성하는 개인들이 존재했지만 그 자체가 군중은 아니었다. 그들은 세계 도처에서 소집단으로 또는 개별적으로 흩어져서 각자 따로 떨어져서 생활했다. 개인이나 소집단은 저마다 시골, 마을, 도회지, 대도시 구역에 각자 흩어져 있었다.

---

1   그리스로마 신화에 나오는 지혜의 여신- 옮긴이

지금은 그들이 갑자기 무리를 지어 나타나서 우리는 어디서든 군중과 마주치게 된다. 군중은 어느 방향에서나 마주칠 뿐 아니라 정확히 말하면 예전에 소집단, 한마디로 소수집단을 위해 마련해 두었던, 즉 비교적 세련된 인류문화의 창조물인 장소에서도 마주친다. 군중은 어느 날 갑자기 출현하더니 급기야 사회의 주요한 자리를 차지했다. 이전에도 군중은 존재했으나 사회 무대 구석에 있어서 주목을 받지 못했지만 지금은 무대 전면에서 조명을 받는 주연이 되었다. 그런데 주연은 없고 합창단만 있을 뿐이다.

군중은 양적 개념이자 시각적 개념이다. 그 성질은 그대로 두고 사회학 용어로 바꾸면 '사회 대중'social mass 개념과 마주하게 된다. 사회는 항상 소수집단과 대중 두 요소로 구성된 역동적인 통일체이다. 소수집단은 특별한 자격을 갖춘 개인 또는 개인들의 집단을 말하며. 대중은 특별한 자격을 갖추지 않은 사람들의 집합체이다.

그러므로 대중을 오로지 또는 주로 '노동 대중'the working masses으로 이해해서는 안 된다. 대중은 보통사람이다. 이제 군중은 양적 존재에서 질적 성질을 존재로 전환된다. 대중은 다른 사람과 구별되지 않는 공통적인 사회적 성질을 가지지만 스스로 일반적인 유형을 되풀이하는 사람이다. 이처럼 양적 존재에서 질적 존재로 전환해서 얻는 것은 무엇인가? 간단히 말하면, 후자[질적 존재]를 통해서 전자[양적 존재]의 기원을 이해하게 된다.

군중이 정상적으로 형성되는 것은 그 군중을 구성하는 개인들의 욕망, 관념, 생활방식이 일치하기 때문이라는 것은 두말할 필요 없다. 아무리 사회집단을 선별하려고 노력해도 모든 사회집단이 다 그런 것은 아니라고 반박할 수도 있다. 이는 맞는 말이지만 거기에는 본질적인 차이가 있다. 군중이나 대중이 아닌 소수집단은 대다수 사람을 배제하기 위해 구성원들 간에 욕망이나 이념, 이상 등을 효과적으로 일치시키려 한다. 어떤 종류이건 소수집단이 형성되려면 특별하고 상대적으로 개인적인 이유를 들어 각 구성원을 사전에 군중에서 분리해야 한다. 따라서 소수집단 구성원들 사이의 일치는 각 구성원들이 단일한 태도를 취한 후에 일어나는 부차적인 것이며, 결과적으로 상당 부분은 공통점이 없다는 점에서만 일치한다.

    이런 집단의 특이한 성격을 잘 보여주는 사례가 있는데 스스로를 '비국교도'라고 칭하는 영국인 집단이 그런 경우이다. 이들은 무수한 군중의 의견이 일치하지 않다는 점에서만 일치하는 사람들이 모여 형성된 집단이다. 다수집단으로부터 분리하여 하나로 결합하는 것이 모든 소수집단을 형성하는 필수적인 요소다. 말라르메Mallarmé[2]는 세련된 음악가의 연주를 듣고 있던 소수의 청중들을 보고는 이 소수의 참석자들이 오히려 다수의 부

---

[2] 스테판 말라르메(Stéphane Mallarmé; 1842~1898) 프랑스의 대표적인 상징파 시인으로 베를렌, 아르튀르 랭보와 더불어 19세기 후반 프랑스 시단을 주도하며, 상징주의를 창시함. 당대 파리의 문인들 및 인상주의 화가들과 활발히 교류하며, 앙드레 지드, 폴 클로델 등과 함께 프랑스 문학계에 큰 영향을 미침. 대표적인 시집으로는 『목신의 오후』, 『주사위 던지기』(1897) 등이 있음-옮긴이

재를 부각시킨다고 재치 있게 말한다.

　엄밀히 말해, 대중을 심리학적 사실로 정의하면 개인이 대중으로 나타나길 기다릴 필요가 없다. 우리는 한 개인의 존재를 놓고도 '대중'인지 아닌지를 판별할 수 있다. 대중은 선악 같은 특정한 기준에 기초하여 가치가 평가되지 않는 사람들 그리고 스스로 "모든 사람과 똑같다"고 느끼면서도 다른 사람에 관심을 두지 않는 사람들 모두를 의미한다.

　대중은 실제로 다른 모든 사람들과 하나가 되었다고 느낄 때 매우 행복해 한다. 어떤 겸손한 사람이 특정한 근거를 가지고 자신의 가치를 평가한 다음 자신의 재능이 어떤지, 어떤 점에서 자질이 탁월한지 자문해보고는 자신의 능력이 탁월하지 않다는 것을 깨닫게 되었다고 가정해 보자. 그런 사람은 스스로가 평범하고 비천한 사람이라고 느끼겠지만 자신이 '대중'이라고 생각하지는 않을 것이다.

　'우수한 소수집단'에 대해 이야기할 때 성질이 고약한 사람은 대개 이런 표현의 의미를 왜곡하곤 한다. 그들은 우수한 소수집단은 자신들이 다른 사람들보다 우월하다고 생각하는 건방진 사람이 아니라 비록 많은 요구사항을 성취하지는 못했지만 다른 사람들보다 더 많은 것을 요구하는 사람이라는 사실을 알지 못한다. 인간을 근본적으로 구분하면 확실히 두 부류로 나눌 수 있다. 하나는 자신에게 많은 난관과 의무를 쌓아놓고 스스로 부담하는 사람이고, 다른 하나는 아무런 특별한 부담도 지지 않으려는 사람이다. 후자 사람들의 삶은 어떤 일을 완성하기 위해 아무런 노력도 하지 않고 순간순간 시류에 따라 흘러간다. 말하자면, 그들의 삶은 물결 위에 떠 있는 부표와도 같다.

이는 정통 불교가 별개의 두 종파 (아주 엄격하고 까다로운 종파와 편하고 평범한 종파) 로 구성되어 있다는 사실을 연상케 한다. 전자는 대승불교(마하야나, Mahayana)라 불리고 후자는 소승불교(히나야나, Hinayana)라 불린다. 우리의 삶을 대승에 의탁할 것인가 소승에 의탁할 것인가, 즉 최대의 요구와 최소의 요구 중 어느 것에 의지할 것인가가 결정적인 문제다.

따라서 사회를 대중과 우수한 소수집단으로 구분하는 것은 사회계급으로 나누는 것이 아니라 여러 부류로 나누는 것이므로 '상층'계급과 '하층'계급 같은 위계적 구분과 일치하지 않을 수 있다. 물론 '상층'계급에서 '대승'의 길을 택하는 사람들을 찾을 가능성이 훨씬 높고 반면에 '하층'계급은 대개 자질이 부족한 개인들로 구성되어 있는 것은 분명한 사실이다.

그러나 엄밀히 말하면 두 사회계급 안에 한쪽에는 대중이, 다른 한쪽에는 진정한 의미의 소수집단이 각각 존재한다. 앞으로 살펴보겠지만, 우리 시대의 특징은 전통적으로 우수한 사람들의 집단 내에서도 대중과 평범한 사람이 우세하다는 것이다. 따라서 본질적으로 자질을 요구하고 그것을 전제로 하는 지적 생활에서도 점차 사이비 지식인, 무자격자, 돌팔이 그리고 정신적 구조상 자격을 상실한 자가 활개치는 것을 볼 수 있다. 아직까지 잔존하는 '귀족' 집단에서도 마찬가지의 경향이 나타나고 있다. 한편, 이전에 우리가 '대중'의 대표적인 본보기라고 여겼던 노동자들 사이에서도 교육을 받은 고상한 사람들이 드물지 않게 발견된다.

사회는 다양한 전문적인 작업, 활동, 기능이 존재한다. 이 것들은 특수한 성질을 가지고 있어서 특수한 재능이 없으면 적절하게 수행할 수가 없다. 이를테면, 예술성 있는 유희나 공적 문제에 대한 정부의 대응과 정치적 판단 등을 그 예로 들 수 있다. 예전에는 이러한 특수한 활동은 자격을 갖추었거나 적어도 그런 자격을 갖춘 것으로 인정받는 소수집단이 수행했다. 대중은 이런 활동에 참여할 권리가 없었다. 만약 대중이 그런 활동에 참여하기를 원하면 반드시 그와 관련된 특수한 자격을 획득해야 하며, 대중이기를 포기해야 한다고 알고 있었다. 즉 그들은 건전한 역동적인 사회체계 내에서 자신의 위치를 인식하고 있었다.

이제 처음에 지적한 사실들로 되돌아가 보면, 대중의 태도가 변화되었다는 전조가 나타난다. 이 모든 것들은 대중이 사회생활 전면에 나서서 공직을 차지했고, 각종 시설을 사용하며, 지금까지 소수집단만 누리던 유희를 즐기기로 했음을 보여준다. 그런데 공직의 자리는 제한되어 있으며, 지속적으로 넘쳐나서 군중을 위해 마련해둔 자리는 없다. 그런데 대중이 대중이기를 포기하지 않고서 소수집단의 자리를 밀어내고 차지하는 새로운 현상이 우리의 눈앞에 매우 선명하게 나타나고 있다.

요즘에는 예전보다 삶을 즐기는 사람들이 많다고 해서 개탄할 사람은 아무도 없을 것이다. 요즘 사람들은 삶을 만족시키는 욕구와 수단을 모두 가지고 있기 때문이다. 문제는 대중이 소수집단 고유의 활동을 떠맡기 시작한 것이 유희 영역에만 국한된 것이 아니라 우리 시대의 보편적인 특징이라는 사실이다.

나중에 보게 되겠지만, 최근에 일어나고 있는 정치적 혁신은 대중의 정치적 지배를 의미한다. 종전의 민주주의가 안정을 누린 것은 자유주의와 법에 대한 열정이 넘쳐났기 때문이다. 개인은 이 원리를 준수함으로써 엄격한 규율을 유지해 나갔다. 소수집단은 자유주의 원리와 법의 보호 아래서 생활하며 행동할 수 있었다.

민주주의와 법 및 그 보호 아래서 이루어진 공동생활은 동의어였다. 오늘날 우리는 과잉민주주의hyperdemocracy가 활개 치는 모습을 목격하고 있다. 그 아래서 대중은 법 밖에서 직접 행동에 의한 물질적 압력을 통해 자신들의 열망과 욕망을 관철하려 한다. 이 새로운 상황을 대중이 정치에 싫증나서 정치를 전문가 손에 넘겨준 것으로 해석하면 사실을 곡해하게 된다. 실은 그와 정반대이다. 그런 상황은 과거에 존재했는데, 그것은 민주주의였다.

예전에 대중은 소수집단이 비록 결점과 약점을 가졌긴 하나 자신들보다 공적 문제를 좀 더 잘 이해하고 있다는 사실을 인정했다. 그러나 지금 대중은 자신들이 카페에서 교환한 의견들에 법을 부과하고 강제할 권리가 있다고 생각한다. 우리 시대만큼 군중이 직접 통치한 시대가 있었는지 의문이 든다. 내가 과잉민주주의를 말하는 이유가 여기에 있다.

이와 동일한 현상이 특히 지적 분야 같은 다른 분야에서도 나타나고 있다. 내 생각이 틀릴 수도 있겠지만, 오늘날 작가들이 자신이 깊이 연구하는 주제를 다루기 위해 손에 펜을 들었을 때는 다음과 같은 점을 염두에 두고 있어야 한다. 즉 평범한 독자는 이 주제에 대해 한 번도 읽어 본 적이 없는데 그런 그가 그 글을 읽는 것은 작가에게서 무언가를 배우기 위해서가 아니라 그 독자가 머릿속에 담고 있는 상식과 작가의 의견이 일치하지 않을 경우 그 작가를 비판하기 위해서라는 것이다.

대중의 일원인 개인들이 자신들이 특별한 자격을 갖춘 적임자라고 생각하는 것은 단지 개인적인 착오일 뿐이지 사회를 전복하려는 것이 아니다. 평범한 사람이 자신이 평범하다는 것을 알면서도 평범한 권리를 선언하고, 어디서나 그 권리를 행사할 수 있다고 확신하는 것이 이 시대의 특징이다. "남다르다는 것은 예의바르지 못하다"고 흔히 미국의 대중들은 말한다. 대중은 자신과 다른 모든 사람, 즉 우수하거나 개성이 있거나 특별한 자질이 있거나 남달리 뛰어난 사람이라면 누구든 억눌러 버린다.

모든 사람과 같지 않은 사람, 모든 사람처럼 생각하지 않는 사람이라면 누구든지 따돌림 당할 위험에 놓이게 된다. 물론 이 '모든 사람'everybody이 분명 '모든 사람'을 말하는 것은 아니다. 이때 '모든 사람'은 일반적으로 대중과 다양한 전문적인 소수집단의 복합체였다. 오늘날에는 '모든 사람'은 대중일 뿐이다. 이것이 그 잔혹한 특징을 숨김없이 묘사한 우리 시대의 가공할 사실이다.

제2장　역사 수준의 향상

　이것이 바로 우리 시대의 가공할 사실이 가진 무자비한 특징을 숨김없이 묘사한 것이다. 그것은 근대 문명사에서 아주 새로운 사실이다. 근대 문명의 발달 과정에서 그와 유사한 현상이 나타난 적이 없다. 그와 유사한 것을 찾고 싶다면 역사를 뛰어넘어 우리 시대와 완전히 다른 세계 속으로 들어가야 한다. 즉 고대 세계 안으로 깊숙이 들어가서 그것이 몰락할 때까지의 과정을 두루 살펴봐야 한다.

　로마제국의 역사는 대중이 소수집단의 지배권을 흡수, 폐지하여 그 자리를 차지하는 '대중의 제국'the Empire of Masses이 부상하는 역사다. 또한 당시에도 많은 사람들이 한곳에 응집하는 이른바 '충만' 현상이 나타났다.

　슈펭글러Spengler[1]가 잘 간파했듯이, 그런 연유로 그 시대는 우리 시대와 마찬가지로 거대한 건물을 축조해야 했다. 대중의 시대는 거상巨像의 시대다.[2] 그래서 우리는 대중의 무자비한 지배 아래 살고 있다. 정말로 그렇다. 나는 지금 이런 지배를 두

번이나 '무자비하다'고 불렀으며, 평범한 사람의 신에게 경의를 표했다. 이제 나는 입장권을 가졌으니 즐거운 마음으로 내 주제 속에 들어가 그 모습을 볼 수 있게 되었다. 그런 묘사는 어쩌면 정확할 수도 있지만 매우 피상적인데도 그런 묘사에 내가 만족을 느낀다고 생각할 수도 있다.

거기에는 겉으로는 단순해 보이지만 과거의 관점에서 보면 엄청난 사실이 들어있지 않을까? 만약 내가 이 문제를 더 이상 논의하지 않고 내버려둔 채 이 글을 중단한다면, 독자들은 역사의 표면 위로 떠오른 이 엄청난 대중의 봉기에 대해 내가 증오하고 혐오한다고 생각할 수도 있다. 특히 내가 역사를 철저하게 귀족 입장에서 해석하는 것으로 알고 있는 독자들은 더욱 그럴 것이다.

하지만 나는 기본적으로 인간 사회가 귀족적이어야 한다고 말한 적이 없다. 그러나 나는 그 이상이어야 한다고 말했다. 나는 인간 사회는 원하든 그렇지 않든 항상 본질적으로 귀족적이며, 인간 사회는 귀족적일 경우에만 사회가 되고, 귀족적이기를 포기하면 더 이상 사회가 되지 못한다고 말해 왔다. 지금도 늘

---

1 오스발트 슈펭글러(Oswald Spengler, 1880~1936) 독일의 문화 철학자로 수학·역사·미술을 수학했고, 1908년 고등학교 교사를 지낸 후 저술 활동에 전념함. 인간의 역사와 문명을 출생기, 유아기, 청소년기, 청년기, 장년기, 노년기, 사망을 거치는 인간 생애의 주기로 이해하고 이를 바탕으로 2권으로 된 대작 『서유럽의 몰락』을 출간하여 당시 사상계에 큰 영향을 줌 - 옮긴이
2 이런 과정이 초래한 비극은 이런 웅집이 진행되는 동안 시골 인구는 감소하기 시작해 제국 주민의 절대적인 수가 감소했다는 것이다.

그렇게 되어야 한다고 확신하고 있다. 물론 내가 지금 이야기하고 있는 것은 국가가 아니라 사회다.

대중이 가공할 정도로 소용돌이치고 있는 이 상황에서 베르사유의 세련된 신사처럼 젠체하며 점잔빼는 것에 만족을 느끼는 것을 귀족적인 태도라고 생각하는 사람은 아무도 없다. 그와 정반대로, 당당하던 귀족 정치는 해체되어 소멸되었다. 귀족이 품위를 지킬 수 있는 유일한 태도는 단두대에 순순히 목을 내어놓을 때뿐이다. 그들은 날카로운 메스에 종양을 들이대듯이 단두대에 목을 내어 놓았다.

아니다. 귀족의 진정한 사명감을 의식하고 있는 사람이라면 누구나 조각가가 대리석 원석을 볼 때처럼 눈앞에 있는 대중을 보고 흥분하여 분노할 것이다. 사회적 귀족은 서로 초대받은 사람 또는 초대받지 않는 사람들끼리 모인 '상류사회'를 자처하며 사회라는 이름으로 불러주기를 요구하는 아주 작은 규모의 집단과는 유사한 점이 전혀 없다. 세상의 모든 것에는 미덕과 사명이 있듯이 이 작은 규모의 '우아한 세계'도 아주 광대한 세계처럼 고유의 미덕과 사명을 가지고 있다.

그러나 그것은 진정한 귀족이 수행하는 거대한 사업과는 비교가 안 되는 사소한 것이다. 이 우아한 세계가 갖는 의미에 대해 논하는 데 반대할 생각은 없다. 비록 그 의미가 모두에게 무의미하게 나타나지만 우리의 주제는 훨씬 더 큰 의미를 가진다. 물론 이 '고명한 사회'도 시간의 흐름에 따라 변화한다.

'화려한' 마드리드 사교계에서 젊음이 넘치는 어느 현대

풍의 인기 배우가 "무도회에 초대한 사람이 800명도 채 안 돼서 견딜 수가 없어요."라고 말했다. 이 말은 나에게 많은 생각할 거리를 주었다. 이 말을 듣고서 나는 대중의 생활양식이 생활의 전 영역에 걸쳐 활개치고 있으며, '행복한 소수'를 위해 준비해둔 구석진 보금자리마저 대중이 차지하고 있음을 감지했다.

그래서 나는 현재 대중의 지배 속에 숨어 있는 긍정적인 의미를 밝히지 않고 또 그런 지배를 전혀 두려워하지 않고 기쁘게 받아들이는 우리 시대의 해석을 모두 거부한다. 모든 운명은 극적이며, 그 심층부는 비극적이다. 우리 시대의 위험이 자기 손바닥에서 고동치고 있는 것을 감지하지 못하는 사람은 운명의 중심부로 파고들지 못하고 단지 표면만 어루만지고 있을 따름이다.

걷잡을 수 없을 정도로 격렬하게 일어나고 있는 대중의 도덕적인 봉기는, 우리 시대의 운명에 공포심을 조장한다. 어느 시대의 운명이나 위압적이고, 극복할 수 없는 불안정한 요소가 내포되어 있다. 그것은 우리를 어디로 이끌고 가는가? 그것은 절대적인 악인가 그런대로 괜찮은 선인가? 우리 시대에는 어디에나 항상 불안정한 모습을 하고 있는 의문부호 같은 거대한 축조물이 있다. 그것은 단두대나 교수대일 수도 있고, 우리가 들어가려고 애쓰는 개선문일 수도 있다.

우리가 검토해야 할 내용은 두 가지로 정리할 수 있다. 첫째, 오늘날 대중은 지금까지 사회생활에서 소수집단에만 국한되었던 기능에 거의 맞먹는 역할을 수행하고 있다. 둘째, 대중은 소수집단에 고분고분하게 순종하지 않는다. 대중은 소수집단에 복종하지도, 따르지도 않고, 존경하지도 않는다. 오히려 그들을 밀어내고 그 자리를 차지한다.

우선 첫 번째 사실을 분석해 보자. 첫 번째 사실은 대중이 유희를 즐기고 우수한 소수집단이 고안한 시설을 사용하고 있음을 의미한다. 지금까지 그 시설은 우수한 소수집단의 전유물이었다. 대중은 과거에 소수집단만이 누리던 호화로운 생활을 갈망하고 욕구를 느끼고 있다. 평범한 예를 하나 들자면, 1820년 파리에는 욕실이 있는 개인 주택은 10채가 못되었는데, 지금은 대부분이 있다(『부아뉴 백작 부인의 회고록』Memoirs of the Comtesse de Boigne을 보라). 더욱이 예전에는 전문인만 이용하던 기술을 오늘날에는 대중도 잘 알고 사용하고 있다. 여기에는 물질적 대상을 다루는 기술만 아니라 그보다 더 중요한 법과 사회를 다루는 기술도 포함된다.

18세기에 특정 소수집단은 모든 인간이 혈통이라는 사실만으로도 특별한 자격을 요구하지 않고 특정한 기본적인 정치적 권리, 이른바 인권과 시민권을 소유한다는 사실을 발견했다. 엄밀히 말해, 모두에게 공통적인 이러한 권리만이 유일하게 현존하는 권리임을 발견했다.

특별한 재능을 부여받은 권리가 아닌 다른 모든 권리는 특권이라고 비난을 받았다. 이런 주장은 처음에는 소수집단이 제기한 단순한 이론이나 생각에 불과했으나 곧이어 그들은 그 생각을 실행에 옮기도록 요구하고 강요하기 시작했다. 그럼에도 불구하고 대중은 19세기 내내 이런 권리를 하나의 이상으로 여기고 열광했지만 그것을 권리로 느끼지도, 행사하지도 않았으며, 널리 보급하려고 시도하지도 않았다. 그들은 실제로는 민주주의 입법체제 하에 살면서도 계속 구체제 아래 있는 것처럼 느끼며 살았다.

'국민people'(당시에는 그렇게 불렸다)은 자신에게 주권이 있다고 배웠지만 그것을 믿지 않았다. 오늘날에는 그 이상은 법률 (이것은 사회생활의 외적 구조에 불과하다) 뿐만 아니라 모든 개인의 마음속에서도 현실로 나타났다. (개인의 사상이 어떠하든 심지어 그 사상이 반동적이라 할지라도, 심지어 개인이 그 권리를 승인해준 기관을 공격하고 비난할 때조차도 그러했다).

대중의 이런 기묘한 도덕적 상황을 인식하지 못하는 사람은 오늘날 세상에서 일어나고 있는 일을 전혀 이해하지 못한다. 아무런 자격이 없는 개인이 인간으로서 주권을 가지는 것이 과거에는 법적 관념이나 이상으로만 여겨졌는데 이제는 보통사람의 심리 상태가 되었다. 주목해야 할 점은 과거에 이상이었던 것이 현실의 일부가 되면 불가피하게 더 이상 이상이 되지 않는다는 사실이다. 이상의 속성인 위신과 마법이 지금도 물거품처럼 사라진다. 고결한 민주주의 영감을 담고 있는 평등에 대한 요구가 이제는 열망과 이상에서 욕구와 무의식적인 가정으로 변모했다.

이런 인권 선언은 내면의 노예 상태에 있는 영혼을 끌어내어 지배 의식과 존엄성을 심어준다. 이것이야말로 평범한 사람이 바라던 바, 즉 자신 및 자기 삶의 주인이자 통치자라고 느끼는 것 아니겠는가? 이제 그토록 염원하던 것이 성취된 것이다. 그렇다면 30년 전의 자유주의자, 민주주의자, 진보주의자들은 무엇 때문에 불평을 했을까? 그들은 어린아이들처럼 무언가를 원했는데 그 결과가 원하던 것이 아니었단 말인가?

평범한 사람이 주인이 되기를 원한다면, 그가 자신을 위해 행동하든 온갖 유희를 즐기든 또 자기 의지를 확고하게 주장하든 온갖 시중을 거부하든 그리고 다른 사람을 순순히 따르지 않고 자신의 개성과 여가를 중시하며 자기 의상에 신경을 쓰든 놀랄 일이 아니다. 이것들이 주인 의식에 영구적으로 따라다니는 속성의 일부이다. 오늘날에는 보통사람, 즉 대중이 그런 것들을 누리고 있는 것을 볼 수 있다.

당시 상황은 이러했다. 이전에는 상층 소수집단의 전유물로 간주되던 '주요 활동 영역'이 오늘날에는 평범한 사람의 삶의 중요한 부분이 되었다. 지금은 평범한 사람이 각 시대의 역사학이 영향을 미치는 분야를 대표한다. 평범한 사람이 역사학에 영향을 미친다는 것은 해수면이 지리학에 영향을 미치는 것과도 같다. 오늘날 평범한 사람의 수준이 예전에 귀족들만이 도달할 수 있었던 지점에 닿았다는 것은 다만 역사 수준이 (지금 눈에 아주 선명하게 나타나듯이) 땅 밑에서 오랫동안 준비한 끝에 한 세대만이 갑자기 상승했다는 것을 의미할 따름이다. 인간의 생활은 전반적으로 높은 수준으로 상승했다. 오늘날에는 병사 중에는 장교들이 많다. 지금은 군대가 장교로 구성되어 있다고 할 정도다. 이는 오늘날 각 개인이 편안하게 삶을 영위하고 쾌락을 즐기며 자신의 의지를 행사하고 있는 것을 보면 충분히 알 수 있다.

현재와 가까운 미래에 일어나고 있는 일은 좋든 나쁘든

모두 역사 수준이 전반적으로 향상한 데 그 원인과 뿌리가 있다. 여기서 예전에는 나타나지 않았던 사실이 관찰된다. 오늘날 평범한 사람의 생활수준이 예전에 소수집단이 누리던 수준에 버금가게 된 것이다, 그런데 유럽에서는 이것이 새로운 사실이지만 미국에서는 자연스러운 '구조적인' 사실이다. 내가 주장하는 바를 실감하려면 법 앞의 평등 의식의 문제를 고려하기 바란다.

유럽에서는 우월한 상층 집단만 자신이 주군이자 주인이며 모든 사람이 평등하다고 느끼는 심리 상태를 가졌는데, 미국에서는 18세기에 이미 자연 질서로 받아들였고 지금도 항상 그렇게 생각한다. 이와 관련하여 기묘한 일이 한 가지 더 있다. 유럽에서는 보통사람이 생활수준이 향상되어 이런 심리 상태를 가지게 되자 갑자기 모든 방면에서 유럽인 생활의 기풍과 풍습이 새로운 모습을 취하게 되었다. 그러자 많은 사람들은 "유럽이 미국화되고 있다"고 말하기도 했다.

하지만 이렇게 말하는 사람들은 그 문제에 깊은 관심을 가지지 않았다. 그들은 그런 현상은 관습과 유행에 미미한 변화를 일으킬 뿐이며, 단지 사물이 변화하는 모습에 현혹되어 유럽이 미국에 여러모로 영향을 받은 탓이라고 생각했다. 내가 보기에는 매우 미묘하고 엄청나게 놀라운 문제를 그저 사소한 일로 여기는 것 같다. 바다 건너 사람들에게 사실 유럽은 미국화되었으며 이는 유럽에 대한 미국의 영향 때문이라고 말하고 싶다.

그러나 그렇지 않다. 지금은 진실이 그런 엉뚱한 논리와 충돌하고 있지만 승리하기 마련이다. 유럽은 미국화되지 않았다.

유럽은 미국으로부터 큰 영향을 받지도 않았다. 어쩌면 이런 일이 지금 막 일어나기 시작하고 있는지도 모르지만, 현재를 꽃피운 최근의 과거에는 그런 일이 나타나지 않았다. 지금 미국인과 유럽인의 시야를 가리려 혼란에 빠뜨리는 많은 그릇된 견해들이 떠돌고 있다.

유럽에서 대중이 승리하고 그에 따라 생활수준이 엄청나게 향상된 것은 내부적인 이유, 즉 두 세기에 걸친 사회의 진보에 따른 경제 향상과 대중교육 탓이다. 그런데 그 결과는 미국 생활의 가장 두드러진 측면과 일치한다. 이처럼 유럽의 평범한 사람과 미국의 평범한 사람의 도덕적 상황이 같아지면서 유럽인은 그 전에는 불가사의하고 신비하게 여기던 미국인의 생활을 비로소 이해하게 되었다. 그렇다면 문제는 영향an influence(사실 이것은 별로 이상한 일이 아니다)이 아니라 실제로는 (약간 의심되는 면이 있지만) '역류'a refluence 즉 평준화a levelling다. 유럽인들은 미국의 전반적인 생활수준이 구세계보다 높다는 사실을 항상 어렴풋이 알고 있었다.

미래는 미국과 함께 할 것이라는 생각을 많은 사람들이 아무런 반박도 하지 않은 채 받아들이고 있다. 이런 사실이 부상하고 있는 현실에 대해서는 굳이 자세히 분석하지 않더라도 직관적으로 강하게 감지할 수 있다. 이렇게 널리 퍼져 있고 뿌리 깊은 그런 관념은 마치 난초가 공중에서 뿌리 없이 자란다고 말하는 것처럼 바람 따라 떠다는 것이 아니라는 것을 충분히 알 수 있다. 그런 관념은 미국의 평균적인 생활수준이 [유럽보다] 더 높다는 인식에 기초한다. 이는 유럽의 상층 소수집단의 생활수준에 비해 미국의 상층 소수집단의 생활수준이 낮은 것과는 대조적이다. 그러나 농산물이 산꼭대기에서가 아니라 골짜기에서 영양분을 섭취하듯이, 역사는 저명한 사람의 사회 수준이 아니라 보통사람의 사회 수준에서 자양분을 흡수한다.

지금 우리는 평준화 시대에 살고 있다. 재산이 평준화되고, 다양한 사회계급들이 평준화되고, 남녀 간 문화 차이가 평준화되고 있다. 아울러 대륙들 간에도 평준화가 이루어져, 예전에는 유럽이 낮은 수준에 있었는데 이제는 평준화로 인해 이득을 얻고 있다. 결과적으로 이런 관점에서 보면, 대중의 봉기는 흔히 유럽의 몰락을 가져온다고 말하는데 이와 반대로 유럽에 엄청난 활력과 가능성을 가져다주었다. 그래서 유럽이 쇠퇴하고 있다는 말은 유럽 국가를 두고 하는 것인지 유럽 문화를 두고 하는 것인지 아니면 다른 뜻이 있는지 명확하지 않고 혼란만 자초한다. 가장 중요한 사실은 유럽이 아직도 적극적인 활동력을 가지고 있다는 사실이다.

유럽의 국가와 문화에 대해서는 이미 말한 것만으로도 충분하니 나중에 말하기로 하자. 그러나 유럽의 활력에 관해 말할 때는 우리가 처음부터 심각한 오류에 빠져 있었음을 분명히 해둘 필요가 있다. 그것을 다른 식으로 표현하면 내 진술이 더 설득력 있게 보이거나 좀 더 그럴듯하게 보일 것이다. 이를테면, 오늘날의 이탈리아나 스페인, 독일 보통사람들의 활력은 내가 30년 동안 보았던 북미나 아르헨티나 보통사람들의 활력과 거의 차이가 없다. 이런 사실을 미국 사람들은 잊어서는 안 된다.

제3장   **시대의 절정**

대중의 지배는 역사 수준이 전반적으로 상승했음을 의미하고 오늘날의 평균적인 생활수준이 과거보다 더 높아졌다는 점에서 바람직하다 할 수 있다. 이는 삶의 수준은 달라질 수 있다는 사실 그리고 사람들이 우리 시대의 수준을 말할 때 종종 무의식적으로 반복하는 문구 속에는 깊은 의미가 있다는 사실을 깨닫게 해준다. 이 점은 우리 시대의 가장 놀라운 특징들 중 하나를 밝혀주므로 여기서 잠시 논의를 멈추고 좀 더 깊이 생각해보는 것이 좋을 듯하다.

    일례로, 어떤 일은 특정 시대의 수준에 어울리지 않는다고 말하곤 한다. 사실 전체 시간이 평평한 연대기상의 추상적인 시간이 아니라 세대마다 '우리 시대'라고 부르는 생동적인 시대는 항상 일정한 수준의 높이를 가지고 있다. 오늘 그 수준의 높이는 어제보다 높을 수도 있고 같을 수도 있고 낮을 수도 있다.

    쇠락을 뜻하는 몰락이라는 말은 이런 직관에서 비롯된 것이다. 사람들은 자신의 생활수준이 자신이 살고 있는 시대의 수준에 비해 어떤 처지에 있는지 어느 정도 분명하게 느끼고 있다. 어떤 사람은 자신의 처지가 물에 빠져 헤어나지 못하는 조난당한 사람과 흡사하다고 느끼기도 한다.

현재 사물이 움직이는 템포와 모든 것을 작동시키는 힘과 에너지는 고풍스러운 틀에 얽매여 사는 사람을 고통스럽게 한다. 이런 고통이 그의 맥박과 그 시대의 맥박의 차이를 측정하는 척도다. 한편, 현재의 생활방식을 완전히 즐기며 살고 있는 사람은 우리 시대의 수준과 여러 과거 수준의 관계를 잘 알고 있다. 그렇다면 그 관계는 도대체 어떤 것일까?

특정 시대에 속한 사람은 과거는 지나간 시대라는 단순한 이유로 과거 항상 자기 시대의 수준 아래에 있다고 가정하는데 이것이야말로 잘못된 처사다. 이는 호르헤 만리케Jorge Manrique[1]가 "지난 시절이 더 좋았다"라고 한 말을 상기하는 것으로 충분하다. 그런데 이 말도 진실은 아니다. 모든 시대가 과거 어느 시대보다 열등하다고 생각하지 않으며, 모든 시대가 과거의 모든 시대보다 우월하다고 생각하지도 않는다.

역사적으로 모든 시대는 생활수준이 저마다 특이한 모습을 보이고 있는데도 사상가와 역사가들은 이처럼 명백하고 중요

---

1 호르헤 만리케(Jorge Manrique ; 1440?~1478) 중세 시대 스페인 시인. 귀족 집안 자녀로 스페인 통일 전쟁에서 통일 1년 전에 전사했다. 세상의 무상함을 통렬하게 노래한 『아버지의 죽음을 애도하는 노래』(1476)는 스페인 시에서 걸작으로 꼽힘 - 옮긴이

한 사실을 전혀 주목한 적이 없었다는 데 놀라움을 금치 못한다. 대략적으로 보면, 호르헤 만리케가 묘사한 인상이 가장 일반적이다. 대부분의 시대는 자기 시대의 수준이 이전 시대보다 높다고 생각하지 않는다. 이와 달리 사람들은 대개 아련히 먼 과거에서 더 나은 시대, 또 더 완전한 존재를 찾으려 한다. 이를테면, 그리스와 로마의 지식인들은 '황금시대'를 꿈꾸었고, 호주 원주민들은 꿈의 시대[2]를 꿈꾸었다.

그런 사람들은 삶의 맥박이 느려져서 혈관에 피를 충분히 채울 수 없다고 느끼고 있다. 그들은 과거, 즉 '고전' 시대를 존경했으며 그 시대가 지금의 삶보다 더 충만하고, 더 풍부하고, 더 완벽하며 더 활기가 넘친다고 여겼다. 그들은 그런 고귀한 시대를 돌아보고 떠올리면서 자기 시대의 수준이 그런 시대보다 나아진 것이 아니라 오히려 낮아졌다고 생각했다. 이는 온도가 어느 정도 의식을 가지고 있다면 그 안에 더 높은 온도가 들어 있지 않다고 느끼는 것, 즉 자신보다 이것에 더 많은 칼로리가 있다고 느끼는 것과도 같다.

기원후 150년 이래로 로마제국에서는 활력이 약화되고, 위상이 낮아지며, 맥박이 느려지고 쇠약해진다는 느낌이 널리 퍼졌다. 호라티우스Horace[3]는 일찍이 "할아버지보다 못한 우리

---

2 꿈의 시대(Alcheringa) : 호주의 일부 원주민의 신화에 나오는 인류가 창조된 시대 - 옮긴이

아버지가 더 못난 우리를 낳았고, 우리는 훨씬 못한 자손을 낳을 것이라고" 노래하지 않았던가?

두 세기가 지난 후부터 제국 전체에 백부장 centurion 자리를 충분히 채울 수 없을 정도로 이탈리아 태생의 용맹스러운 남자가 태어나지 않았다. 그래서 100인 대장 자리에 처음으로 달마치아인[4]을 고용하게 되었고 그 후로는 다뉴브 강과 라인 강에서 야만인을 구해야만 했다. 그러는 사이에 불임 여성들이 늘어나 이탈리아 인구는 줄어들었다.

바로 앞에서 말한 시대와는 정반대로 활기가 넘치는 다른 시대를 살펴보자. 이 시대에는 우리가 규명해야 할 아주 중요한 매우 진기한 현상이 나타난다. 불과 30여 년 전만 해도 정치인들은 군중 앞에서 열변을 토하며 장광설을 늘어놓았다. 그런데 그 중 대부분은 정부의 각종 조치들이 지금 같은 선진 시대에는 합당하지 않다고 지적하며 어떤 것은 과도하고 어떤 것은 미흡하

---

3 퀸투스 호라티우스 플라쿠스(Quintus Horatius Flaccus, BC 65~8) : 고대 로마 공화정 말기 아우구스투스 황제 시대에 활동한 유명한 서정 시인. 일찍이 아테네에 유학하여 철학과 문학을 공부했으며, 마르쿠스 브루투스와 친교를 맺게 되어 소아시아 지방에서 여러 전투에 참가함. BC 40년을 전후로 로마로 돌아와 시 창작에 열중하여 많은 뛰어난 시를 남김 - 옮긴이

4 달마치아 : 현재 크로아티아에 있는 지방으로 아드리아 해를 따라 길게 뻗은 해안을 중심으로 그 주변의 섬들로 이루어져 있으며, BC 4세기부터 그리스인들이 이곳에 진출하여 아드리아 해의 수많은 섬들을 식민지로 만들었음 - 옮긴이

다는 이유로 비난하는 것들 일색이었다.

흥미롭게도 트라야누스Trajan[5]가 플리니우스 Pliny[6]에게 보낸 유명한 편지에서 동일한 문구가 발견된다. 거기서 트라야누스는 플리니우스에게 "그것은 우리 시대에 어울리지 않는다 nee nostri saeculi est"는 익명의 고발장을 근거로 기독교인을 박해해서는 안 된다고 충고했다. 역사에는 자신의 시대가 완전하고 확실한 수준에 도달했다고 느끼는 시대도 있었고, 여정의 종착점에 도달했다고 생각하는 시대도 있었으며, 오랜 소망을 이루어 완전히 성취했다고 생각하는 시대가 있는 등 여러 시대가 있었다. 이런 시대가 이른바 '절정의 시대', 역사적 삶이 완전히 성숙한 시대이다.

실제로 30년 전에 이미 유럽인들은 인간의 삶이 원래 도달했어야 할 수준, 이전 세대들이 도달하기를 원했던 수준, 앞으로 항상 유지해야 할 수준에 도달했다고 생각했다. 이런 절정의

---

5 트라야누스(Marcus Ulpius Trajanus, 53~117) 로마의 13대 황제 (재위 : 98~117)로 로마 제국을 동쪽으로 확대하여 아라비아, 메소포타미아까지 영토를 넓히고, 도서관·극장·욕장·수도 광장을 건설하는 등 대규모 토목공사로 로마의 도시화를 추진했으며, 빈곤층을 지원하는 사회복지를 확대하여 5현제(賢帝) 중 한 사람으로 꼽힘 - 옮긴이

6 플리니우스(Gaius Plinius Caecilius Secundus) 고대 로마의 문인이자 정치가로 집정관과 비티니아의 총독을 지냈고 트라야누스 황제에 대한 송덕연설과 법정변론으로 이름을 떨쳤으며 『서한집』(11권)을 남김 - 옮긴이

시대는 항상 자신의 시대보다 열등한 시대, 절정에 도달하지 못한 다른 많은 준비 시대의 결과이며, 그 시대들을 딛고서 만개한 것으로 생각했다. 이런 절정의 시대 기준에서 보면, 그 준비 시대는 꿈꾸던 갈망과 환상이 아직 실현되지 않은 시대, 바라던 욕망이 충족되지 않은 시대, 선구자의 등장을 열망하는 시대다.

그 시대는 '아직 이루어지 않은' 시대이며, 열렬한 열망과 그 열망에 부응하지 않는 현실이 극명하게 대조되는 시대다. 19세기는 중세시대를 이렇게 보고 있다. 마침내 아주 오래 지속된 해묵은 욕망이 완전히 성취되어 현실이 그것을 받아들이고 그것에 복종하는 날이 도래한다. 마침내 우리가 꿈꾸던 절정의 수준, 우리가 고대하던 목표, 즉 시대의 정상에 도달한 것이다. '아직까지 이루어지지 않던' 것이 '드디어' 이루어진 것이다.

이것이 바로 우리 선조들과 그들이 살던 모든 세기가 자신들의 시대에 대해 느끼는 바다. 우리 시대는 절정의 시대에 뒤이어 나온 시대라는 사실을 잊어서는 안 된다. 따라서 모든 것을 자신의 관점에서 바라보는 구시대 사람, 즉 과거의 절정의 시대에 살던 사람이 우리 시대를 그 절정에서 내려와 몰락하는 시대로 보는 환영에 시달리는 것은 어쩔 수 없다. 그러나 평생 동안 역사를 연구하는 사람, 즉 시대의 맥박을 실제로 느끼는 사람은 상상 속의 풍만 시대에 근거한 이런 착시 현상에 현혹되지 않는다.

이미 말했듯이, 그런 '절정의 시대'에 도달하려면 수세기 동안 애태우며 갈망하던 욕망이 마침내 충족되어야 한다. 이 절정의 시대는 사실 자기만족시대이며, 19세기처럼 때때로 자신이 만족하는 것 이상으로 충족되는 시대이기도 한다.[7] 그런데 이제는 그토록 자기만족적이고 완벽하게 성취된 이 세기들이 내부에서 죽어가는 것이 감지되기 시작한다. 진정한 삶의 완성은 만족과 성취, 도달에 있는 것이 아니다.

    오래 전에 세르반테스Cervantes는 "여행길은 항상 여관보다 낫다"고 말한 적이 있다. 한 시대가 욕망과 이상을 충족하게 되면 욕망의 샘이 말라버려 욕망을 채울 수단이 사라진다. 우리가 추구하던 만족의 절정이 종말을 맞이하고 있는 것이다. 마치 수벌이 행복하게 짝짓기를 하고 난 다음 죽음을 맞이하듯이, 욕망을 소생시키는 방법을 몰라 자기만족에 도취되어 사멸하는 세기들이 있다.[8]

---

7 하드리아누스(Hadrian)* 황제의 화폐에는 "행복한 이탈리아, 황금의 세기, 비옥한 토양, 축복의 시대"(Italia Felix, Saeculum aureum, Tellus stabilita, Temporum felicitas.)라는 글귀가 적혀 있다. 화폐에 관한 코헨(Cohen)의 대작 외에도 Rostowzeff, Social and Economic History of the Roman Empire, 1926, Plate Lil 및 p. 588, 주 6에 수록된 주화를 참조하라.
   * 하드리아누스(Publius Aelius Hadrianus, 76~138, 재위 117~138). 로마제국 황제 5현제(賢帝) 중 한 사람으로 브리타니아에 장성(長城)을 구축하고 게르마니아의 방벽을 강화하는 등 국력 강화에 힘썼으며, 로마법의 학문연구를 촉진하고 문예·회화·산술을 애호하는 등 제국 제반 제도의 기초를 닦는 데 공헌함- 옮긴이.

8 헤겔이『역사철학』(Philosophy of History)에서 자기만족의 시대에 관해 훌륭하게 서술해 놓은 부분들을 반드시 읽어 보기 바란다.

그리하여 이른바 절정의 시대 그 심층부에 들어가 보면 특별한 슬픔이 감지된다는 사실을 보고 우리는 놀라게 된다. 오랫동안 갈망하던 욕망이 19세기에 이르러 마침내 실현되었는데 우리는 그 시기를 '근대 문화'라 부른다. 그 명칭은 여러 논란을 일으키는 문제의 명칭이다. 이 시대는 스스로를 '근대', 즉 최종적이고 결정적인 시대라고 부르고, 나머지 시대는 모두 그저 과거일 뿐이며, 현재를 향해 나아가기 위해 과거에 소박하게 준비하는 열망의 시대에 불과한 것으로 본다. 이 무슨 과녁을 빗나간 무기력한 화살 같은 말인가![9]

여기서 우리 시대와 방금 지나간 시대 사이의 본질적인 차이가 피부에 와 닿지 않는가? 사실 우리 시대는 더 이상 최종 시대로 간주되지 않는다. 그와 반대로, 그 내부에 깊이 들어가 보면 비록 명확하지는 않지만 최종적이고 확실한 그리고 영원히 결정結晶된 시대는 존재하지 않는다는 것을 알 수 있다.

오히려 그와 달리 이른바 '근대 문화' 같은 특정 시대를 최

---

[9] 근래에 명명되고 있는 '근대'(modern)와 '근대성'(modernity)이라는 말의 일차적 의미는 내가 지금 분석하고 있는 '절정의 시대'의 의미를 아주 뚜렷하게 보여주고 있다. '현대적'이라는 것은 '지금 유행하는 것'이다. 즉 새로운 양식 또는 과거에 사용되던 낡은 전통적인 관습에 맞서 떠오른 개선하는 것이다. 그러므로 '근대'라는 말은 새로운 삶은 예전의 삶보다 우월하다는 의식을 의미하며 아울러 삶을 자기 시대의 수준에 맞추라는 엄중한 명령을 의미한다. 고로 '근대'인이 '근대적'이지 않다는 것은 '근대'인이 역사 수준에 미치지 못한다는 것을 의미한다.

종적이라고 보게 되면 우리의 시야가 좁아져 결국에는 아예 닫혀버릴 수도 있다. 이런 느낌을 받게 되면, 우리는 밀폐된 좁은 울타리에서 벗어나 자유를 되찾아 다시 밤하늘의 별들 아래서 현실 세계 속으로, 즉 심오하면서도 끔찍하고 예측할 수 없는 모든 선과 악이 공존하는 무궁무진한 가능성의 세계로 나왔다는 유쾌한 인상을 받게 된다.

근대 문화에 대한 그런 믿음은 실은 음울하다. 근대 문화는 내일은 오늘날과 사실상 유사하며, 진보는 단지 모든 시대가 이미 걸어온 길과 동일한 길을 따라 전진하는 것을 의미할 뿐이다. 그 길은 비록 약간의 신축성을 가지긴 하지만 우리를 자유로부터 영원히 가두어놓는 감옥이나 다름없다.

로마제국 초기에 루카누스나 세네카 같은 시골 출신의 지식인은 로마에 도착했을 때 항구적인 권력을 상징하는 장엄한 제국의 건물을 보고는 심장이 오그라드는 느낌을 받았을 것이다. 로마는 영원하기에 세상에 새로운 것이 없다. 폐허에서는 썩은 물에서 뿜어 나오는 악취처럼 우울함이 솟아나는 느낌을 받는다면, 신경이 예민한 이 시골 출신은 비록 그와 반대이긴 하지만 그에 못지않은 우울한 느낌을 받을 것이다. 그 건물에서 우러나오는 우울함은 영원히 존속한다.

이런 느낌에 비해 우리 시대의 기분은 이제 막 하교한 어린 아이들이 떠들고 놀면서 기뻐하는 느낌과 비슷하지 않을까? 오늘날 우리는 내일 세상에서 어떤 일이 일어날지 알지 못한다는 사실에서 은근한 기쁨을 느낀다. 왜냐하면, 예측이 불가능하다는 것,

즉 항상 모든 가능성의 지평이 열려 있다는 것이 진정한 삶을 구성하며, 우리 삶을 진정으로 충만시키기 때문이다. 이런 진단은 다른 측면을 고려하지 않고 있으며, 많은 동시대 작가들이 쇠락에 대해 불평하며 탄식하고 있는 것과는 대조를 이룬다.

우리가 마주치고 있는 착시 현상의 원인은 다양하다. 그 원인에 대해서는 나중에 차차 살펴보기로 하고, 지금은 가장 중요한 원인부터 살펴보기로 하자. 그것은 이미 내가 과거의 것이라고 주장하는 이데올로기에 충실한 탓에 역사의 정치적·문화적 측면만 중시하고, 이것들이 역사의 표면에 불과하다는 사실을 깨닫지 못하는 데서 비롯된다. 생물학적 힘(순수한 생명력)에는 역사의 정치적·문화적 측면에 우선하고 그보다 심오한 역사의 실재가 깃들어 있으며, 그 힘은 파도를 일으키고, 가축을 번식시키고, 나무에 꽃을 피우고, 별이 빛나게 하는 에너지와는 비록 동일하지는 않지만 많은 점에서 서로 관련이 있다.

비관론적인 진단을 상쇄하기 위해 다음과 같은 점을 고려하기를 권한다. 물론 쇠락은 상대적인 개념이다. 쇠락은 높은 수준에서 더 낮은 수준으로 떨어지는 것을 말한다. 이런 식의 비교는 다양한 관점에서 상상해 볼 수 있다. 황갈색 담뱃대를 만드는 제조업자는 요즘은 이런 담뱃대로 담배를 피우는 흡연자가 거의 없기 때문에 세상이 쇠락하고 있다고 생각한다.

다른 관점들은 이보다 더 고상할 수도 있지만, 엄밀히 말해서 그 어느 관점도 우리가 분석하려는 삶의 구성 요소에 비하면 부분적이고 자의적이며 피상적일 수밖에 없다. 정당하고 자연스러운 관점은 오직 하나뿐이다. 즉 삶의 내부로 들어가서 그 삶이 쇠락하고 있는지, 기운이 빠져 허약해지고, 무기력해지고 있는지를 확인하는 것이다.

그런데 삶의 내부에 들어가서 살펴보더라도 삶이 정말로 쇠락하고 있는지를 어떻게 알 수 있을까? 현재의 삶이 과거 어느 시대의 삶도 좋아하지 않고 따라서 현재 상태에 만족한다면 진정한 의미에서 쇠락이라고 할 수 없다는 것이 결정적인 징후라는 데는 의심의 여지가 없다. 이것이 시대의 수준과 관련한 나의 모든 논의가 지향하고 있는 핵심이다. 이로써 내가 알고 있는 지금까지 기록된 역사 중에서 독특하고 아주 야릇한 느낌을 주는 시대가 바로 우리 시대임이 밝혀졌다.

지난 세기에는 숙녀들과 이들을 따라다니는 시인들이 살롱에 몰려들었다. 그러자 이들 사이에서는 불가피하게 "당신은 어느 시대에 살고 싶냐?"는 질문이 오가게 되었다. 그들은 그런 질문을 받으면 곧바로 현재 살고 있는 시대를 멀리하고 상상 속에서 역사의 길을 따라 이리저리 여행을 하며 자신의 기분에 가장 잘 들어맞는 시대를 찾으려 했다.

그 이유는 19세기에 절정에 도달했다는 느낌을 받고 있으면서도 실제로는 여전히 과거에 묶여 있었고, 그 절정이 과거의 바탕 위에 세워진 것으로 생각했기 때문이다. 또한 19세기를 과거의 정점으로 보았기 때문이다. 또 오늘날 간직하고 있는 가치들은 페리클레스[10] 시대와 르네상스 시대 같은 비교적 고전적인 시대에 이미 갖춰져 있었던 것으로 여전히 믿고 있기 때문이다. 이 때문에 19

세기가 절정의 시대라는 데 의문을 가질 수밖에 없다. 그들은 얼굴을 뒤로 돌리자 그들의 눈에는 자신들이 성취한 과거가 펼쳐진다.

지금 이 시대를 대표하는 사람에게 그런 질문을 던진다면 과연 어떻게 답변할까? 그는 분명 과거의 어떤 시대도 예외 없이 숨쉬기 힘들 정도로 좁은 공간이라는 느낌을 받게 될 거라고 답변할 것이다. 오늘날의 사람은 자신의 삶이 과거 어느 시대보다 낫다고 느끼거나 거꾸로 과거 시대는 모두 현대인에게는 시시하게 보인다고 생각한다. 오늘날 존재양식에 대한 이 같은 직관은 신중하게 생각하지 않고 쇠락을 논하는 것이라면 어떤 주장도 완전히 설득력을 상실하게 만든다.

무엇보다도 우리는 현재의 삶은 이전의 어떤 삶보다도 풍부하다고 느낀다. 그렇다면 어째서 현재의 삶이 쇠락하고 있다고 생각하는 것일까? 실은 그와는 정반대이다. 실제로는 현재의 삶이 '더 나은' 삶이라고 생각하고 과거에 대한 모든 존경심과 관심을 상실한 것이다. 처음부터 우리는 모든 고전주의를 완전히 배격하는 시대에 살고 있다.

나는 과거는 어떤 모델이나 규범도 제공하지 않는다고 생

---

10 페리클레스(Perikles, BC 495경~429) 고대 그리스의 정치가이자 장군으로 아테네 민주정치의 전성기를 가져온 대정치가로 BC 450년경 아테네 정치의 실권을 쥐면서 페르시아전쟁(BC 480) 때 파괴된 아크로폴리스의 부흥하고, 파르테논신전을 건립하는 등 아테네 미술의 황금시대를 열어놓음 - 옮긴이

각한다. 그럼에도 이 시대는 수세기에 걸친 개시와 여명, 시작, 유아기를 끊임없이 거치는 진화과정에서 출현했다. 뒤를 돌아보면 그 유명한 르네상스시대도 협소한 지방에 국한된 시대, 무의미한 몸짓(왜 이렇게 표현하면 안되는가?)을 하는 평범한 시대에 불과한 것처럼 보인다.

    얼마 전에 나는 이런 상황을 다음과 같이 정리한 바 있다. "과거와 현재가 이렇게 심각하게 분리되는 것은 우리 시대에 흔히 나타나는 일반적인 현상이며, 우리 삶에 다소 모호한 의혹을 불러일으키는 원인이 되어 우리의 삶을 혼란스럽게 한다. 우리는 현재 어느 날 갑자기 지구상에 외톨이가 되었으며, 죽은 자는 외형적으로가 아니라 실제로 죽었으며, 그리하여 아무도 도와줄 사람이 없다는 느낌을 받는다.

    전통적인 정신이 남긴 유산은 모두 자취를 감추었다. 기존의 모델, 규범, 표준은 아무런 소용이 없다. 예술이든 과학이든 정치든 과거의 적극적인 도움 없이 우리 스스로 현실 속에서 해결해야 한다. 유럽인은 그림자를 잃어버린 페터 슐레밀Peter Schlehmil[11] 처럼 주위에 살아있는 어떤 정령신도 없이 홀로 서 있

---

11 페터 슐레밀(Peter Schlehmil) : 프랑스 출생의 작가 아델베르트 폰 샤미소(Adelbert von Chamisso : 1781~1838, 1789년 혁명 당시 독일로 망명, 독일에서 활동함)의 소설 『페터 슐레밀의 신기한 이야기』(1827)(『그림자를 판 사나이』)로 번역되기도 함)의 주인공으로 수상한 남자와 금화가 무한정 나오는 주머니와 그림자를 교환하며 겪는 이야기로 유럽인을 이에 빗대고 있음-옮긴이

다. 정오가 되면 항상 이런 일이 일어난다."[12]

그렇다면 우리 시대의 수준은 어느 정도일까? 비록 절정의 수준은 아니더라도 과거의 모든 시대보다 높고, 지금까지 알려진 모든 수준을 넘어선다고 생각한다. 우리 시대에 대해 가지는 느낌을 표현하는 것은 쉬운 일이 아니다. 우리 시대는 다른 모든 시대보다 더 낫다고 생각하며 그와 동시에 출발점이라고 생각한다. 우리 시대를 어떻게 하면 적절하게 표현할 수 있을까? 아마도 이렇게 표현할 것이다. "다른 시대보다는 우월하지만 자기 시대보다 열등하다. 그 운명은 견고하면서도 불확실하고, 자신의 힘을 자랑하면서 동시에 두려워한다."

---

12 The Dehumanisation of Art

2부

대중의
해부

제4장 | 삶의 향상
제5장 | 통계적 사실
제6장 | 대중의 해부가 시작되다

제4장 **삶의 향상**

대중의 지배, 생활수준의 상승 그리고 이것이 나타내는 시대의 높이는 보다 완전하고 일반적인 어떤 사실을 보여주는 징후일 따름이다. 이 사실은 뚜렷하고 단순한 진실이라는 점에서 괴상하고 믿을 수 없을 정도로 엄청나다. 간단히 말하면, 세상은 갑자기 넓어졌고, 그와 더불어 그 속에서 삶 자체도 확장되었다. 삶은 비로소 사실상 범세계적 성격을 띠게 되었다. 내가 말하고자 하는 바는 오늘날 보통사람의 삶은 지구 전체를 포함하고 개인은 평소에 전 세계와 관계하며 살고 있다는 것이다.

몇 년 전만해도 세비야[1] 사람들은 신문을 통해 북극 근처에 있는 소수의 사람들에게 어떤 일이 일어나고 있는지 매시간 접할 수가 있었다. 마치 작열하는 안달루시아[2] 평원의 풍경을 배경으로 빙산이 떠다니는 모습을 보듯이 말이다.

지구상의 각 지역은 더 이상 자체의 지리적 위치에 갇혀 있지 않고, 인간 생활에 필요한 여러 가지 목적을 위해 지구상의 다른 지역으로 뻗쳐나가고 있다. 사물은 그 효과가 감지되는 곳이면 어디에나 있다는 물리적 원리에 따라 오늘날 우리는 가장 효과적이라면 지구상의 어느 지점에라도 갈 수 있다. 이처럼 멀리 있는 것을 가까워지게 하고, 부재하는 것을 존재하게 만들면서 각 개인의 삶의 지평이 엄청나게 확장되었다.

세계는 또한 시간적으로도 확장되었다. 상상할 수 없을 정도로 오래된 역사 시대가 선사학先史學과 고고학에 의해 발견되었다. 신대륙처럼 최근까지 이름조차 알려지지 않았던 문명과 제국 전체가 우리의 지식 속으로 들어왔다. 보통사람들도 신문과 영상을 통해 아주 멀리 떨어진 우주의 여러 부분들을 접할 수 있게 되었다.

그러나 세계의 시공간적 확장은 그 자체로는 별 의미가 없다. 물리적 공간과 시간은 우주의 측면에서 보면 그야말로 하찮기 짝이 없다. 그런데도 요즘 우리 시대의 사람들은 무턱대고

---

1 세비야(Sevilla) : 스페인 남부, 안달루시아 지방의 중심지로 고대 이베리아 시대부터 가장 많은 이민족이 점령한 도시. 카이사르에게 정복되어 로마의 속주가 되고, 이후 서고트 왕국의 영토가 되었으며, 712년 베르베르인, 1130년~1269에는 이슬람, 중세 시대에는 기독교 세력, 동로마제국이 멸망한 후에는 오스만제국이 거쳐 감. 신대륙 발견 후는 식민지 무역의 항구로 번영하고 17세기 바로크 미술의 거장을 많이 배출한 곳으로 유명함 – 옮긴이
2 안달루시아(Andalucía) : 스페인 남부의 지방. 시에라모레나산맥 이남의 지중해와 카디스 만에 면한 지역으로 세비야가 중심 도시로 동부는 시에라네바다 산맥의 산악 지대이며 서부는 과달키비르 강으로 형성된 저지대 – 옮긴이

속도를 숭배하는 경향이 있다. 여기에는 일반적으로 생각하는 것 이상의 이유가 있다. 공간과 시간으로 구성되는 속도는 그 구성요소들 못지않게 하찮은 것이지만, 그것들[공간과 시간]을 무력화하는 작용을 한다. 하나의 하찮은 성질은 또 하나의 하찮은 성질에 의해서만 극복할 수 있다. 아무런 의미가 없는 우주의 시공간을 극복하는 것이 인간에게는 명예가 걸린 문제였다.[3]

우리는 공간을 죽이고 시간을 압살하는 그 단순한 속도를 맘껏 누리면서 어린아이처럼 즐거워하는데 이 또한 전혀 놀랄 일이 아니다. 우리는 공간과 시간을 무력화함으로써 그것들에 활력을 불어넣어주고, 중요한 목적을 달성하는 데 활용하게 되었다. 또한 그렇게 함으로써 우리는 예전보다 더 많은 장소에 있게 되고, 더 많은 곳을 왕래할 수 있게 되었으며, 더 적은 시간에 더 많은 우주 시간을 소비할 수 있게 되었다.

그러나 우리 세계의 확장이 갖는 중요성은 규모를 더 키우는 데 있는 것이 아니라 보다 많은 사물을 포함하는 데 있다. (이 말은 아주 폭넓게 받아들이면) 거기에는 우리가 갈망하는 것들, 시도하는 것들, 실행하는 것들, 취소하는 것들, 만나는 것들, 즐기는 것들, 거부하는 것들 즉 일상생활에서 중요한 활동이 모두 포함되어 있다.

우리가 평소에 하는 활동 중에서 구매 행위를 예로 들어

---

[3] 인간이 공간과 시간을 정복하는 이유는 사람의 생명은 유한하고 죽을 수밖에 없는 운명이기 때문이다. 불멸의 존재에게는 자동차가 아무 소용이 없다.

보자. 근대인과 18세기 사람이 각자 시대의 화폐 가치에 따라 동일한 재산을 소유하고 있다고 상정하고, 각자가 구매할 수 있는 물건의 목록을 비교해 보자. 그 둘 사이의 차이는 실로 엄청나다. 현재의 구매자 앞에 열려 있는 가능성의 범위는 사실상 무한하다. 사람들은 시장에 없는 물건은 갖고 싶어 하지도 않고, 거꾸로 실제로 시장에 나온 모든 물건을 다 사려 하지도 않는다.

오늘날은 비교적 동일한 양의 재산을 가지고 있더라도 18세기보다 더 많은 물건을 살 수 없다는 말을 자주 듣곤 한다. 하지만 실은 그렇지가 않다. 요즘은 기술이 발달하여 제조비용이 낮아지고 물건 값이 저렴해져 보다 많은 물건을 구입할 수 있게 되었다. 그러나 설사 그렇게 되었더라도 그것은 내 요점과는 관련이 없으며 오히려 내가 말하고자 하는 바를 강조해 줄 따름이다.

구매 행위는 특정 물건을 구매하기로 결정하는 순간 종결된다. 하지만 그 전에 선택를 하게 되고, 선택은 시장에 어떤 물건이 나올 가능성을 파악하는 것에서 시작된다. 따라서 '구매' 측면에서 보면 삶은 기본적으로 구매 가능성과 함께 살아간다는 것을 의미한다. 사람들은 삶을 이야기할 때 대개 내가 가장 본질적이라고 생각하는 것, 즉 우리는 매 순간 그리고 무엇보다도 우리 앞에 놓인 가능성을 의식하고 있다는 것을 망각하는 경향이 있다.

매순간 우리 앞에 가능성이 하나밖에 없다면 그것을 가능성이라 부르기가 무색해진다. 오히려 그것이 순전히 필요한 것일 수도 있다. 그러나 기이하게도 우리 삶의 근본적인 조건은 항상 그 앞에 다양한 전망이 펼쳐져 있다. 그 전망은 너무나 다양하

여 우리는 그 가능성 중 하나를 선택해야만 한다.[4]

우리가 살고 있다고 말하는 것은 우리가 일정한 가능성의 환경 속에서 있다고 말하는 것과도 같다. 이런 환경을 두고 일반적으로 '상황'이라 부른다. 모든 삶은 '상황' 안에 또는 우리 주위를 둘러싼 세계 안에 있다.[5] 이것이 '세계' 개념이 갖는 근본적인 의미이다. 세계는 우리 삶의 가능성을 모두 아우르는 것이다.

그렇다면 세계는 우리 삶과 동떨어진 낯선 것이 아니라 우리 주위를 둘러싸고 있는 테두리다. 세계는 우리 내부에 있는 능력, 즉 우리의 잠재력이 발현되는 곳이다. 이런 잠재력이 발현되려면 구체적인 형태로 전환되어야 한다. 달리 말하면, 우리는 우리가 할 수 있는 것 중에서 한 부분만 하게 되었다. 이 때문에 세계는 우리에게 거대하게 보이고 그 안에서 우리 자신은 아주 작은 물체로 보인다.

세계 또는 우리 삶의 가능성은 항상 우리의 운명이나 현재의 삶보다 크게 마련이다. 그러나 내가 지금 밝히고자 하는 것은 인간의 삶이 가능성 범위 면에서 얼마나 확장되었느냐 하는

---

4 최악의 경우, 세계에 출구가 단 하나만 있는 것처럼 보이더라도 실제로는 세상을 벗어날 수 있는 출구는 두 개 있다. 그러나 문이 방의 일부를 구성하듯이 세상을 벗어나는 것도 세상의 일부를 구성한다.

5 나의 첫 저작 『돈키호테의 명상』(Meditaciones del Quijote, 1916) 머리말을 보라. 『아틀란티스 사람들』(Las Atlántidas)에서 나는 '지평'(horizon)이라는 단어를 사용했다. 다음 글도 보라. El origen deportivo del Estado, El Espectador, Vol. 7, 1926.

것이다. 지금 알 수 있는 것은 과거 어느 때보다 다양성의 범위가 믿기지 않을 정도로 커졌다는 것이다. 지식과 관련해서는 더욱 많은 '관념화 경로', 더욱 많은 문제의식, 더욱 많은 자료, 더욱 많은 과학, 더욱 많은 관점이 생겨났다.

원시시대의 직업 목록은 양치기, 사냥꾼, 전사, 주술자 등 한 손으로도 셀 수 있었는데, 오늘날에는 가능한 직업의 목록이 헤아릴 수 없을 정도로 많아졌다. 오락 영역에서도 비록 삶의 다른 측면에 비해 그 목록이 많지는 않지만 비슷한 양상이 나타나고 있다. 그럼에도 불구하고 (현대적인 생활양식을 대표하는) 도시에 살고 있는 중간계층은 지난 한 세기[19세기]를 거치는 동안 향락을 즐길 수 있는 기회가 놀랄 정도로 증가했다.

그런데 삶의 잠재력이 지금까지 언급한 식으로만 확대된 것은 아니다. 삶의 잠재력은 더욱 직접적으로 더욱 신비롭게 확대되었다.

스포츠와 체력 단련 면에서도 과거 어느 때보다도 오늘날 훨씬 뛰어난 성과를 '거두었다는' 것은 세상 사람들이 잘 알고 있는 고정불변의 사실이다. 특출한 기록 하나하나에 찬사를 보내고 신기록을 세우는 데 찬사를 보내는 것만으로는 충분하지 않고, 신기록을 수립할 때마다 우리 마음속에게 남기는 인상에 주목해야 한다. 신기록은 과거 어느 시대의 신체보다 현재의 신체가 우월하다는 확신을 심어준다.

과학 분야에서도 비슷한 경향이 나타나고 있다. 10년이 채 안 되는 사이에 과학은 우주의 지평을 믿기지 않을 정도로 확장시켰다. 아인슈타인의 물리학은 공간을 너무 광대하게 확장한 탓에 뉴턴의 낡은 물리학은 (비유적으로 표현하자면) 작은 다락방처럼 보일 정도이다.[6] 이처럼 공간이 광대하게 확장하게 된 것은 과학적 정밀성이 집중적으로 증가한 데 연유한다.

아인슈타인의 물리학은 이전에 중요하지 않다고 여겨 간과했던 미세한 차이에 관심을 기울인 결과의 산물이다. 과거에는 세계의 최종적인 한계로 여겨졌던 원자가 오늘날에는 태양계를 이룰 정도로 팽창했다. 지금 말하고 있는 것을 종합하면, 내가 하고자 싶은 (하는) 말은 그것이 문화를 완성하는 데 중요하다는 것이 아니라 (이 문제는 여기서 나의 관심사가 아니다) 그것으로 인해 주체적 잠재력이 확장되었다는 것이다.

내가 강조하고자 하는 바는 아인슈타인의 물리학이 뉴턴의 물리학보다 더 정밀하다는 사실이 아니라 인간으로서 아인슈타인이 인간으로서 뉴턴보다 엄밀성과 정신의 자유[7]를 더 확장시킬 수 있다는 점이다. 이는 오늘날의 권투 챔피언은 과거의 그

---

6 뉴턴의 세계는 무한하지만, 그 무한성은 크기에 있는 것이 아니라 공허한 일반화이자 추상적인 무한한 유토피아라는 점에 있었다. 아인슈타인의 세계는 유한하지만, 모든 부분이 충만하고 구체적이며, 따라서 더 풍부하고 사실상 더 광범위한 세계다.
7 정신의 자유, 즉 지적 능력은 전통적으로 분리할 수 없는 관념들을 분리하는 능력으로 측정된다. 쾰러(Köhler)가 침팬지의 지능을 조사하면서 보여준 것처럼 관념들은 서로 연결하는 것보다 분리하는 것이 더욱 어렵다. 인간의 지적 능력이 지금보다 더 큰 분리 능력을 가진 적이 없었다.

어느 챔피언보다 더 강한 '펀치'를 날린다는 것과 같은 말이다.

영화와 각종 잡지의 삽화가 지구 멀리 있는 오지를 보통사람의 눈앞에 보여주듯이 신문과 각종 담화는 보통사람들이 가게 진열장에서 보고 있는 최근에 발명한 기술 장치의 새로운 성과들을 자세히 설명해주고 있다. 이 모든 것들은 보통사람의 마음속에 엄청난 잠재력이 있다는 인상을 깊이 심어준다. 그렇다고 오늘날 인간의 삶이 다른 시대보다 나아졌다고 말하려는 것은 아니다.

내가 말한 것은 현재의 삶의 향상되었다는 것이 아니라 양적으로 성장했다는 것, 즉 잠재력이 확대되었다는 것이다. 이것으로 나는 오늘날 사람의 의식과 진정한 특색을 정확하게 설명하고 있다고 생각한다. 오늘날 사람은 현재에 비해 왜소해 보이는 과거 그 어느 때보다 더 큰 잠재력을 가지고 있다. 이런 묘사는 서구가 특히 지난 10년 동안 쇠락하고 있다는 견해에 맞설 때 필요하다. 내가 제시한 명백하고 단순한 논증을 상기해 보라. 무엇이 쇠락하고 있는지를 분명히 밝히지 않고서 쇠락을 이야기하는 것은 아무런 의미가 없다.

이런 비관적인 표현은 문화를 두고 말하는 것인가? 유럽 문화가 쇠락하고 있는 것인가? 아니면 유럽의 국가 조직이 쇠락하고 있는 것인가? 그렇다 하더라도 서구가 쇠락하고 있다고 말할 수 있는가? 실상은 그렇지가 않다. 이때 말하는 쇠락은 역사의 부차적인 요소(문화와 민족성)가 부분적으로 감소하는 현상을 의미한다. 절대적 쇠락은 활력이 저하할 때만 일어나며 그런 느낌을 가질 때만 나타난다. 이런 이유로 나는 일반적으로 간과되고 있는 현상, 즉 각 시대가 자신의 활력 수준을 얼마나 의식하고 느끼고 있는지에 대해서는 고찰을 미루어 왔다.

이 때문에 우리는 어떤 세기는 자신의 시대가 '절정'에 달했다고 느낀 반면 어떤 세기는 수준이 아주 높은 시대, 예컨대 아득히 먼 찬란한 황금시대보다 수준이 낮아졌다고 말했다, 나는 우리 시대의 특징은 과거의 모든 시대보다 우월하다는 데 있다는 아주 명백한 사실을 지적하는 것으로 결론을 맺었다. 나아가 우리 시대의 특징은 과거의 모든 것을 배격하고, 고전적 및 규범적 시대를 전혀 인정하지 않으며, 또 과거의 모든 형태보다 우월하여 그런 형태로 되돌아갈 수 없는 새로운 생명으로 간주한다고 지적했다. 그것이 바로 이 시대 고유의 문제이므로 이런 견해를 확고하게 유지하지 않고서는 우리 시대를 제대로 이해할 수 없다.

우리 시대가 쇠락하고 있다고 느끼면 다른 시대가 우리 시대보다 우월하다고 여기게 된다. 즉 다른 시대를 존경하고 칭송하며, 그 시대에 영감을 준 원리를 숭배하게 된다. 그렇다면 우리 시대는 설사 실현불가능할지라도 명확하고 확고한 이상을 간직하게 된다. 그런데 현실은 그와 정반대이다. 우리는 엄청난 창조 능력을 가진 것으로 생각하는 시대에 살고 있지만 무엇을 창조해야 할지 모르고 있다.

인간은 만물의 주인이지만 자신의 주인이 아니다. 자신은 풍요하면서도 가진 것이 없다고 느낀다. 오늘날의 세계는 어느 때보다도 많은 수단, 지식, 기술을 가지고 있음에도 과거의 불운한 세계와 동일한 전철을 밟으며 표류하고 있다.

그리하여 기묘하게도 현대인의 영혼 속에는 자신감과 불안감이 함께 결합되어 있다. 루이 15세가 어린 시절에 섭정을 하던 왕[8]이 그에게 말했다. "폐하는 온갖 재능을 가지고 있는데도 그것을 활용하지 않고 있습니다." 이 말은 현대인에게 그대로 적용된다.

19세기에는 진보에 대한 믿음이 확고하여 많은 것들이 불가능하게 보였다. 오늘날에는 모든 것이 가능하다고 보이기에 우리는 퇴보, 야만, 쇠락 같은 최악의 상황도 일어날 수 있다고 생각한다.[9]

이것 자체가 나쁜 징후라고 볼 수는 없다. 그것은 우리가 모든 형태의 삶에 필수적으로 따라다니는 불안에 다시 한 번 접촉한다는 것을 의미한다. 슬플 때의 불안이든 기뻐 들떴을 때의 불안이든 그 불안은 (설령 우리가 맥박이 뛰는 심장이 있는 아주 깊숙한 곳에 그것을 살려놓은 방법을 알고 있더라도) 매순간 나타난다. 대개 우리는 덧없이 지나가는 미미한 사실을 진실의 순간으로 만들어 버리는 그 무시무시한 맥동을 느끼기를 거부한다.

우리는 각종 습관과 관습, 원리에 온갖 종류의 마취제를 놓아 우리 운명의 급격한 극적 변화를 무감각하게 만들어 안정을 찾게 하려고 노력한다. 그러므로 우리가 내일 무슨 일이 일어

---

8 프랑스 왕(재위 : 1715~1774). 루이 15세는 루이 14세의 증손자로 1715년 5세에 즉위하여 초기에는 루이 14세의 조카 오를레앙 공 필립 2세가 섭정하고(1715~1723), 열세 살이 되는 1723년에 친정을 시작함 – 옮긴이

9 쇠락에 대해 우리가 내린 모든 진단의 근원은 여기에 있다. 우리 자신이 쇠락하고 있다는 것이 아니라 우리는 모든 가능성을 인정하므로 쇠락의 가능성도 배제하지 않는다는 것이다.

나는지 모른다는 것을 세 세기만에 처음으로 느꼈다는 것은 놀라운 일이 아닐 수 없다.

　자신의 삶에 대해 진지한 태도를 취하고 전적으로 책임을 지는 사람은 언제나 긴장감 속에서 불안감을 느낀다. 로마군대에는 파수병이 졸음을 피하고 경계심을 유지하도록 하기 위해 항상 입술에 손가락을 대고 있게 하는 훈령이 있다. 이런 동작은 적막이 흐르는 밤을 더 고요하게 하여 혹여 있을지 모를 소리를 포착하는 데 나름대로 유용하다.

　지난 세기처럼 '시대의 절정'이 가져다주는 안정감은 미래에 대한 관심을 돌려놓아 미래의 모든 방향을 우주 메커니즘에 맡기는 일종의 착시 현상이다. 진보적인 자유주의자도 마르크스주의적 사회주의자도 모두 자신들이 원하는 최상의 미래는 천문학의 필연성과 마찬가지로 반드시 실현될 것이라고 생각한다. 그것들은 이런 생각에 도취된 탓에 역사의 방향타를 잃고, 경계심을 늦추어 민첩성과 효율성을 상실하고 말았다.

　그리하여 삶은 그들의 지배에서 벗어나 완전히 고삐가 풀리게 되자 지금은 정처 없이 떠돌아다니고 있다. 진보주의자는 미래주의라는 고결한 가면을 쓰고 더 이상 미래에 대해 관심을 갖지 않는다. 그는 미래는 경이로운 것도 비밀도 모험적인 것도 없으며 본질적으로 새로운 것도 가져다주지 않는다고 굳게 믿고 있다. 또 세계는 옆으로도 가지 않고 후퇴하지도 않으며 오직 앞으로만 나아간다고 확신하면서 미래에 대한 모든 불안을 떨쳐버리고 확실한 현재에 안주할 것을 다짐한다.

오늘날 세상이 목표도 기대도 이상도 없는 것처럼 보인다고 놀랄 것인가? 아무도 그것들을 마련하는 데 관심을 갖지 않는다. 그런 것들은 이미 지배층인 소수집단의 관심에서 벗어났고, 이제는 반대로 대중의 봉기에서 항상 발견된다.

이제는 대중의 봉기에 대해 논의할 때가 되었다. 지금까지 대중의 승리가 보여준 긍정적인 측면을 검토했으니 이제는 방향을 돌려서 위태로운 비탈길로 내려가 보기로 하자.

제5장 통계적 사실

이 글에서는 우리 시대, 즉 현재 우리의 삶을 진단해 보고자 한다. 진단의 첫 부분은 앞에서 설명한 바 있는데 이를 요약하면 다음과 같다. 즉 가능성 프로그램으로서 우리의 삶은 지금까지 알려진 다른 어느 삶보다 훌륭하고 활기차며 우월하다. 우리 시대는 규모가 매우 크다는 점에서 전통이 물려준 모든 경로와 원리, 규범, 이상을 뛰어넘는다. 우리 시대는 이전의 어느 시대보다도 풍부한 만큼 그에 따라 많은 문제도 안고 있다. 우리 시대는 과거로부터 어떤 지향점도 찾을 수 없다.[1] 따라서 스스로 운명을 개척해 나가야 한다.

  이제 우리의 진단을 마무리할 때가 되었다. 삶은 무엇보다 우리가 할 수 있는 것을 의미하며, 바로 그 때문에 삶은 여러 가능

---

[1] 그럼에도 불구하고 우리는 긍정적인 방향은 아닐지라도 과거로부터 어떻게 부정적인 조언을 얻을 수 있는지 보게 될 것이다. 과거는 우리가 무엇을 해야 하는지 알려주지 않지만 우리가 무엇을 피해야 하는지는 알려준다.

성 가운데서 우리가 실제로 할 수 있는 것을 선택하는 것이다. 우리가 처한 상황(가능성)은 우리에게 주어진 삶, 즉 우리에게 부과된 삶의 일부이다. 이것이 우리가 말하는 세계를 구성한다.

 삶은 스스로 자신의 세계를 선택하지 않는다. 삶은 미리 결정된 불변의 세계, 즉 현재의 세계 속에 있다. 세계는 우리의 삶을 구성하는 운명의 한 부분이다. 그런데 생명 있는 운명은 기계 장치 같은 것이 아니다. 우리는 궤적이 미리 완전하게 정해진 채 발사되는 총알 같은 존재가 아니다. 우리가 이 세상(그것은 항상 현재의 세계다)에 태어나면서 맞이하는 운명은 그 정반대다. 세상이 우리에게 부과하는 궤적은 하나가 아니라 여러 개이며 우리는 그중 하나를 선택을 할 수밖에 없다.

 이 얼마나 놀라운 일인가! 산다는 것은 자유를 행사해야 한다는 것, 즉 이 세상에서 무엇을 할지를 결정해야 한다는 것을 숙명으로 느끼는 것이다. 우리가 어떤 일을 할지를 선택하는 행위는 잠시라도 쉴 수 있는 순간이 없다. 무슨 일이 일어날지 몰라 절망하여 자포자기하고 있는 상황에서도 아무것도 하지 않겠다고 다짐하기로 결심한 것이다.

 그러므로 "상황이 삶을 결정한다"고 말하는 것은 잘못된 지적이다. 반대로 상황은 끊임없이 새롭게 갱신되는 딜레마이며 따라서 우리는 어느 하나를 선택해야 한다. 어떤 일을 선택하는 것은 우리의 기질에 좌우된다. 이것은 모두 집단생활에도 똑같이 적용된다.

 집단생활에서도 가능성의 지평이 먼저 존재하고 그 다음

으로 효율적인 집단생활의 형태를 선택하고 결정하는 결단이 뒤따른다. 이런 결단은 사회에서 또는 사회 내의 지배적인 인간에게서 나온다. 우리 시대에는 대중이 지배하고 결정한다.

이런 일이 민주주의 시대, 즉 보통선거 시대에 일어난다고 말하려는 것은 아니다. 보통선거 제도 하에서는 대중은 결정하는 것이 아니라 소수집단이 결정하는 것을 후원하는 것이 그들의 역할이다. 소수집단이 대중에 제시하는 '프로그램'은 집단생활을 위한 프로그램이다. 대중은 그 프로그램들 중에서 하나를 선택하도록 강요받는다.

대중의 승리가 가장 진전된 곳은 지중해 연안의 나라들인데 이들 나라의 사회생활에서 그들은 정치적으로 앞날을 생각하지 않고 하루하루를 살아가고 있다는 사실을 보면 놀라움을 금할 수가 없다. 이것이야말로 매우 기이한 현상이 아닐 수 없다.

공적 권위는 대중의 대표자에게 주어진다. 대중은 모든 반대세력을 제거할 만큼 세력이 막강하다. 대중은 역대 정부의 역사상 그만큼 전능한 정부를 찾아보기 어려울 정도로 무소불위의 권력을 소유하고 있다. 그럼에도 불구하고 공적 권위, 즉 정부는 하루살이처럼 살아가며, 미래에 대해 명쾌한 해결책을 제시하지 않고 있다. 또한 미래에 대한 명확한 선언도 발표하지 않고, 발전하거나 진전하는 모습도 눈에 띄지 않는다.

간단히 말해, 정부는 아무런 활기찬 프로그램도 계획도 제시하지 않고 살아간다. 엄밀히 말하면, 어떤 정해진 길이 없고 미리 정해진 궤적도 없기 때문에 어디로 가고 있는지도 모른다. 그 공적 권위는 자신을 정당화하면서도 미래에 대해서는 전혀 언급하지 않는다. 오히려 현재에 자신을 가두어놓고 진지한 어조로 "나는 상황이 만들어놓은 비정상적인 정부다"라고 말한다.

따라서 정부의 활동은 현재의 난국을 잠시 피하는 것으로 국한된다. 즉 현재의 난국을 타개하는 것이 아니라 난국이 누적되어 나중에 더 큰 난국에 처하더라도 현재로서는 갖가지 방법을 동원해 당분간 난국을 피하고자 한다. 대중은 직접 공적 권위를 행사할 때는 항상 전능하면서도 일시적이었다.

대중은 아무런 삶의 목적 없이 정처 없이 떠돌아다닌다. 그리하여 그의 가능성과 능력은 엄청나지만 아무것도 건설하지 않는다. 이런 유형의 인간이 우리 시대를 결정하고 있기 때문에 이들의 성격을 분석할 필요가 있다.

이 분석의 실마리는 이 글의 출발점으로 돌아가서 "오늘날 역사 무대에 넘쳐나는 이 많은 군중은 어디서 왔는가?"라고 자문할 때 찾을 수 있다. 유명한 경제학자 베르너 좀바르트Werner Sombart[2]는 수년 전에 아주 단순한 사실을 지적하며 강조한 적이 있는데, 놀랍게도 현대의 사건들에 깊이 고려하는 사람들은 그

---

[2] 좀바르트(Werner Sombart : 1863~1941) 독일의 경제학자이자 사회학자로 초기에는 열렬한 마르크스주의로서 자본주의의 기원에 대한 막스 베버의 '금욕설'에 대항하여 『사회주의와 사회운동』(1896), 『근대자본주의』(1902), 『고도자본주의』(1925) 등 많은 저작을 남겼음. 이후 나치즘의 등장하면서 민족주의 입장으로 선회하여 강력한 반(反)마르크스주의적 입장을 취함 - 옮긴이

사실에 전혀 관심을 두지 않았다.

　이 사실은 아주 단순하나 오늘날 유럽에 대한 우리의 전망을 충분히 밝혀주고 있다. 혹여 그렇지 않더라도 그 사실은 우리로 하여금 작금의 사태를 자각하도록 인도해준다. 그 사실은 유럽 역사가 시작된 6세기부터 1800년까지 열 두 세기 동안 유럽 인구가 1억 8천만 명을 넘어서지 못했다는 것이다. 그런데 1800년부터 1914년까지 한 세기가 조금 넘는 기간 동안 유럽 인구는 1억 8천만 명에서 4억 6천만 명으로 늘어났다. 이 수치를 비교해보면, 지난 세기에 인구가 엄청나게 증가한 것은 분명한 사실이다.

　이 3세대 동안에 거대한 인류의 무리가 탄생하더니 역사적으로 유명한 지역을 향해 급류를 타고 쇄도했다. 거듭 말하자면, 이 사실은 대중의 승리를 이해하는 데 충분히 도움을 줄 뿐만 아니라 그 안에 모든 것이 함축되어 있고 또 모든 것을 예고해준다. 더욱이 그 사실은 내가 앞서 지적한 삶의 수준의 향상을 가장 구체적으로 보여주는 항목으로 추가해야 할 것이다.

　아울러 이 사실은 미국 같은 신생 국가의 인구증가를 강조하며 칭송하는 것이 얼마나 근거 없는지를 여실히 보여준다. 우리는 유럽 인구가 급격하게 증가한 것에도 놀라지만 불과 한 세기 동안에 미국의 인구가 1억 명이나 증가한 것을 보면 놀라지 않을 수가 없다. 여기에 유럽의 미국화라는 사람들을 현혹하는 생각을 바로잡아야 하는 또 하나의 이유가 있다.

　급속한 인구 증가는 분명 미국의 주요한 특징이긴 하지만 미국 특유의 현상인 것만은 아니다. 지난 세기에는 유럽 인구가 미국보다 훨씬 더 많이 늘어났다. 미국은 유럽 인구가 넘쳐난 결과다.

그러나 베르너 좀바르트가 규명한 이 사실은 실제만큼 잘 알려져 있지 않았지만, 유럽의 인구가 크게 증가했다는 사실은 크게 강조하지 않아도 될 만큼 널리 알려져 있다. 앞에서 인용한 수치에 대해 내가 관심을 갖는 것은 인구 증가 자체가 아니라 이전에 비해 인구 증가 속도가 현기증 날 정도로 빠르게 진행되었다는 점이다. 이것이 지금 우리의 중대한 관심사다. 급속한 인구 증가로 인해 한꺼번에 너무 많은 무리의 인간이 역사 무대에 등장하여 그들을 전통 문화에 담아내기가 어려워졌다.

현재 유럽 보통사람의 정신구조는 지난 세기보다 더 건강하고 더 강하지만 실제로는 아주 단순하다. 그래서 유럽인은 때때로 아주 오랜 전통을 지닌 문명 한가운데에 갑자기 등장한 원시인 같은 인상을 풍긴다.

지난 세기까지 학교는 유럽인에게 자긍심의 원천이었지만 지금은 대중에게 일상생활 기술만 가르칠 뿐 그들을 개화시키지는 못했다. 대중은 학교에서 더 강한 존재가 되는 법을 배웠지만 위대한 역사적 사명감을 느끼지는 못했다. 학교는 대중에게 현대적 도구의 자부심과 위력을 허둥지둥 주입시켰지만 그 정신은 심어주지 못했다. 그리하여 그들은 그 정신에 대해 아는 바가 없다. 새로운 세대는 마치 아무런 발자취도 없고 전통도 복잡한 문제도 없는 낙원을 지배하듯이 세계를 지배하려 한다.

19세기는 대규모 군중을 역사 무대에 등장시킨 영예와 책임을 동시에 안고 있다. 이런 사실은 지난 세기를 공정하게 판단할 수 있는 적절한 관점을 제공해준다. 그런 상황에서 그토록 많은 인간이 태어난 것을 보면 그 당시에 대단히 특별한 어떤 일이 있었음이 분명하다. 이 훌륭한 사실을 깨닫고 그것을 이해하려고 시도하지 않는다면 다른 시대에 영감을 준 원리를 선호하는 것은 경솔하고 우스꽝스러운 일이 된다.

지금까지의 역사는 '인간'이란 식물에게 가장 어울리는 사회생활의 공식을 얻기 위해 온갖 실험을 다해 본 거대한 실험실과도 같다. 모든 가능한 설명을 다하고 난 다음 인류가 자유 민주주의와 기술 지식이라는 두 가지 원리를 처리하는 데 노력을 바친 후 한 세기만에 유럽 인구가 세 배로 늘어났다.

이성적으로 판단하고 싶다면, 그 엄청난 사실에 대해서는 다음 같이 결론을 내려야 한다. 첫째, 지금까지 알려진 사회생활 중에서 최고 형태는 기술 지식에 기초한 자유민주주의다. 둘째, 그 유형이 우리가 생각하는 최선의 유형은 아니더라도 기존 유형보다 더 낫다고 생각한다면 그 유형은 이 두 원리의 본질을 유지해야 한다. 셋째, 19세기보다 낮은 수준의 삶을 되돌아가는 것은 자살 행위나 다름없다.

이런 내용을 아주 명확하게 인식하고 있다면 마땅히 19세기에 맞서 봉기를 일으켜야 한다. 19세기에 분명 다른 세기와는 비교할 수 없는 대단히 특별한 무언가가 있었다면, 19세기는 자신의 생활양식을 맞추어야 했던 그 두 원리를 위험에 임박하게 만든 새로운 유형의 카스트(봉기하는 대중)를 출현시켰을 때, 일정한 근본적인 해악, 즉 구조상의 결함으로 인해 고통을 겪었음에 분명하다.

그런 유형의 인간이 유럽을 계속 지배하게 되면 우리 대륙은 30년 안에 야만시대로 되돌아갈 것이다. 많은 영업 비밀이 종종 사라지듯이 입법 및 산업 기술도 쉽게 사라진다.³ 삶 전체가 위축된다. 또한 현재의 풍부한 가능성이 사실상 결핍되고 무기력해져 결국에는 완전히 쇠퇴하고 만다. 대중의 봉기는 라테나우 Rathenau가 말한 "야만인의 수직적 침략"과 동일하기 때문이다. 그러므로 최선의 잠재력과 최악의 잠재력을 동시에 지닌 대중을 철저하게 이해하는 것이 매우 중요하다.

---

3 아인슈타인의 동료이자 계승자로서 현대의 가장 위대한 물리학자 중 한 사람인 헤르만 벨리(Hermann Wely)는 평소에 대화를 할 때 열 명 또는 열두 명의 저명한 물리학자가 갑자기 사망하면 분명 오늘날 이룩한 물리학의 경이로운 업적이 인류에게서 영원히 사라질 것이라고 말하곤 했다. 추상적이고 복잡한 물리학 이론을 수용할 수 있는 두뇌를 키우는 데는 수세기에 걸친 준비가 필요했다. 어떤 사건이든 인간의 비상한 가능성을 말살할 수도 있으나 그 가능성은 미래의 기술 개발의 기초가 될 수도 있다.

제6장 대중의 해부가
시작되다

정치적으로도 비정치적으로도 오늘날 사회생활을 지배하고 있는 대중은 어떤 존재일까? 어째서 그는 대중이 되었고, 대중은 어떻게 탄생했을까?

   이 두 질문은 한쪽이 다른 쪽을 설명해주므로 함께 답변해야 좋을 것이다. 오늘날 유럽을 이끌어가는 사람은 19세기를 이끌어온 사람과는 많은 점에서 다르다. 그는 19세기가 낳고 길러낸 사람이다. 1820년대, 1850년대, 1880년대의 명민한 사람은 단순한 선험적 추론만으로도 오늘날 역사적 상황의 심각성을 예견할 수 있었다.

   사실 지금 일어나고 있는 일 가운데 100년 전에 예견하지 않았던 일은 하나도 없다. 헤겔은 이미 "대중은 전진한다"는 묵시적인 말을 남겼다. 콩트Comte[1]는 "새로운 정신적 감화가 없다면 혁명의 시대인 우리 시대는 파국을 맞이할 것"이라고 선언했다. 니체는 엥가딘 바위 위에서 "허무주의 조수가 밀려들어 오고 있다"고 외쳤다. "역사는 예언할 수 없다"는 말은 그릇된 것이다.

예언한 역사가 실현된 경우는 셀 수 없이 많다. 미래가 예언의 여지를 남겨두지 않는다면, 그 예언이 현재에 그리고 과거로 되돌아가 어느 시점에서 실현되더라도 이해할 수 없게 된다.

역사가는 돌아서면 예언자가 된다는 생각은 역사 철학 전체를 집약해 주고 있다. 사실 미래는 일반적인 구조만 예측할 수 있을 뿐이지 우리가 실제로 이해하는 것은 과거 또는 현재뿐이다. 따라서 자신의 시대를 잘 보고 싶다면 멀리 떨어져서 봐야 한다. 그렇다면 얼마나 멀리 떨어져야 하는가? 그 대답은 간단하다. 클레오파트라의 코가 보이지 않을 정도면 충분하다.

19세기에 엄청나게 증가하여 일단의 무리를 이룬 사람들의 삶은 어떠했을까? 그들은 무엇보다 모든 물질적인 면에서 편리한 생활을 누렸다. 지금까지는 보통사람은 자신의 경제 문제를 그토록 쉽게 해결할 수 없었다.

노동자는 재산이 크게 감소하여 삶이 고달파진 반면에 중간계층의 경제적 여건은 갈수록 좋아졌다. 더욱이 표준적인 중간계층은 살아가면서 날마다 새로운 사치품이 하나씩 추가되었다. 그들의 지위는 더욱 안정되었고, 타인의 의지로부터 독립된

---

1 오귀스트 콩트(Isidore Marie Auguste Comte : 1798~1857) 프랑스의 철학자로 사회학의 창시자로서 실증주의의 시조로 꼽힘. 프랑스 혁명기에 태어나 초기에는 공상적 사회주의자 생시몽 밑에서 수학했으나 입장 차이로 결별함. 다양한 사회적, 역사적 문제에 대해 추상적 사변을 배제하고 과학적, 수학적 방법으로 설명하는 실증적 방법을 강조함 - 옮긴이

삶을 누렸다. 지금까지는 운명을 겸손한 마음으로 감사하게 받아들여 행운의 선물로 여겼는데 이제는 운명은 감사해야 하는 것이 아니라 요구하는 권리가 되었다.

1900년부터 노동자의 삶도 확장하고 안전을 누리기 시작했다. 그럼에도 불구하고 노동자는 목표를 달성하려면 끊임없이 버둥거리며 분투해야 한다. 노동자는 중간계층과 달리 사회와 국가가 제공하는 혜택을 받지 못한다. 거기에는 경제적 조건의 편의와 안전은 물론이고 안락한 생활과 공공질서 같은 육체적 조건도 포함된다. 삶이 평탄한 레일 위를 달리고 있을 때 난폭하거나 위험한 것이 끼어들어 멈추게 해서는 안 된다. 이처럼 자유롭고 개방적인 상태는 보통사람의 영혼 속에 깊숙이 스며들어 왔다.

이는 "카스티야[2]는 광활하다"는 우리 선조들이 재치 넘치는 날카로운 표현에서 찾을 수 있다. 말하자면, 새로운 인간의 삶은 근본적이고 결정적인 면에서 제약을 벗어난 것처럼 제시되었다. 과거에는 보통사람들의 삶에는 그런 자유가 전혀 없었다는 점을 상기하면 곧바로 이런 사실과 그 중요성을 이해할 수가 있다. 그들에게 삶은 경제적으로도 육체적으로도 고달픈 숙명이었다. 그들의 삶은 태어날 때부터 고통을 감내해야 하는 장애물이었다. 그들은 그 장애물에 적응하고 자신만이 이용할 수 있는 비좁은 공

---

2 카스티야(Castilla) : 스페인 중부에 있는 고원 지대. 남쪽에 시에라모네라산맥이 있으며 동부는 약간 높아져 이베리아고원이라 불림 - 옮긴이

간에 정착하여 살아가는 것 외에 다른 가능한 방도가 없었다.

그러나 물질적인 삶의 상황과 시민적·도덕적 삶의 상황은 아주 대조적이다. 19세기 후반부터 보통사람들의 삶을 방해하는 사회적 장벽이 사라졌다. 사회생활에서는 태어날 때부터 더 이상 장애물이나 제약에 마주치지 않는다. 아무것도 그의 삶을 제한하도록 강요하지 않는다. 다시 말하면, "카스티야는 넓다." '신분'도 '카스트'도 없고, 특권을 가진 시민도 없다. 보통사람들은 "만인은 법 앞에 평등하다"는 것을 몸소 느낀다.

인간은 역사상 방금 언급한 조건들과 조금이라도 유사한 환경에 놓인 적이 한 번도 없었다. 사실 우리는 19세기가 인간의 운명에 심어준 근본적인 혁신에 마주하고 있다. 물리적 측면은 물론 사회적 측면에서도 새로운 인간을 위한 무대가 새롭게 세워졌다. 자유민주주의, 과학적 실험, 산업주의 ― 이 세 가지 원리가 새로운 세계를 가능케 했다. 뒤의 두 원리는 기술만능주의 technicism 하나로 집약된다.

이 세 원리 중 어느 것도 19세기에 발명된 것이 아니며 모두 두 세기 전부터 이어져 내려온 것이다. 19세기의 영예는 이 원리들을 발견한 데 있는 것이 아니라 그것을 이식한 데 있다. 그러나 그것을 추상적으로 인식하는 것만으로는 충분하지 않고, 그것이 필연적으로 가져오는 결과를 인식하는 것이 중요하다.

19세기는 사실 혁명의 세기였다. 그 혁명적인 측면을 바리케이드 광경에서 찾으려 해서는 안 된다. 그것은 흔히 일어나는 사태일 뿐이다. 19세기는 보통사람들의 삶, 즉 사회 대중이 지금껏 살아온 삶을 근본적으로 반대로 바꾸어 놓았다. 19세기는 보통사람들의 사회생활을 완전히 바꾸어 놓았다. 혁명은 기존 질서에 대항하는 반란이 아니라 전통적인 질서를 전복하고 새로운 질서를 세우는 것이다.

그러므로 19세기가 낳은 사람은 사회생활면에서 다른 모든 세기 사람과 구별된다고 해도 과언이 아니다. 물론 18세기 사람도 17세기 사람과 다르고, 17세기 사람도 16세기 사람과 다르겠지만, 새로운 사람이 볼 때 그들은 모두 서로 연관되고 유사하며 때로는 같은 사람으로 보인다. 어느 시대나 '보통사람'에게 '삶'은 기본적으로 제약과 의무, 의존, 한마디로 압박을 수반했다. 이 압박을 법적·사회적 의미로 이해하고 나아가 보다 광대한 의미로 이해할 경우 원한다면 억압이라 불러도 좋다. 백 년 전까지만 해도 이런 억압이 없었던 적이 없었기 때문이다. 그 이후로 과학기술이 물리적으로 행정적으로 아무런 제약을 받지 않고 확장하기 시작했다. 예전에는 부자와 권력자에게도 가난과 난관, 위험이 도사리고 있었다.[3]

새로운 인간을 둘러싸고 있는 세상은 태어날 때부터 아

---

3 어떤 사람이 주위 사람들에 비해 아무리 부유하다 할지라도 세상 전체가 빈곤해질 경우에는 누릴 수 있는 편의시설과 상품은 매우 제한된다. 오늘날 보통사람의 삶은 다른 어느 시대의 강력한 권력자들의 삶보다 더 안락하고 편리하고 안전하다. 세상이 부유해져 보통사람에게 엄청나게 많은 도로와 철도, 전신, 호텔, 안전시설, 아스피린을 제공한다면 그가 다른 사람들보다 부유하지 않다고 해서 어떤 차이가 있겠는가?

무런 제한도 강요하지 않고, 행동을 금지하는 제약도 없다. 오히려 그들의 욕구를 자극하여 무한정 증가할 수 있게 한다. 19세기와 20세기 초의 세계는 실제로 완전하고 완벽했을 뿐만 아니라 나아가 (마치 고갈되지 않고 자동적으로 증가하는 힘을 가진 듯이) 그 안에 거주하는 사람들에게 내일은 세상이 더 부유하고 더 풍부해질 거라는 확신을 심어주었다.

오늘날에도 비록 그런 확고한 믿음에 작은 균열이 생겨나는 징후가 발견되기는 하지만 5년 후에는 자동차가 오늘날보다 더 편안하고 가격이 낮아질 것이라는 데 의심하는 사람은 거의 없다. 아침에 태양이 떠오른다고 믿듯이 그들은 이를 굳게 믿고 있다.

어쩌면 이런 비유는 아주 정확할 수도 있다. 왜냐하면, 보통사람은 기술적으로나 사회적으로나 우수한 세상에 살고 있으면서도 그것을 자연의 산물로 생각하고, 이 새로운 세상이 탁월한 능력을 가진 개인의 노력에 의한 것으로 생각하지 않기 때문이다. 더구나 보통사람은 이 모든 시설들이 인간의 힘든 노력의 지원을 필요로 하며, 약간의 실수만 있어도 웅장한 건물 전체가 단번에 무너질 수 있다는 것을 인정하지 않을 것이다.

그러므로 우리는 오늘날 대중 심리의 두 가지 기본적인 특성을 지적할 수가 있다. 하나는 삶의 욕망, 즉 개성을 자유롭게 확장하는 것이고, 다른 하나는 삶을 편리하게 해준 모든 것을 철저하게 배은망덕하는 것이다. 이런 성질들은 버릇없는 어린아이의 심리적 특징이기도 하다. 이런 심리적 특징은 오늘날의 대중의 정신을 관찰하는 데 적용해도 잘못된 결과가 나오지는 않을 것이다. 과거로부터 풍부한 이상과 관대한 활동을 물려받은 후계자인 새로운 보통사람을 그를 둘러싼 주변 세계가 망쳐놓았다.

버릇없게 행동한다는 것은 아무런 제약을 받지 않는다는 것, 즉 모든 것이 허용되고 아무런 책임을 지지 않다는 것을 의미한다. 이런 체제에 노출된 어린 아이는 제약을 겪어본 적이 없다. 그는 주위에 모든 외적 제약이 제거되어 다른 사람들과 충돌한 적이 없기 때문에 자신이 사실상 유일한 존재라고 생각한다. 그는 남을 배려하지 않으며, 특히 자신보다 우월한 사람은 없다고 생각한다. 타인이 우월하다는 느낌은 자신보다 더 강한 사람이 나타나서 자신의 욕망을 단념케 하거나 제한하고, 자제할 경우에만 생겨난다.

그렇게 되어야 그는 "여기서 나는 끝나고 나보다 더 강력한 다른 사람이 시작한다. 세상에는 분명 나 자신과 나보다 우월한 사람 두 사람이 있다"는 기본 원리를 터득하게 된다. 과거 시대의 평범한 사람은 주변 세계에 대한 기본적인 지혜를 매일 배워야 했다. 그때 세계는 엉망진창으로 조직되어서 재해가 자주 발생했고 확실하고 풍부하고 안정된 것은 아무것도 없었기 때문이다.

그러나 새로운 대중은 가능성이 풍부한데다가 어깨 위에 태양을 올려놓지 않아도 하늘에 태양이 떠 있는 것과 마찬가지로 아무런 노력을 하지 않아도 모든 것이 안전하게 준비되어 있는 세상에 살고 있다. 자신이 숨 쉬는 공기에 대해 누군가에 감사하다고 생각하는 사람은 아무도 없다. 공기는 누군가가 만든 것이 아니기 때문이다. 공기는 어디에나 '존재하며' 소멸되지 않아서 우리는 "그것은 '자연적으로 생성된 것"이라고 말한다.

　이 버릇없는 대중은 공기와 같은 성질을 가지고 있는 물질적 조직과 사회적 조직이 동일한 기원을 가지고 있다고 생각할 만큼 똑똑하지 않다. 왜냐하면, 그 조직은 결코 자신들을 실망시키지 않고, 자연적인 사물 양식만큼 거의 완벽하기 때문이다.

　그러므로 나의 주장은 다음 같이 정리할 수 있다. 즉 19세기는 일부 사회계층에 완벽한 조직을 부여했고 이에 혜택을 받는 대중은 그 조직을 인위적인 것이 아니라 자연체계로 간주하게 되었다.

　대중의 이런 불합리한 정신 상태는 다음 같이 설명할 수가 있다. 즉 그들은 자신의 복지에만 관심을 기울이고 그것의 원인에 대해서는 아무런 관심도 가지지 않는다. 그들은 문명이 가져다주는 혜택 배후에는 엄청난 노력과 탁월한 예지에 의해서만 유지되는 경이로운 발명품과 건축물이 있다는 것을 보지 못하기 때문에, 자신의 역할은 이런 혜택을 자연권인 것처럼 요구하는 것에 국한된다고 생각한다. 식료품 부족으로 인한 혼란 상황에서 폭도들은 빵을 찾으러 다니면서 때때로 빵집을 부수곤 한다. 이것이 오늘날 대중이 자신을 후원해주는 문명에 맞서 대대적으로 취하는 복잡한 태도를 상징적으로 보여준다.

3부

왜 대중은 모든 일에 폭력으로 개입하는 것일까

제7장 | 귀족의 삶과 평범한 삶
또는 노력과 타성

제8장 | 왜 대중은 모든 일에
폭력으로 개입하는 것일까

제9장 | 원시성과 전문성

제10장 | 원시 상태와 역사

| 제7장 | **고귀한 삶과 평범한 삶
또는 노력과 타성** |

우리는 세상으로부터 초대받은 존재이다. 우리를 둘러싸고 있는 주변세계에는 우리 정신의 기본적인 특징이 형판에 찍어 놓은 듯이 아로새겨져 있다. 우리의 삶은 주변세계와 관계를 맺고 있기 때문에 당연히 그럴 수밖에 없다. 세계가 우리에게 제시하는 일반적 측면이 우리 삶의 일반적 양상이다. 이런 연유로 나는 오늘날의 대중을 탄생시킨 세계가 역사적으로 근본적인 새로운 특징을 보여주고 있다고 강력하게 주장한다.

    평범한 사람은 과거에는 고난과 위험, 결핍, 운명의 한계, 종속 등으로 둘러싸인 세계에서 살았지만, 새로운 세계에서는 가능성이 무한하고, 안정되어 있으며 누구에게도 종속되어 있지 않다. 모든 현대인의 정신은 (과거의 정신이 그 반대의 인상에 기초하여 형성된 것처럼) 이러한 근원적이고 지속적인 인상에 기초하여 형성될 것이다. 왜냐하면, 그런 기본적인 인상이 각 개인의 깊숙한 곳으로 파고들어 내면의 목소리가 되어 끊임없이 무언가를 말해주며, 삶을 하나의 도덕적 정명으로 받아들이도록 집요하게 제시하기 때문이다.

전통적인 정서가 "산다는 것은 스스로 한계를 느끼고, 따라서 자신에게 제약을 가하는 것"이라고 속삭이며 말했다면, 새로운 목소리는 다음과 같이 큰 소리로 외친다. "산다는 것은 어떤 제약에도 마주치지 않으며, 따라서 조용하게 자기 뜻대로 처신하는 것이다. 실제로 불가능한 것도 없고 위험한 것도 없으며, 원칙적으로는 아무 누구도 다른 사람보다 우월하지 않다." 이런 기본적인 경험이 대중의 전통적인 그리고 영속적인 구조를 완전히 바꿔놓는다. 대중은 항상 물질적인 한계와 자신보다 높은 사회적 권력에 직면해 있다고 생각했기 때문이다.

그의 눈에는 그것이 삶으로 보였다. 혹여 자신의 처치를 개선하거나 높은 사회적 지위에 올라가는 데 성공하더라도 그것은 자신에게 특별하게 주어진 행운이라고 생각했다. 그렇게 되려면 엄청난 노력을 해야 하고, 얼마나 많은 비용을 치러야 하는지 그는 잘 알고 있다. 어떻게 되든 그것은 삶과 세계의 일반적인 속성과는 거리가 멀 뿐만 아니라 매우 특수한 원인에서 비롯되는 예외적인 일이라고 생각했다.

그런데 오늘날의 대중은 특별한 이유 없이 자연적이고 이미 확립된 조건으로서 완전한 자유를 찾는다. 스스로 한계를 인식하게 하고, 늘 자신보다 높은 다른 권력에 의탁하도록 외부로부터 강요하는 것은 아무것도 없다. 중국의 농민들은 얼마 전까지만 해도 자신의 복지가 황제의 개인적인 덕성에 달려있다고 믿고 있었다.

따라서 중국 농민의 삶은 항상 자신이 의존하고 있는 최고 권력에 좌우되었다. 그러나 지금 우리가 분석하고 있는 인간은 평소에 어떤 외부 권력에도 호소하지 않는다. 그는 있는 그대로의 모습에 만족한다. 그는 허황된 욕심을 부리지 않고 아무런 꾸밈없이 의견, 욕구, 기호, 취향 등 자신 안에 있는 것이라면 어떤 것이든 좋은 것이며 세상에서 가장 자연스러운 것으로 여긴다. 앞서 살펴보았듯이, 그가 많은 제약을 받고 있고, 삶을 풍부하게 해주고 만족하게 해주는 조직을 만들지도 보존하지 못하는 이류 인간이라는 것을 인식하도록 아무도 강요하지 않는데 왜 그렇지 않겠는가?

대중은 주위세계가 아주 심하게 강요하지 않았다면 결코 외부 권력에 종속되는 일은 없었을 것이다. 오늘날에는 주위세계가 대중을 심하게 강요하지 않기 때문에 더 이상 다른 권력에 종속되지 않고 맘껏 개성을 발휘하며 스스로 주인이라고 생각한다. 이와는 대조적으로, 선택된 사람, 즉 우수한 사람은 자신보다 위에 있는 우월한 규범에 호소하고 그것의 도움을 흔쾌히 받아들인다.

처음에 내가 우수한 사람은 큰 요구를 하는 사람이고 보통사람은 아무것도 요구하지 않고 있는 그대로를 만족하는 사람이라고 구별한 점을 상기하기 바란다.[1] 일반적인 생각과는 반

---

[1] 지적 면에서 볼 때 어떤 문제에 직면했을 때 자기 머릿속에서 가장 먼저 떠오르는 생각에 만족하는 사람은 대중이다. 반대로 아무런 노력 없이 마음속에서 불현듯 떠오르는 생각을 경시하고, 자신보다 우위에 있는 생각을 중시하며 그것에 도달하려고 애쓰는 사람은 우수한 사람이다.

대로 순전히 예속 상태에서 살아가는 사람은 보통사람이 아니라 우수한 사람이다. 우수한 사람은 자신의 삶을 초월적인 어떤 것을 섬기지 않으면 무미건조한 삶이 된다.

따라서 우수한 사람은 무언가를 섬겨야 한다는 것을 억압으로 생각하지 않는다. 어쩌다가 그런 섬김이 부족하다고 생각되면 점점 불안감을 느껴 자신을 제약하기 위해 스스로 더욱 까다롭고 가혹한 새로운 규범을 만들어낸다. 이것이 바로 규율에 의해 살아가는 고귀한 삶이다. 고귀함은 우리에게 부과되는 요구에 의해, 즉 권리가 아니라 의무에 의해 규정된다. 그것이 이른바 노블레스 오블리주Noblesse oblige다.

"평민은 자기 멋대로 살고, 귀족은 질서와 법을 갈망한다."(괴테) 귀족의 특권은 본래 양보나 호의에 의해 주어진 것이 아니라 획득한 것이다. 특권을 가진 개인이 그 특권을 유지하는 데 필요하다면 또는 누군가 그 특권에 대해 이의를 제기할 경우에는 언제든지 그 특권을 다시 쟁취할 능력을 가져야 한다.[2]

그러므로 개인의 권리나 특권은 수동적인 소유물이나 단순한 향유물이 아니라 노력을 통해 도달하는 규범을 의미한다.

반면에 '인권과 시민권' 같은 공동의 권리는 수동적 재산, 즉 순수한 용익권이자 혜택이며, 모든 사람에게 존재하는 운명이 베풀어주는 선물이다. 그것은 숨 쉬는 일과 정신이상을 피하는 일

2　Vide, Espana lnvertebrada (1922), p. 156,

외에 어떤 노력을 하지 않아도 주어진다. 그래서 나는 비개인적 권리는 주어진 것이고 개인적 권리는 확장해야 한다고 말하고 싶다.

'귀족'nobility 같이 우리를 고무시키는 말이 일상적인 대화에서 변질된 의미로 사용하는 것을 보고 있으면 불쾌감을 느낄 것이다. 왜냐하면, 많은 사람들이 그것을 세습 '귀족 혈통'을 의미하는 것으로 해석하여 공동의 권리와 유사한 것, 즉 활기가 없는 물건처럼 수동적인 정태적 성질로 바꿔놓기 때문이다.

그러나 엄격한 의미에서 보면 귀족이라는 말은 어원상은 본래 역동적이다. 귀족은 '잘 알려진' 사람이다. 즉 무명의 대중보다 뛰어나 모든 사람이 알고 있는 유명한 사람을 가리킨다. 그가 유명해진 것은 남다른 뛰어난 노력 덕분이다. 그러므로 고귀하다는 것은 남다른 뛰어난 노력을 한다는 말과도 같다. 자녀의 고귀함이나 명성은 순전히 부모의 음덕 탓이다. 자녀가 유명해진 것은 아버지가 그렇게 만들어주었기 때문이다. 그는 부모의 후광에 의해 유명해졌으며, 따라서 세습 귀족은 간접적인 성격을 띠고 있으며, 거울에 반사된 빛이고, 푸르스럼한 빛의 귀족, 죽은 자에서 파생된 것이다. 그 안에 활기 있고 진정한 역동적인 상태로 남아 있는 것은 후손에게 조상이 도달한 노력의 수준을 유지하도록 자극을 가하는 것뿐이다.

이렇게 고귀함은 그 의미가 변질되더라도 노블레스 오블리주는 항상 지켜진다. 원래의 귀족은 스스로 의무를 부과하지만, 세습 귀족은 유산과 함께 그 의무를 물려받는다. 어떤 경우든 처음의 귀족이 후계자에게 귀족 작위를 넘겨주는 것은 일정한 모순이 있다.

좀 더 논리적으로 생각하는 중국 사람들은 그것이 전달되는 순서가 거꾸로다. 아버지가 자녀를 귀족으로 만드는 것이 아니라 자녀가 노력하여 귀족 지위를 획득하여 비천한 가문을 명문가로 만들고, 조상을 귀족의 반열에 올려놓는다. 이에 따라 자녀가 귀족 작위를 부여받으면 이전 세대로 소급하여 작위 등급이 매겨진다. 아버지만 귀족 작위를 부여받는 경우도 있고, 5대 또는 10대 조상까지 올라가는 경우도 있다. 조상들은 과거의 귀족 신분 때문이 아니라 현재 작위를 받고 활동하는 귀족 덕택에 살아난다.[3]

'귀족'이라는 용어는 로마제국 때까지는 공식적인 용어로 사용되지 않고 오히려 세습 귀족(몰락한 귀족)에 대한 반대의 의미로 사용되었다.

그래서 나는 귀족이라는 말을 자신에게 주어진 의무와 책임을 넘어서 현재의 자신을 뛰어넘으려고 끊임없이 노력하는 삶과 동의어로 간주한다. 때문에 귀족의 삶은 활기 없는 보통사람의 삶과는 대조를 이룬다. 보통사람의 삶은 외부의 힘이 강제로 자극을 가하지 않으면 영원히 정지 상태에서 아무런 변화 없이 똑같은 삶을 반복한다. 우리는 이런 인간을 대중이라 부르는데 이렇게 부르는 이유는 그들이 무리를 이루고 있어서가 아니라

---

3 앞에서 말했듯이, 우리의 목적은 '귀족'이라는 단어에서 세습을 배제하여 원래의 의미로 되돌리는 것이므로 여기서는 역사에 자주 등장한 '혈통 귀족'을 연구할 필요는 없다. 따라서 이 문제는 여기서 다루지 않는다.

타성에 젖어 있기 때문이다.

    사람들은 나이가 들면서 대부분의 남성은 물론 여성도 외부의 강제가 엄격하게 강요하지 않으면 어떤 노력도 할 수 없다는 것을 점차 깨닫게 된다. 따라서 자발적으로 즐거운 마음으로 노력하는 사람은 우리 경험에서 만나는 일은 아주 드물며 그래서 그런 사람은 고립되어 있으며, 길이 보존해야 할 것이다. 이들은 선택받은 사람, 즉 고귀한 사람으로서 단지 어떤 자극에 반응하여 행동하는 것이 아니라 유일하게 능동적으로 행동하는 사람이다. 이들에게 삶은 끊임없는 노력과 훈련 과정의 연속이다. 그들에게 훈련은 곧 자기 단련이자 심신 수행이다.[4]

    이렇게 논지를 벗어났다고 해서 놀랄 필요는 없다. '대중'의 수는 점점 늘어나지만 '우수한 자'를 대체하기를 바라는 현재의 대중을 정의하려면 그 속에서 순수한 두 부류 즉 진정한 귀족이나 노력하는 사람을 가려내어 대중과 대조해 봐야 한다.

    이제 우리는 오늘날 지배적인 인간 유형을 이해하는 열쇠, 즉 심리 방정식을 가지게 되어 좀 더 빠르게 논의를 진행할 수 있게 되었다. 이후에 말하는 내용은 모두 기본 구조의 결과로서 다음과 같이 요약할 수 있다. 19세기 세계는 자동적으로 새로운 사람을 만들어냈고 그에게 엄청난 욕구와 그 욕구를 만족시키기 위한 온갖 종류의 강력한 수단을 부여했다. 여기에는 경제적 및 신체적

---

[4] Vide "El Origen deportivo del Estado," in El Espectador, VII 최신판.

인 것(이전 시대보다 우수한 위생과 평균적인 건강), 시민적 및 기술적인 것(오늘날에는 평균적인 사람이라면 가지고 있지만 과거에는 부분적으로만 가졌던 방대한 양의 지식과 실용적인 효율성)이 포함된다.

19세기는 평범한 사람에게 이 모든 능력을 제공해준 후 그를 그 자신에게 맡겼다. 그러자 평범한 사람은 자신의 타고난 성향에 따라 자기 안으로 물러났다. 그리하여 지금 우리가 보고 있는 대중은 이전 시대의 어느 대중보다 강력하지만, 자신 안에 완전히 갇혀서 누구에게도 복종하지 않고, 자급자족할 수 있다고 믿는다는 점에서 전통적인 대중과 다르다. 한 마디로 그들은 고집불통이다.[5]

상황이 지금처럼 전개된다면, 대중이 어떤 종류의 지시에도 복종하지 않는 일이 유럽에서 하루가 다르게 확연하게 나타날 것이며, 반사적으로 전 세계에도 나타날 것이다. 유럽 대륙이 고난의 시기에 직면하게 되면 대중도 갑작스럽게 고통을 겪게 되어 긴급한 문제에 대해서는 잠시나마 우수한 소수집단의 지시를 호의적으로 받아들일 것이다.

그러나 그런 선의마저도 실패하게 된다. 그들의 정신구조는 기본적으로 폐쇄적이고 고집불통인데다가 태어날 때부터 자기 외부에 있는 것은 물건이든 사람이든 주의를 기울이는 능력

---

[5] 대중 가운데서 특히 스페인 대중의 고분고분하지 않은 성격에 대해서는 『무기력한 스페인』(Espana invertebrada, 1922)에서 언급한 바 있다.

이 결핍되어 있기 때문이다. 그들은 누군가를 따르고 싶어도 그렇게 할 수가 없으며, 다른 사람의 말을 듣고 싶어 하지만 자신이 귀머거리라는 것을 알게 된다.

　한편 오늘날의 대중이 다른 시대의 대중에 비해 아무리 활력이 뛰어나더라도 스스로 문명화 과정을 제어할 수 있다고 생각하면 착각이다. 내가 말하는 것은 과정process이지 진보progress가 아니다. 우리의 현재 문명을 유지하기만 하는 데도 섬세한 능력이 요구된다.

　평범한 사람은 많은 문명 기구의 사용법을 배웠긴 하지만 문명의 원리에 대한 기본 지식이 부족하여 그 과정을 제대로 관리할 수가 없다. 지금까지 인내심을 가지고 이 글을 읽은 독자들에게 거듭 말하지만, 중요한 것은 지금까지 말한 사실은 정치적 의미를 가지지 않는다는 점이다.

　이와는 반대로 정치 활동은 사회생활에서 가장 효율적이고 가장 가시적인 활동이긴 하지만, 그것은 보다 내적이고 감지되지 않는 다른 활동들의 최종 산물이다. 따라서 정치적 고집불통[불순종]은 심오하고 확고한 지적 고집불통[불순종]이 뒷받침되지 않는다면 그리 심각한 일이 아니다. 결론적으로 이 문제를 분석하지 않으면 이 글의 최종 논지를 명료하게 드러낼 수가 없다.

제8장   대중은 왜 모든 일에
         폭력으로 개입하는 것일까

지금까지 우리가 논의한 것은 아주 역설적으로 보일 수도 있지만 실제로는 아주 자연스럽게 나타나는 현상이다. 평범한 사람은 자신에게 세상과 삶이 열리는 바로 그 순간부터 자기 정신을 자기 안에 가두어버린다. 그래서 내가 주장하고자 하는 바는, 대중의 봉기는 평범한 사람의 지적 폐쇄성에 기인하며, 이것이 오늘날 인류에게 거대한 문제를 노정한다는 것이다.

　　많은 독자들이 나와 같은 생각을 하지 않는다는 것을 잘 알고 있다. 이 또한 매우 자연스러운 일이고 그 일반 원리를 확인해주는 것이기도 하다. 왜냐하면, 설령 내 의견이 잘못되었다 하더라도 나와 의견이 다른 많은 독자들은 이 복잡한 문제에 대해 단 5분도 생각하려 하지 않기 때문이다. 어떻게 하면 그들이 나와 같은 생각을 할 수 있을까?

　　그들은 그 문제를 해결하려고 노력하지 않아도 그 문제에 대한 의견을 표명할 권리가 있다고 생각함으로써 자신들이 내가 '봉기하는 대중'이라 부르는 어리석은 인간 유형에 속한다는 것을 여실히 드러내고 있다. 그들은 자신의 정신을 밀봉하여 말살시킨다. 그것은 지적 폐쇄성의 특수한 경우로 볼 수도 있다. 개인은 내면에 이미 많은 지식이 저장되어 있다고 생각하고 이에 만족감을 느껴 자신이 지적으로 완벽하다고 생각한다. 그는 자기 외부에는 없는 것이 없다고 생각하고 자신의 정신 구조 속에 (관념의 창고에) 확고하게 정주한다. 이것이 바로 자기 정신을 말살하는 메커니즘이다.

대중은 자신이 완벽하다고 생각한다. 상류층 사람은 자신이 완벽하다고 생각하려면 특별한 허영심이 필요하다. 상류층 사람에게는 자신이 완벽하다고 생각하는 것은 체질에도 어울리지도 않고, 솔직한 것도 아니다. 그런 생각은 허영심에서 비롯된 것이며 스스로 생각하기에도 허구적이고 상상적이며 미심쩍기 짝이 없다. 그래서 허영심 많은 사람은 다른 사람들을 필요로 하고, 그들이 자신의 생각을 지지해 주기를 바란다.

그래서 '고귀한' 사람은 병들어 누워 있거나 허영심에 눈이 멀어도 자신이 진실로 완벽하다고 느끼지 않는다. 이와 달리 우리 시대의 평범한 사람인 새로운 아담은 자신이 완전하다는 것을 결코 의심하지 않는다. 그의 자기 확신은 아담의 낙원과도 같다. 그는 타고난 지적 폐쇄성 때문에 자신의 불완전함을 발견하는 데 필수조건이라 할 수 있는 타인과의 비교를 거부한다. 자신을 타인과 비교한다는 것은 잠시 자신을 떠나 이웃에게 자신을 옮겨놓는 것을 의미한다. 그러나 보통사람의 정신은 이런 이동(스포츠에서는 이것이 최고 형태이다)을 할 수 없다.

이로써 우리는 바보와 천재 사이에도 그와 동일한 차이가 영구적으로 존재한다는 것을 발견하게 된다. 천재는 끊임없이 바보가 되기 십상이기 때문에 천재는 바보가 되지 않으려고 노력하고, 이렇게 노력하는 것이 그의 지적 능력이다.

반면에 바보는 자신을 의심하지 않는다. 바보는 자신이 가장 신중한 사람이라고 생각한다. 그래서 자신을 어리석음에 가두어 놓고 그 안에서 평온하게 안주한다. 곤충을 서식하는 구멍에서 끄집어낼 수 없듯이 바보를 문맹 상태에서 잠시 동안 벗어나게 하고 그 자신의 우둔함을 다른 사람의 예리함과 대조시키는 것으로는 바보를 어리석음에서 벗어나게 할 수는 없다. 바보는 평생 바보로 살아가기 때문에 그에게는 빠져나올 구멍이 없다. 아나톨 프랑스Anatole France[1]가 바보는 악당보다 훨씬 나쁘다고 말한 이유가 여기에 있다. 악당은 때때로 잠시 쉬지만 바보는 결코 쉬지 않기 때문이다.[2]

그렇다고 대중이 어리석다는 것은 아니다. 반대로 오늘날 대중은 과거 어느 시대의 대중보다 영리하고 뛰어난 지적 능력을 지니고 있다. 그런데 그 능력은 그에게 아무런 쓸모가 없다. 사실은 자신이 그런 능력을 소유하고 있다는 것을 막연하게 느껴 그 능력을 가두어 놓음으로써 사용하지 못할 뿐이다. 단도직입적으로 말하면, 대중은 우연하게 얻은 진부한 상식, 편견, 엉터리 관념 또는 공허한 말을 가슴속에 수북이 채워놓고서 그것들을 순진할 정도로 대담하게 아무데나 들이댄다.

제1장에서 이것이 우리 시대의 특징이라고 제시한 바 있

다. 즉 평민은 자신이 매우 탁월하다거나 평범하지 않다고 생각한다는 것이 아니라 평민은 평범함의 권리 또는 하나의 권리로서 평범함을 선언하고 강조한다는 것이다.

오늘날에는 지적 수준이 낮은 평범한 사람들이 사회생활에 막강한 영향력을 행사하는데 이는 아주 새로운 일일 뿐만 아니라 과거의 어느 시대에도 견줄 수 없는 현재의 대표적인 특징이다. 적어도 현재까지 유럽 역사에서 평범한 사람들이 나름의 '생각'을 가졌다고 생각한 적이 없었다.

평범한 사람들은 신념, 전통, 경험, 격언, 정신적 습관은 가

---

1 아나톨 프랑스(Anatole France, 1844-1924) 프랑스의 소설가 겸 평론가로서 그의 작품은 지적 회의주의를 바탕으로 인간의 불완전함과 광신을 주로 풍자함. 19세기 말 프랑스 사회와 유럽을 뒤흔든 드레퓌스 사건 때에는 에밀 졸라, 앙리 푸앵카레 등과 함께 드레퓌스의 무죄를 주장했고 1차 대전 후에는 평화주의를 강조함. 1896년 아카데미 프랑세즈 회원에 선출되었고 1921년 노벨문학상을 받음 - 옮긴이

2 나는 가끔 스스로 다음 같은 질문을 던지곤 했다. 많은 사람들이 살아가면서 부딪히는 고충 가운데 하나는 분명 이웃의 어리석은 행동과 충돌하는 일이다. 그럼에도 이 문제에 대해 아직까지 연구가 이루어지 않은 (나는 그렇게 생각한다) 이유는 무엇일까? 에라스무스(Erasmus)*조차도 그 문제를 다루지 않고 있다.

* 에라스무스(Desiderius Erasmus, 1466(?)~1536) 네덜란드 출신의 르네상스 최대의 인문주의자로 수도사제로 활동하다가 신학연구에 전념, 언어의 정확한 이해를 기초로 한 실증적·역사적 방법을 통해 성서·교부 문학 및 이교 고대의 연구에 선도적 역할을 수행하며, 많은 고대 문헌을 처음으로 활자화함. 대표 저서로 『그리스도교 병사제요』(1504), 『교정 그리스어 신약성서』(1516), 『대화집』(1522), 등이 있음 - 옮긴이

지고 있었지만, 정치나 문학 등에 대해 이론적 견해를 가지고 있다고 생각해 본 적이 없었다. 그들은 정치인의 계획이나 실천에 대해서는 지지하기도 하고 반대하기도 하지만, 다른 사람의 창의적 활동에 대해서는 그것이 긍정적인 것이든 부정적인 것이든 그냥 따르기만 할 뿐이었다. 자신의 생각으로 다른 정치인의 '생각'에 반대한다거나 그 정치인의 '생각'을 자신의 '생각'에 비추어서 판단하는 일도 전혀 없었다.

예술이나 다른 사회생활 영역의 경우도 마찬가지이다. 평범한 사람들은 선천적으로 어떤 문제를 이론화할 능력이 없다고 스스로를 제한하는 의식[3] 때문에 애초에 아예 그렇게 할 엄두를 내지 못했다. 그 결과 평범한 사람들은 이론적 성격을 띠고 있는 공적 활동에 대해서는 결정을 내릴 생각을 처음부터 하지 않았다. 반면에 오늘날 보통사람들은 세상에서 일어나고 있는 일이나 일어날 법한 일에 대해 매우 명확한 '생각'을 갖고 있다. 그래서 그들에게는 경청하는 습관이 사라졌다.

필요한 모든 견해가 내 안에 있는데 더 들을 필요가 있겠는가? 이제는 더 이상 들을 것이 없기 때문에 판단하고 선언하고 결정할 때다. 사회생활은 아무 문제가 없다. 대중은 앞뒤 가리지 않고 사회생활에 개입하는 것이 아니라 자기 '의견'을 주입한다.

---

[3] 누구도 이 문제에서 벗어날 수가 없다. 모든 견해는 이론을 수립하는 기초가 된다.

그런데 이것은 좋은 일이 아닌가? 대중이 '사상'을 가지고 있다는 것, 다시 말해서 대중이 교양을 갖추고 있다는 것은 엄청난 진보를 뜻하는 것이 아닌가? 결코 그렇지가 않다. 보통사람의 '사상'은 진정한 사상이 아니며 그들이 가진 교양도 마찬가지다. 사상은 진리를 파괴할 수도 있다. 사상을 갖고자 하는 사람은 먼저 진리를 갈망하고 진리가 부과하는 게임 규칙을 받아들일 태세를 갖추어야 한다.

사상을 통제하는 상층 권력의 승인을 받지 않고 사상을 논의하는 것은 소용이 없다. 논의를 할 때는 일련의 기준에 호소할 수가 없다. 이런 기준은 교양이 기초로 삼는 원리다. 그 기준이 어떤 형태를 취하는가는 중요하지 않다.

다만 내가 확신하는 것은 우리 동료들이 기댈 수 있는 기준이 없는 곳에서는 교양이 존재하지 않다는 것이다. 기댈 수 있는 기준이 되는 합법적인 원리가 없는 곳에는 교양이 존재하지 않는다. 논쟁을 할 때 최종적인 지적 견해를 존중하지 않는 곳에는 교양이 존재하지 않는다.[4] 경제가 이해관계자를 보호하는 규제 원리를 따르지 않는 곳에는 교양이 존재하지 않는다. 미적 논쟁이 예술 작품을 정당화할 필요성을 인정하지 않는 곳에는 교양이 존재하지 않는다.

---

4 우리와 토론하는 사람이 진리에 도달하는 데 관심이 없다면, 즉 진리를 찾으려 하지 않는다면, 그는 지적으로 야만인이다. 실제로 그런 입장은 대중이 연설하고, 강의하고, 글을 쓸 때 취한다.

모든 면에서 부족하면 교양이 존재하지 않고, 아주 엄밀한 의미의 야만성만 존재한다. 우리 자신을 속이지 말자. 유럽에서 대중의 봉기가 일어났을 때 이런 일은 나타나기 시작했다. 야만 상태의 나라에 도착한 여행자는 그 나라의 영토에는 호소할 지배적인 원리가 존재하지 않는다는 사실을 알게 된다. 사실대로 말하면, 야만상태에서는 규범이 존재하지 않는다. 야만이란 이의를 제기할 때 기댈 수 있는 기준이 존재하지 않는 상태다.

교양의 정도는 규범의 정밀성에 따라 측정된다. 규범의 정밀도가 아주 낮으면 대략적으로만 활동을 규제하고, 규범의 정밀도 수준이 높으면 모든 활동을 세부적인 부분까지 규제한다.[5]

유럽에서 지난 몇 년 동안 '기이한 일'이 일어나기 시작했

---

5 스페인사람들의 지적 교양이 부족한 것은 지식의 양에서가 아니라 사람들이 평소에 말하고 글을 쓸 때 부주의한데다가 진리에 도달하려는 노력이 부족한 데 연유한다. 진리는 우리의 손이 닿지 않는 곳에 있기 때문에 문제는 옳고 그름을 따지는 데 있는 것이 아니라 도덕관념이 결여되어 올바르게 판단할 수 있는 기본 요건을 갖추지 못한 데 있다. 우리는 마니교*가 무엇을 믿는지 알려고 고심하지 않은 채 의기양양하게 그들을 논박하는 시골 신부와도 같다.

* 마니교: 3세기 페르시아 왕국의 마니가 창시한 이원론적 종교로 그리스도교나 조로아스터교의 이단으로 여겨지기도 했으나, 일관된 교리, 엄격한 제도, 조직을 갖춘 종교로 자리 잡음 – 옮긴이

6 생디칼리슴(syndicalism) : 19~20세기 초 일어난 노동조합주의의 하나로 생디카를 유일한 노동자 조직이라고 생각하고 의회의 역할을 부정하며 노동조합을 혁명의 주체로 하여 총파업을 통해 노동조합이 생산의 관리권을 장악하여 착취 없는 자유로운 사회를 이룩할 수 있다고 주장함 – 옮긴이

다는 것은 웬만한 사람이면 누구나 알고 있는 사실이다. 이 '기이한 일'의 구체적인 예로 생디칼리슴[6]과 파시즘 같은 정치운동을 들 수 있다. 이것들이 단지 새롭다는 이유로 기이한 것으로 보아서는 안 된다. 지금까지의 역사 가운데 가장 불안정한 역사를 낳게 된 것은 유럽인들이 선천적으로 새로운 것에 열광한 탓이다.

새로운 사실들은 지금까지 보지 못해서가 아니라 아직 한 번도 생각해보지 못한 기상천외한 형태를 띠고 있다는 점에서 기이인 사실이다. 생디칼리슴과 파시즘이 등장하자 유럽에서는 어떤 근거를 제시하거나 올바른지를 따지려 하지 않고 단지 자신의 의견을 강요하는 인간 유형이 처음으로 나타났다. 합리적이지 않을 권리 즉 '불합리한 이유' ― 이것이 바로 새로운 사실이다.

여기서 나는 대중이 사회를 지배할 능력이 없는데도 사회를 지배하려고 결심을 한 것에서 그들의 새로운 심리구조가 아주 뚜렷하게 나타나고 있음을 목도한다. 대중의 새로운 심리구조는 정치 행위에서 아주 적나라하고 선명하게 나타나지만 그 핵심은 지적 폐쇄성에 있다. 보통사람은 자기 머릿속에서 '사상'을 찾아낼 수는 있지만 그것을 사용할 수 있는 능력은 없다. 그는 그 사상이 살고 있는 환경에 대해서는 전혀 알지 못한다. 그는 사상을 갖고 싶어 하면서도 모든 의견의 기초가 되는 조건과 전제를 받아들이기를 꺼린다. 그래서 그의 사상은 사실상 언어유희, 즉 뮤지컬 악곡 같은 것에 지나지 않는다.

어떤 사람이 사상을 가지고 있다는 것은 그가 그 사상을 가지는 근거를 가지고 있다는 것을 의미하며, 결국 그 근거가 되는 사물, 즉 명료한 진리의 세계가 있다고 생각하는 것을 의미한다. 사상을 갖고 있다는 것, 즉 의견을 표명하는 것은 권위에 호소하고 그 권위에 복종하며 그것의 규약과 결정을 받아들이는 것과 동일하며, 따라서 최고의 상호교류 형태는 우리 사상의 근거를 가지고 논의하는 대화라고 생각하는 것과 동일하다.

그런데 대중은 논의를 할 때면 스스로 위축되어 자기 외부의 최고 권위를 받아들이는 것을 본능적으로 거부한다. 그리하여 유럽에서 나타난 '새로운 현상'은 '논의를 중단하는' 것이다. 즉 일상대화는 물론 의회도 그리고 객관적인 규칙을 중시하는 과학조차도 모든 형태의 상호교류를 혐오한다. 이는 규범에 종속된, 교양에 기초한 공동생활을 표명하는 동시에 야만상태의 공동생활로의 회귀를 의미한다. 자신이 원하는 것에 도달하기 위해 모든 정상적인 절차를 폐지한다. 앞에서 보았듯이, 모든 사회생활에 개입을 촉구하는 지적 폐쇄성으로 인해 대중은 단 하나의 개입 방식, 직접 행동에 의지하게 된다.

우리 시대의 기원을 재구성해 보면, 그 특유의 하모니의 첫 음조는 1900년경에 '직접 행동'이라는 이름과 방법을 고안한 프랑스의 생디칼리스트와 현실주의자들에서 울려 퍼지는 것을 듣게 된다. 인간은 항상 폭력에 의지해 왔다. 이 방법은 이따금 단순한 범죄로 취급된 적도 있긴 하나 그 점은 우리의 관심사가 아니다. 그런데 때로는 폭력은 자신이 가진 정의의 권리를 방어할 때 가지고 있는 모든 수단을 모두 소진한 사람이 마지막으로 의지하는 수단이다.

인간이 이따금 폭력에 의지할 수밖에 없게 되는 것은 유감스러운 일이긴 하지만, 그것이 이성과 정의에 최대의 찬사를 표한다는 사실은 부인할 수 없다. 왜냐하면, 이런 형태의 폭력은 이성이 격노한 것일 뿐이기 때문이다. 사실 무력은 최후 수단이다. 오히려 어리석게도 이런 표현을 빈정대며 받아들이곤 했는데, 이는 예전에는 무력이 이성의 방법에 굴복했음을 여실히 보여준다.

　문명은 폭력을 최후 수단으로 돌려놓으려는 시도에 다름 아니다. 이제 우리는 이런 사실을 아주 명확하게 알 수 있다. 왜냐하면, '직접 행동'은 순서를 거꾸로 돌려서 폭력을 최우선적인 수단으로 또는 엄격하게 말해서 고유한 수단으로 선언하고 있기 때문이다. 직접 행동은 모든 규범의 폐지를 제안하는 규범으로서 목표와 그 실행 사이의 모든 중간 과정을 철폐한다. 그것은 야만사회의 대헌장이다.

　대중은 이런저런 목적으로 사회생활에 참여했는데 그때마다 '직접 행동'의 형태를 취했다는 점을 기억해둘 필요가 있다. 직접 행동은 대중에게는 자연스러운 행동양식이다. 대중이 사회생활에 우연히 또 아주 드물게 개입한 예전과 달리 일상적으로 개입하고 있는 지금은 '직접 행동'이 공식적으로 승인된 방법으로 보인다는 자명한 사실이 이 글의 논지를 명확하게 확증하고 있다.

　우리의 모든 공동체 생활은 '이처럼 '간접적으로' 권위에 호소하는 것을 억제하는 체제 속으로 들어가고 있다. 사회생활에서는 '예의범절'이 실종되고, 문학에서는 부적절한 표현이 난무하고, 남녀관계에서는 각종 제약이 완화되었다.

제약, 규범, 예의, 간접적인 방법, 정의, 이성! 이 모든 것은 왜 발명되었고, 이 복잡한 것들은 왜 만들어졌을까? 이것들은 모두 문명이라는 단어로 집약되며, 시민을 뜻하는 기본 개념 자유시민civis에서 문명의 진정한 기원이 드러난다. 이 모든 것들이 도시, 공동체, 공동생활을 가능하게 한다. 방금 거론한 문명의 이 모든 구성 요소를 자세히 살펴보면, 하나의 공통된 기반이 발견된다.

사실 그 모든 것은 다른 사람을 고려하려는 개인의 기본적인 욕구를 전제로 한다. 문명은 무엇보다도 공동생활을 하고자 하는 의지이다. 인간은 타인을 배려하지 않으면 문명 없는 야만인이 된다. 그래서 모든 야만 시대는 소규모 집단으로 분할되어 여기저기 흩어져 서로 적대적 관계에서 대립하던 시대다.

공동생활을 지향하는 정치 이념 중에서 가장 고상한 형태가 자유민주주의이다. 자유민주주의는 이웃을 배려하려는 결의가 최고로 표출된 '간접행동'의 원형이다. 자유주의는 정치적 권리의 원리 가운데 하나다. 이 원리에 따르면, 공적 권위는 전능함에도 불구하고 국가는 그 권위를 제한하거나 희생해서라도 강한 자(다수집단)처럼 살 수 없다고 느끼는 사람들도 그들처럼 살 수 있는 여지를 남겨두려 한다.

오늘날에는 자유주의가 최고의 관대한 형태라는 점을 상기해둘 필요가 있다. 자유주의는 다수가 소수의 권리를 인정하는 것으로, 지금까지 지구상에 울려 퍼진 가장 고귀한 외침이다. 자유주의는 강한 적뿐만 아니라 약한 적과도 공존할 것을 선언한다. 인류가 그토록 역설적이면서도 아주 세련되고, 그토록 아슬아슬하면서도 반자연적인 고귀한 태도를 취하게 되었다는 사실이 믿어지지 않는다. 그런데도 그와 동일한 인간이 곧바로 그런 태도를 버리겠다고 결의를 하더라도 놀랄 일이 아니다. 자유주의는 지상에 확고하게 뿌리 내리기에는 너무 어렵고 복잡한 계율이다.

    적과의 공존! 반대세력과의 협치! 이런 유연한 형태는 아직은 이해할 수 없는 것인가? 반대세력과 공존하는 나라가 거의 없다는 사실만큼 오늘날의 특징을 명확하게 보여주는 것은 없다. 거의 모든 나라에서 동질적인 대중은 공적 권위를 짓누르고 모든 반대세력을 진압하여 전멸시키고 있다. 셀 수 없을 만큼 많은 사람들이 밀집해 있는 모습을 보고 누가 대중을 신뢰하겠는가? 대중은 다른 사람들과 공존하고 싶어 하지 않는다. 대중은 자신이 아니면 모든 것을 몹시 싫어한다.

제9장 원시성과 전문성

이 글의 가장 큰 목적은 우리가 분석하고 있는 현재의 상황은 본질적으로 모호하다는 것을 상기시키는 것이다. 그래서 이 글 서두에서 오늘날의 모든 특징, 특히 대중의 봉기에는 양면성이 있다고 지적했다. 어떤 현상이든 긍정적으로 볼 수도 있고 부정적으로도 볼 수 있는 이중적 해석이 가능할 뿐만 아니라 또 그런 이중적 해석을 요구하기도 한다. 현재 상황의 모호함은 우리의 생각 속에 있는 것이 아니라 현실 자체에 있다. 현재의 상황은 관점에 따라 좋게 보이기도 하고 나쁘게 보이기도 하는 것이 아니라 그 자체로 대성공과 파멸 두 가지 가능성을 내포하고 있다.

　이 글에 완전한 역사철학이라는 짐을 소환할 생각은 없다. 그렇지만 이 글이 나의 철학적 신념을 근본적인 토대로 삼고 있는 것은 분명하다. 나는 완전무결한 역사결정론을 따르지 않는다. 반대로 모든 삶은, 결과적으로 역사의 삶은 하찮은 순간들로 구성되어 있으며, 각 순간은 그 이전의 순간에서 상대적으로 결정된다고 생각한다.

그런 까닭에 매순간 현실은 어느 가능성을 선택할지 망설이며 갈팡질팡한다. 이런 형이상학적 망설임으로 인해 모든 삶의 특징은 극심하게 요동치는 것이라는 점을 명백하게 드러낸다. 대중의 봉기는 사실 인류를 역사상 유례없는 새로운 조직을 형성하는 데 기여할 수도 있지만, 인류의 운명을 파국으로 몰고 갈 수도 있다. 현실이 진보한다는 것에 부정할 이유는 없지만, 그렇더라도 이 진보가 안전할 것이라는 생각은 바로잡아야 한다.

아무리 확고한 진보나 진화라도 퇴보나 '회귀'의 위험을 수반한다고 보는 것이 사실에 더 부합하다고 생각한다. 역사는 의기양양하게 무한히 진보할 수도 있고 주기적으로 퇴보할 수도 있다. 왜냐하면, 개인의 삶이든 집단의 삶이든, 인간의 삶이든 역사의 삶이든 위험과 모험으로 가득 차 있는, 우주 안에 있는 하나의 실체이기 때문이다. 엄밀히 말하면, 삶은 한 편의 드라마다.[1]

이것은 일반적인 사실이지만, 현재와 같은 '위기의 순간'에 훨씬 두드러지게 나타난다. 따라서 현재의 대중의 지배 하에서 나타나고 있는 그리고 우리가 '직접행동'이라는 용어로 묶어서 부르고 있는 이 새로운 행동의 징후가 미래의 완성을 예고하고 있는지도 모른다. 모든 오래된 문명은 삶을 방해하는 유독성 찌꺼기에 불과한 낡아빠진 조직과 이미 굳어버린 것을 계속 유지하려 할 것이 분명하다.

지금은 무의미하고 불필요할 정도로 복잡하고 실효가 없다고 입증된 해결책들로 치부되고 있는 낡은 제도와 낡은 평가방식, 계산방식이 여전히 잔존하고 있다. 이런 '간접행동'과 문명의 구성 요소들은 열광적으로 단순화 시대를 요구한다. 낭만주의 시대에는 챙이 긴 모자와 프록코트가 유행했다면 오늘날에는 간편복과 '와이셔츠'로 그에 응수하고 있다. 여기서 단순화는 위생과 더 나은 취향을 의미하며, 결과적으로 더 적은 수단으로 더 많은 것을 얻을 수 있는 보다 나은 해결책을 의미한다.

또한 낭만적인 사랑의 나무라도 가지에 붙여 놓은 수많은 모조 목련과 곳곳에 붙어 있는 벌레와 달팽이, 그리고 햇빛을 가리고 있는 구불구불한 나뭇가지를 없애려면 필히 가지치기를 해야 한다.

일반적으로 말하면 사회생활, 무엇보다 정치생활은 시급히 현실로 돌아가야 한다. 특히 유럽인은 먼저 옷을 벗고 본연의 모습으로 돌아가지 않고는 낙관론자가 요구하는 대로 공중제비

---

1 말할 필요도 없이, 이러한 표현들을 진지하게 받아들이는 사람은 거의 없을 것이며, 아무리 선한 사람조차도 그런 표현에 감동을 받더라도 그것을 단순한 운유로 이해할 것이다. 삶이 무엇인지 또는 적어도 삶이 무엇이 아닌지를 확실하게 알고 있다고 생각하지 않는 솔직한 남다른 독자만이 이 문장의 기본적인 의미를 파악할 것이고 참이든 거짓이든 그것을 이해하는 유일한 사람일 것이다. 나머지 사람들은 단 한 가지 점에만 차이가 있고, 다른 모든 점에 대해서는 열렬하게 만장일치할 것이다. 진지한 어조로 삶을 영혼의 실존 과정이라고 생각하는 사람도 있고, 삶을 화학적 반응의 연속이라고 생각하는 사람도 있다. 이렇게 사고가 철저하게 폐쇄적인 독자들에게 나의 전체 사고 방향을 환기시키기 위해 삶을 생물학적 의미가 아니라 전기문의 의미로 사용할 때 삶의 일차적인 근본적인 의미가 나타난다고 말한다고 해서 나의 입장이 나아질 것이라고 생각하지는 않는다. 생물학 전체는 전기문의 한 장(章)에 불과하기 때문에 생물학자들은 전기문을 구성하는 데 일생을 바친다. 나머지는 모두 추상이자 환상이며 신화다.

처럼 180도로 돌 수가 없다. 벌거숭이가 되어 진정한 자아로 되돌아가겠다고 굳게 다짐하는 열의 그리고 참된 미래로 가고자 하는 굳은 결의가 있어야만 과거의 모든 것으로부터 완전한 자유를 얻을 수 있다. 과거를 극복할 수 있는 것은 미래이며, 미래가 과거에 대한 우리의 태도를 결정한다.[2]

    그러나 19세기를 이끈 사람들이 저지른 중대한 과오를 피해야 한다. 그들은 책임의식이 부족하여 자신들을 지키고 돌볼 만큼의 경계심을 가지지 못했다. 사태의 흐름대로 흘러가고 쉬운 길만 따라가며 평시에도 자주 나타나는 불온한 기운 즉 위험에 둔감하여 아무런 대비도 하지 않는 것은 책임을 방기하는 것이다. 오늘날에는 위험을 느낄 수 있는 사람에게 깊은 책임감을 심어주고, 오늘날의 각종 징후들이 명백히 위험을 수반한다는 점을 강조하는 일이 시급하다.

    미래에 대해 선언하고 약속하는 것에 비해 현재에 많은 관심을 갖지 않는다면, 분명히 부정적인 요인들이 긍정적인 요

---

[2] 이렇게 보면, 과거에 대한 이런 태도의 자유는 성마른 봉기가 아니라 반대로 모든 '비판의 시대'에 요구되는 명백한 의무이다. 내가 단호하게 공격하는 대중에 맞서 19세기 자유주의를 옹호한다고 해서 그 자유주의에 관하여 나의 완전한 의견의 자유를 단념하는 것은 아니다. 반대로 이 글에서는 원시성을 최악의 상태로 묘사하고 있지만 어떤 의미에서 보면 그것은 모든 역사적 대도약의 조건이다. 이 문제에 대해서는 몇 년 전에 내가 『원시성의 역설』 제3권 『관객』(El Espectador, III, La paradoja del salvajismo)에 실은 "생물학과 교육학"(Biologia y Pedagogia)에서 말한 내용과 비교해보라.

인들을 압도하여 사회생활의 균형이 무너지게 된다.

　유럽이 엄청난 혼란에 빠질 운명이 임박해오자 지금까지 경험해온 모든 물질적 풍요 가능성마저 무산될 위험에 처하게 되었다. 이를 다시 정리해 보면, 문명의 원리에 관심이 없는 사람들이 사회의 방향을 이끌고 있다는 데 문제가 있다. 지금 판단해 보면, 그들은 어떤 문명으로 이끌 것인가에 관심이 없는 것이 아니라 아예 문명 자체에 관심이 없다.

　물론 그들도 마취제, 자동차 등 몇 가지 물건에는 관심을 가지고 있다. 하지만 이런 사실은 그들이 기본적으로 문명에 관심이 없다는 것을 확인해 줄 따름이다. 왜냐하면, 그런 것들은 단지 문명의 산물일 뿐이기 때문이다. 그런 물건에 환호하며 열중한다는 것은 그것들이 만들어지는 원리에 대해서는 전혀 관심이 없다는 것을 명확하게 드러낼 따름이다. 다음 같은 사실을 제시하는 것만으로도 이를 충분히 입증할 수 있다.

　새로운 과학nuove scienze 즉 자연과학이 등장한 르네상스 시대 이래로 그 열기는 갈수록 높아졌다. 구체적으로 말하면, 순전히 과학 연구에만 종사하는 사람들의 수가 점점 늘어났다. 그런데 오늘날에는 20대와 30대에서 처음으로 그 비율이 상대적으로 감소하기 시작했다. 학생들은 순수과학 연구실에 점점 매력을 잃기 시작했다. 산업 발전이 최고의 단계에 도달하여 사람들이 과학이 만들어낸 기구와 약품에 대한 욕구가 아주 높아지고 있는 상황에서 이런 현상이 나타났다. 독자들이 지루하게 생각하지 않는다면, 정치, 예술, 도덕, 종교 및 일상생활의 활동에서도 이와 유사한 부조화가 나타날 것이다.

이런 역설적인 상황은 어떤 의미를 가지고 있는가? 이 질문에 대한 답변을 모색해 보자. 그것이 의미하는 바는 오늘날 지배적인 인간 유형은 문명세계 한가운데서 등장하는 자연인 Naturmensch, 즉 원시인이라는 것이다. 세계는 문명화되었는데도 그 속에 거주하는 사람은 그렇지 않다.

그는 자신을 둘러싸고 있는 세계의 문명을 보지 않고 그것을 마치 자연의 힘인 것처럼 사용한다. 새로운 인간은 자동차를 갖고 싶어 하고 즐겨 타고 다니면서도 그것을 에덴동산의 나무에서 저절로 열린 열매 같은 것이라고 생각한다. 그는 문명이 가진 엄청난 인위적인 특성을 내면 깊숙이 인식하지 못하고, 문명이 만들어낸 도구에 대해서는 열렬한 관심을 가지면서도 그 도구를 만드는 원리에 대해는 별 관심을 갖지 않는다.

조금 전에 라테나우의 말을 인용하여 우리는 "야만인의 수직적 침략"을 목격하고 있다고 말했는데 이 말은 단지 '문구'상의 문제라고 생각할 수도 있다. 지금 보면 그런 표현이 맞을 수도 있고 그렇지 않을 수도 있겠지만 현실은 그 '문구'와는 정반대다. 그것은 복잡한 분석 전체를 집약해 놓은 공식적으로 인정된 정의라 할 수 있다. 현재의 대중은 사실 날개를 달고 낡은 문명의 무대 위로 슬그머니 날아 들어온 원시인이다.

요즘에는 오늘날 기술의 놀라운 발전에 대해 항상 얘기하고 있지만 지식인들 사이에서조차도 미래에도 기술이 놀랄 만큼 발전될 것이라고 말하는 징후를 찾아볼 수가 없다. 아주 명민하고 심오한 슈펭글러는 비록 열정적인 성격의 소유자이긴 하지만 그 자신도 이 문제에 대해서는 지나치게 낙관적인 입장을 취하고 있는 듯하다.

그는 '문화'는 '문명'의 시대에 와서야 이루어진다고 생각했으며, 문명을 주로 기술적 효율성 면에서 이해했다. '문화'와 역사 일반에 대한 슈펭글러의 생각은 이 글이 바탕으로 삼고 있는 견해와 너무 동떨어져서 그의 결론을 정정하는 것은 물론이고 논평하는 것조차 쉽지가 않다.

우리 둘 사이의 차이를 보여주려면 지나치게 세부적인 사항은 제쳐두고 두 관점의 공통분모를 찾아야 한다. 슈펭글러는 문화의 기본 원리에 대한 관심이 사라지더라도 '기술만능주의'는 계속 살아남는다고 생각한다. 나는 그런 생각을 받아들일 수가 없다. 기술만능주의와 과학은 일심동체이며, 과학은 과학 자체에 대한 관심이 중단되면 더 이상 존재하지 않는다. 또한 문화의 일반 원리에 대한 열의가 식으면 과학에 대한 관심도 사라지게 된다. 지금 일어나고 있는 것처럼 그 열의가 식어버리면 기술만능주의는 이를 발로시킨 문화적 자극의 관성이 지속되는 동안에만 살아남게 될 것이다.

우리는 기술과 더불어 살고 있지만 기술에 의해 살고 있는 것은 아니다. 기술은 스스로 자양분을 공급하지도 활기를 불어넣지도 못하며, 그 자체가 원인이 아니라 불필요한 비실용적인 활동에서 나온 유용하고 실용적인 침전물이다.[3] 그래서 나는 오늘날 기술에 대한 관심이 기술의 발달이나 지속을 전혀 보장하지 않는다는 견해를 취한다.

    기술만능주의는 '근대 문화', 즉 물질적으로 유익한 일단의 과학을 포함하는 문화의 특징들 가운데 하나로 간주해야 한다. 그래서 나는 19세의 가장 새로운 특징으로 자유민주주의와 기술만능주의 두 가지를 꼽았다. 그러나 다시 말하지만, 기술만능주의에 대해 말할 때 그 핵심이 순수과학이라는 것 그리고 그것이 지속되기 위한 조건이 순수한 과학적 활동을 가능하게 하는 조건과 동일하다는 것을 쉽게 망각한 것을 보면 놀라움을 금치 못한다. 진정한 진리를 추구하는 '과학자'를 배출하기 위해서는 정신적으로 얼마나 많은 노력을 해야 하는지 생각해 본 적이 있는가? 달러만 있으면 진정 과학도 존재할 것이라고 생각하는가?

    그토록 많은 사람들이 이런 생각에 안주하고 있는데 이는 원시성을 보여주는 또 하나의 증거일 따름이다. 마치 물리-화학 같은 칵테일을 완성할 때 함께 섞어서 흔들어줄 아주 성질이 다른 수많은 재료가 없는 데도 말이다! 이 주제를 대략적으로 살펴보더라도 물리-화학은 시공간적으로 19세기에 런던, 베를린, 비엔나, 파리로 에워싼 사변형 안에서 완전하게 확립되었음을 충

---

3 따라서 미국의 특징을 '기술만능주의'로 정의하는 것은 아무것도 말해주지 않는다고 생각한다. 유럽인의 생각을 심각하게 혼란스럽게 하는 것은 미국에 대한 판단이 미숙한 데서 비롯되는데 이런 미숙한 판단은 가장 교양 있는 사람들이 발표한 선언에서도 엿볼 수 있다. 나중에 말하겠지만, 이것은 현대 문제의 복잡성과 사고력 간의 불균형을 보여주는 특수한 경우의 하나다.

분히 알 수 있다. 이는 실험과학이 역사에서 가장 성공할 수 없는 산물 가운데 하나임을 입증한다.

예언자, 제사장, 전사. 양치기는 어느 시대 어느 곳이나 풍부하게 존재했다. 그러나 이 실험가 무리가 출현하려면 유니콘이 출현할 때보다 더 예외적이고 더 복잡한 상황이 필요하다. 그런 단순하고 냉정한 사실을 보면 과학적 영감은 곧바로 휘발하여 증발한다는 것을 다시금 생각하게 된다.[4] 유럽이 사라지더라도 미국이 계속 과학을 계승할 것이라고 믿는 사람은 뭔가 어리석은 사람이 아닌가! 이 문제를 철저하게 분석하여 실험과학과 기술의 완성에 필요한 역사적 전제가 무엇인지 밝히는 작업은 매우 중요하다.

그러나 이 문제를 아무리 명확하게 밝히더라도 대중이 이를 이해할 것이라고 기대해서는 안 된다. 대중은 그 논거를 이해하는 데는 관심이 없고 육체적 경험을 통해서만 배울 뿐이다.

그런 설교는 추론에 근거하고 있어서 필연적으로 난해할 수밖에 없지만, 그 효과에 현혹되지 않게 해주는 한 가지 진단이 있다. 오늘날 같은 상황에서 보통사람이 그런 과학과 그 아류인 생물학에 대한 타오르는 열정을 자발적으로 느끼지 못하고 그에 대한 설교도 받지 않는다면 이야말로 너무 불합리한 일이 아닌가?

---

4   여기서는 더 깊은 내부적인 문제는 논의하지 않는다. 대다수 연구자들은 오늘날 과학이 내부적으로 중대한 위기에 처해 있다는 사실을 조금도 의심하지 않는다.

요즘 상황에 대해 살펴보자. 정치, 예술, 사회규범, 도덕 등 문화의 모든 구성 요소들이 문제가 되고 있는데 그중에서 대중에게 논란의 여지가 없을 만큼 깊은 인상을 심어주고 있는 것이 바로 경험과학empirical science이다. 평범한 사람들이 사용하는 새로운 발명품이 매일매일 쏟아져 나오고 있다. 새로운 진통제와 백신이 매일 생산되어 보통사람에게 혜택을 가져다주고 있다. 만일 과학적 영감이 약해지지 않은 상태에서 실험실이 세 배 또는 열 배 증가한다면 자연스럽게 부와 안락, 건강, 번영이 증가한다는 것은 누구나 알고 있는 사실이다. 삶의 원리를 옹호하는 데 이보다 더 어마어마하고 설득력 있는 선전을 상상할 수 있을까?

그럼에도 불구하고 대중이 과학 부흥에 많은 돈이나 관심을 투입한 흔적은 어째서 볼 수 없을까? 그렇게 하기는커녕 전후戰後 시대(1차 대전 후를 말함 ― 옮긴이)는 과학자를 새로운 사회 천민으로 전락시켰다. 내가 여기서 말하고 있는 것은 철학자가 아니라 물리학자, 화학자, 생물학자라는 점에 주목하기 바란다.

철학은 대중으로부터 보호나 동정을 받지 않아도 된다. 철학은 실생활에 전혀 유용성이 없기 때문에[5] 모든 종속에서 자유롭다. 철학은 스스로 자신의 본질적인 문제를 인식하고 있으며, 어느 누구에게도 자신을 맡기지 않는다. 그리고 자신을 천거하거나 옹호하지 않으며, 공중의 새처럼 자신의 자유로운 운명을 기쁘게 받

---

5   Aristotle, Metaphysics, 893a, 10.

아들인다. 철학은 누군가에게 정말로 도움을 줄 수 있다면, 순수한 인간적 동정심을 베풀어주었다는 이유만으로도 기뻐한다.

그러나 철학은 타인에게 베풀어준 이익에 기대어 생명을 유지하지 않으며, 그런 이익을 예상하지도 기대하지도 않는다. 철학이 자신의 존재를 의심하는 데서 출발하고 자신과 싸우는 데 골몰하며 살아가고 자신의 삶을 던진다면, 어느 누구에게 자신을 진지하게 받아들이라고 요청할 수 있겠는가? 철학은 다른 차원에서 다룰 문제이므로 이 문제는 제쳐두기로 하자. 그러나 대중이 실험과학을 필요로 하듯이 실험과학도 대중의 협력이 필요하다. 물리-화학이 없으면 오늘날 지구상에 존재하는 수많은 인구를 유지할 수 없기 때문이다.

자동차를 타고 다닐 때나 기적처럼 고통을 없애주는 진통제 주사를 맞을 때 아무런 느낌이나 효과를 느끼지 않는다면 어떤 논쟁을 할 수 있겠는가? 오늘날에는 과학이 대중에게 제공하는 명백한 이익과 과학에 대한 대중의 관심 사이의 불균형이 너무 큰 탓에 환상적인 기대에 빠져들 수도 없고 그렇게 행동하는 사람들에게 야만성 외에 다른 어떤 것도 기대할 수도 없다.

앞으로 보게 되겠지만, 과학에 대한 이런 무관심은 다른 어느 직종보다 의사, 엔지니어 등 기술자 집단에서 한층 두드러지게 나타난다. 그들은 과학과 문명의 미래에 대해 조금도 긴밀한 연대의식을 가지지 않고서 자동차를 이용하거나 아스피린 주사기를 구입하는 것에 만족하는 사람과 본질적으로 동일한 정신 상태에서 자신의 직업을 수행한다.

어떤 사람은 성질이 소극적이지 않고 적극적이고 활동적인 탓에 야만성의 증상이 더욱 화려하고 뚜렷하게 펼쳐지는 광경을 보고 더욱 불안을 느끼기도 한다. 내가 보기에 더 큰 문제는 평범한 사람이 과학으로부터 얻는 이익과 과학에 되돌려주는 (실제로는 되돌려주지 않는다) 감사 사이의 불균형이다. 이것이 훨씬 더 끔찍한 문제다.[6]

나는 중앙아프리카의 흑인들도 자동차를 타고 아스피린을 복용한다는 것을 상기하는 것만으로도 보통사람들에게 감사가 결여하고 있음을 충분히 보여줄 수 있다. 유럽인은 세계를 지배하기 시작했지만 (이것은 나의 가설이다) 자신이 태어난 복잡한 문명에서 보면 원시인이다. 즉 뚜껑을 뚫고 무대에 들어선 야만인, 요컨대 '수직적 침략자'임에 틀림없다.

---

[6] 앞에서 지적했듯이 정치, 법, 예술, 도덕, 종교 등 다른 모든 중심 원리가 위기를 겪고 있으며. 적어도 일시적으로 완전히 무너지고 있다는 사실이 작금의 기형적인 모습을 백배나 증가시킨다. 과학만 무너지지 않고, 오히려 약속한 것보다 훨씬 많은 성과를 매일 올리고 있다. 과학에는 더 이상 경쟁자가 없다. 평범한 사람이 다른 문화에 심취하여 정신이 산만해졌다고 해서 과학을 경시한다면 너그럽게 봐줄 수가 없다.

제10장   원시 상태와
역사

    자연은 항상 우리와 함께 있다. 자연은 자립적으로 존재한다. 자연의 숲속에서는 아무런 제약을 받지 않고 야만인으로 지낼 수 있다. 또한 야만인이 아닌 다른 인간이 침입하는 위험만 없다면 영원히 그런 삶을 중단하지 않겠다고 결심할 수도 있다. 원칙적으로는 영원히 원시 상태로 살아가는 사람도 있을 수 있다. 이런 사람들을 두고 브레시히Breyssig가 "영원한 여명 속의 민족"이라 지칭할 만큼 이들은 한낮을 향해 나아가지 않고 여명 속에 갇혀 꼼짝도 하지 않는다.
    이런 일은 자연 세계에서만 일어난다. 우리 문명세계에서는 그런 일이 일어나지 않는다. 문명은 "항상 그 상태로" 있지 않으며 자립적으로 존재하지 않는다. 문명은 인공적인 것이어서 예술가나 장인을 필요로 한다. 만일 당신이 문명의 이기를 사용하고 싶어 하면서도 문명을 유지하는 데 관심을 기울이지 않다면 당신의 삶은 끝장나고, 순식간에 문명 상태에서 벗어나게 될 것이다. 잠깐만 한 눈을 팔아도 주위에 있는 모든 것이 허공으로 사라져 버린다. 마치 순수한 자연을 덮고 있던 커튼을 걷어낸 것처럼 원시림이 본래의 모습을 드러낸다. 밀림은 항상 원시 상태이며. 거꾸로 원시적인 것은 모두 밀림과 같다.

모든 시대의 낭만주의자들은 반인반수의 생물이 피부가 하얀 여인을 공격하고는 폭행하는 장면을 보고 자극을 받고는 레다Leda[1] 여신과 백조, 파시파에Pasiphae[2] 여왕과 황소, 안티오페Antiope[3]와 염소가 각각 어울려 정을 통하는 모습을 그렸다. 그들은 그런 그림을 일반화하여 야생 식물이 기하학적으로 다듬어진

---

1 레다(Leda) : 그리스 신화에 나오는 스파르타 왕 틴다레오스의 아내. 백조로 변신한 제우스에게 유혹되어 임신한 뒤 낳은 알에서 미녀 헬레네와 디오스쿠로이 형제가 태어남. 또 다른 전승에 따르면 헬레네 등이 태어난 알은 복수의 여신 네메시스가 제우스와 사이에서 낳은 알이며 레다는 그 알에서 태어난 아이들을 자기 자식으로 키웠다고 함 - 옮긴이

2 파시파에(Pasiphae) : 그리스신화에 나오는 크레타 왕 미노스의 아내. 파시파에는 태양신 헬리오스와 큰바다의 신 오케아노스의 딸 페르세이스 사이에서 태어난 딸로서 포세이돈이 보내준 아름다운 황소에 욕정을 느끼고, 암소로 변신하여 황소와 관계를 맺어 반은 소, 반은 인간인 괴물 미노타우로스를 낳는다. 미노스가 여자관계가 복잡하자 그와 관계한 여인을 모두 독살하기도 함 - 옮긴이

3 안티오페(Antiope) : 니크테우스의 딸이자 암피온과 제토스의 어머니. 제우스와 사랑에 빠져 쌍둥이 암피온과 제토스를 낳으나 의형제인 테베왕 리코스와 그의 아내 디르케로부터 학대를 받음. 후일 쌍둥이 형제는 디르케를 황소뿔에 묶어서 찢어 죽임. 나폴리 국립고고미술관에 소장된 『파르네제의 황소』는 그 복수광경을 표현한 유명한 작품으로 평가받고 있음. 그 외에도 제우스와 안티오페의 사랑을 그린 작품으로 티치아노 『주피터와 안티오페』(루브르 박물관), 와토 『주피터와 안티오페』(에르미타주 미술관) 등 여러 편이 있음 - 옮긴이

돌에 둘러싸여 질식하고 있는 폐허의 풍경 속에서 아주 미묘한 음란한 광경을 발견했다.

당신이 좋아하는 낭만주의 시인은 건물을 볼 때 제일 먼저 그들의 눈에 들어오는 것은 처마와 지붕에 무성한 노란 겨자나무 덩굴이다. 이는 모든 것은 대지이며, 밀림은 어느 곳에서나 새롭게 솟아난다는 것을 말해준다. 낭만주의자를 비웃는 것은 어리석은 일이다. 낭만주의자들에게도 나름대로 올바른 면이 있다. 이 순진하고 사악한 이미지 속에는 거창한 문제가 영원히 존재하는데 그것은 문명과 그 배후에 있는 자연 간의 관계, 이성적인 것과 우주적인 것 간의 관계다. 그러므로 이 주제는 다른 기회에 다루기로 하고 적당한 때가 되면 나도 낭만주의자 대열에 끼고 싶다.

그런데 지금 나는 그와는 반대로 작업을 하고 있다. 문제는 밀림의 침입자를 막아내는 것이다. 지금 호주에서는 선인장이 온 사방에 퍼져 주민들이 바다로 쫓겨나는 심각한 문제로 고심하고 있다. '착한 유럽인'이라면 선인장의 팽창을 저지하는 데 심혈을 기울여야 할 것이다.

1840년대 어느 날 지중해 연안의 어떤 이민자가 (시칠리아인지 말라가인지) 고향 풍경을 그리워하며 자그마한 선인장이 담긴 화분을 호주로 가져왔다. 호주 대륙을 침범한 선인장은 매년 $1km^2$의 땅을 잠식하여 오늘날 호주는 선인장과의 전쟁에 막대한 예산을 투입하느라 재정 압박을 받고 있다.

대중은 자신이 태어나고 이용하는 문명도 자연과 마찬가지로 자동적으로 생성된 것으로 생각한다. 그 때문에 자신도 원시인으로 변모한다. 그에게 문명은 숲과 같다. 이에 대해 앞에서 말한 바 있지만 좀 더 자세하게 살펴볼 필요가 있다.

오늘날의 보통사람에게는 우리가 유지해야 할 문명 세계를 떠받치는 원리가 존재하지 않는다. 그는 문화의 기본 가치에 대해 어떤 관심도 연대감도 가지지 않으며, 문화에 봉사할 생각도 없다. 어째서 이렇게 되었을까? 거기에는 여러 요인이 있지만 일단 한 가지 점만 강조하고자 한다. 문명은 발전할수록 그만큼 복잡해지고 난해해진다. 오늘날 문명이 우리에게 던지는 문제는 매우 복잡하게 얽혀 있다.

이 문제를 해결할 수 있는 사람은 갈수록 줄어들고 있다. 특히 전후戰後 시대[1차 대전 후를 말함 — 옮긴이]에 들어서면서 이런 현상이 두드러지게 나타나고 있다. 지금 우리가 보고 있는 유럽의 재건 사업은 대수학 같이 복잡한 일이어서 평범한 유럽 사람은 이 고결한 사업에 참여하기를 망설이고 있다. 부족한 것은 문제를 해결하는 수단이 아니라 두뇌이다. 실은 중부 유럽의 대중은 많지는 않더라도 어느 정도 두뇌가 있는데도 활용하기를 꺼린다.

문제의 복잡 미묘함과 그것을 연구하는 정신 상태 사이의 불균형은 해결책을 강구하지 못하면 더욱 심화된다. 이것이 바로 우리 문명이 처한 근본적인 비극이다. 문명을 형성하는 원리는 매우 풍부하고 확실한 탓에 그 산물의 양과 미묘함이 증가함에 따라 보통사람의 수용 능력을 넘어서고 있다. 과거에는 전혀 이런 일이 일어난 적이 없었다.

이전의 모든 문명이 멸망한 것은 기본 원리가 부족한 탓이었다. 유럽의 문명은 정반대의 이유로 지금 위협을 받고 있다.

그리스와 로마 문명에서 부족한 것은 인적 자원이 아니라 원리였다. 로마제국이 멸망한 것은 기술이 부족한 탓이었다. 인구 증가가 극에 달하고 공동체가 방대해져 기술이 아니고서는 물질적 문제를 해결할 수 없게 되자 고대 세계는 위축되고, 퇴보하여 쇠락의 길로 들어서기 시작했다.

그러나 오늘날 뒤떨어지는 것은 사람이다. 사람이 문명의 발전 속도를 따라잡지 못하고 있는 것이다. 비교적 교양 있다고 하는 사람들이 오늘날의 가장 기본적인 문제에 대해 말하는 것을 듣고 있노라면 여간 고통스러운 일이 아니다.

그들이 말하는 모습을 보면 마치 고된 일을 하는 농부가 굵고 투박한 손가락으로 탁자 위에 놓여 있는 바늘을 집으려고 애쓰는 것과도 같다. 이를테면, 그들은 지난 200년 동안 지금보다 200배나 단순한 문제를 해결하기 위해 사용한 것과 동일한 조잡한 개념 도구로 작금의 정치문제와 사회문제를 다루고 있다.

진보한 문명은 곤란한 문제와 같은 것이다. 문명이 진전될수록 위험도 커진다. 삶은 점진적으로 나아지는 만큼 점점 복잡해진다. 물론 문제가 복잡해지면 해결하는 수단도 점점 정교해지기 마련이다. 따라서 새로운 세대마다 점점 정교해지는 수단에 숙달되어야 한다. 그 수단들 면면을 자세히 살펴보면 문명의 진보에 부합하는 것이 하나 있다. 문명 배후에는 수많은 과거, 수많은 경험, 한마디로 역사가 있다.

역사 지식은 발달한 문명을 보존하고 계승하는 최상의 방법이다. 역사 지식은 생활을 유지하는 데 필요한 조건의 새로운 측면(지금의 삶은 항상 그 이전의 삶과 다르다)에 대한 적극적인 해결책을 제시하지는 않지만 그 이전 시대에 범한 단순한 실수의 전철을 밟지 않게 해주기 때문이다.

그런데 나이가 들어 삶이 어려워지기 시작하면 과거의 기억을 점점 상실하여 경험을 제대로 활용하지 못하게 되고 모든 면에서 불리한 처지에 놓이게 된다. 지금 유럽의 상황이 이런 처지에 있다고 생각된다.

오늘날 가장 '교양 있는' 사람들도 역사에 대해서는 도저히 믿을 수 없을 정도로 무지하다. 나는 오늘날의 유럽 지도자들은 18세기의 지도자, 심지어 17세기의 지도자들보다도 역사에 무지하다고 주장한다. 19세기에는 소수의 통치자들이 가진 역사 지식만으로도 엄청난 발전이 가능했다. 그들의 정책은 그 이전의 정치가 범한 오류를 피하기 위해 18세기에 고안된 것으로 그 안에는 이전에 겪은 경험이 거의 전부 포함되어 있다.

그런데 19세기에 이르러 전문가들에 의해 '역사문화'가 과학으로 발전되었음에도 불구하고 '역사문화'를 상실하기 시작했다.[4] 19세기 특유의 오류는 대개 이런 무관심에 기인하며 그 오류가 오늘날에 와서 우리를 짓누르고 있다. 19세기 마지막 3분의 1기간 동안에 겉으로는 드러나지 않고 있지만 야만 상태로, 즉 과거가 없거나 과거를 망각한 사람의 순진함과 원시성으로 퇴보와 퇴행이 시작되었다.

---

4 여기서 우리는 특정 시대에 나타나는 과학과 문화 사이의 차이를 볼 수 있다. 이 문제에 대해서는 곧 살펴볼 것이다.

유럽과 그 주변 지대에서 태동하고 있는 볼셰비즘과 파시즘 이 두 '새로운' 정치적 시도는 근본적인 퇴행을 보여주는 명백한 사례다. 이는 그것들의 교리에 긍정적인 내용이 전혀 없어서가 아니다. 그 교리만 떼어놓고 보면 당연히 약간의 진리를 내포하고 있다. 허나 세상에 약간이라도 진리를 포함하고 있지 않은 것이 어디에 있겠는가?

문제는 그것들이 합리적이라고 주장하는 요소들이 반역사적, 시대착오적이라는 데 있다. 대중의 행동은 즉흥적일 뿐만 아니라 과거의 기억과 '역사의식'을 결여한 평범한 사람들의 행동과도 같다. 애초부터 그들은 지금 일어나고 있는 일인데도 과거에 살았던 것처럼 행동한다.

공산주의자냐 볼셰비키냐가 중요한 문제인 것은 아니다. 나는 그들의 신조에 관해 논의하고 있는 것이 아니다. 생각조차 하지 못할 정도로 시대착오적인 것은 1917년의 공산주의자가 이전에 일어난 모든 혁명과 동일한 형태의 혁명을 일으킨 것이다, 즉 과거에 일어난 혁명의 결함과 오류를 조금도 수정하지 않고 그대로 답습한 것이다. 그래서 러시아에서 일어난 일은 어떤 역사학적 흥미도 자아내지 않는다.

엄밀하게 말해 인간의 삶에 새로운 출발을 가져다주지 않는다. 반대로 그것은 끝없이 일어나는 혁명을 단조롭게 반복한 것으로 이전의 여러 혁명의 완전한 판박이다. "혁명은 자식까지도 삼켜버린다." "혁명은 온건파에서 시작하여 과격파 손으로 넘어간 다음 곧바로 후퇴하기 시작한다." 등과 같이 인간이 오랜 혁명을 경험하면서 만들어낸 수많은 상투적인 표현 중에서 이 혁명에 적용할 수 있는 표현은 하나도 없을 정도다.

　이렇게 잘 알려진 상투적인 표현 외에도 잘 알려지지 않은 표현들이 있는데 그 가운데 다음 같은 표현도 추가할 수 있다. 이를테면, 혁명은 한 세대가 번영하는 기간에 맞먹는 15년 넘게 지속되지 않는다는 것이다.[5] 비록 이런 일은 잘 일어나지는 않지만 그런 표현은 다소 진리를 포함한다.

　사회적으로나 정치적으로 새로운 현실의 창조를 열망하는 사람이라면 누구라도 무엇보다도 자신이 초래한 상황이 이와 같은 보잘것없는 역사적 경험이 무위로 돌아가지 않도록 신경 써야 한다. 우리나라 대학의 역사학 교수들이 자신이 연구하는 과학의 '법칙'이 모두 무효가 되는 것을 보고 미쳐버리기 시작하자 어떤 정치인들은 활동을 중단하기도 했는데 나는 그들을 '천재'라고 불러주고 싶다.

　볼셰비즘에 나타나는 징후를 치환하면 파시즘에 대해서도 비슷하게 얘기할 수 있다. 그중 어느 실험도 "우리 시대 수준의 높이

---

[5] 한 세대가 활동하는 기간은 대략 30년이다. 그러나 그 활동 기간은 두 단계로 나뉘고 두 가지 형태를 취한다. 새로운 세대는 대략 절반에 해당하는 전반기에는 자신의 생각, 선호도, 취향을 선전하고, 후반기에는 그것들이 효력을 발휘하여 지배적인 위치에 오른다. 그런데 그 세대의 지배 아래서 교육을 받은 세대가 그와 다른 생각, 선호도, 취향을 앞세워 그것들을 세상에 퍼뜨리기 시작한다. 지배 세대의 생각, 선호도, 취향이 과격해져 혁명적이 되면, 새로운 세대의 생각, 선호도, 취향은 반대편 극단주의로 흘러 반혁명적이 되어 복고주의 성향을 띠게 된다. 물론 복고주의를 단순히 '옛날로의 회귀'로 이해해서는 안 된다. 지금까지 그랬던 적은 없었다.

에 도달하지" 못한다. 그 실험들은 과거 전체를 과거를 개선하는 필수적인 조건인 원근법을 이용하여 그려내지 못했다. 과거와의 싸움은 백병전하듯이 치러서는 안 된다. 과거를 삼켜야만 미래를 극복할 수 있다. 과거의 일부를 조금이라도 남겨두면 미래는 패배한다.

볼셰비즘과 파시즘 둘 다 거짓 여명이다. 그것들은 미래의 아침을 여는 것이 아니라 낡은 과거의 아침을 반복해서 열어젖힌다. 그것들은 그저 원시적일 따름이다. 과거를 소화하는 대신 어리석게도 과거의 여러 부분을 붙들고 격투하고 있는 모든 운동이 그러하다.

물론 19세기의 자유주의는 그 이상으로 발전해야 한다. 그러나 파시즘은 스스로를 반자유주의적이라고 선언하고 있어서 그렇게 할 수가 없다. 반자유주의든 비자유주의든 인간을 자유주의 이전으로 돌려놓기 때문이다. 자유주의는 반대 세력을 물리치고 완전한 승리를 거두더라도 계속 반복해서 승리하기도 하지만 때로는 모두(자유주의와 반자유주의)가 유럽을 파괴하여 절멸하게 된다. 삶의 연대기는 냉엄하다. 자유주의는 연대기 상으로 반자유주의 뒤에나 동시에 등장했기 때문에 반자유주의보다 훨씬 생동적이다. 이는 나중에 나타난 총이 창보다 더 생동적인 무기인 것과 같은 이치다.

'어떤 것에 반대하는' 태도는 언뜻 보면 그 어떤 것보다 뒤에 나타나는 것처럼 보이게 마련이다. 그런 태도는 그 어떤 것에 대한 반작용을 의미하고, 이는 그 어떤 것이 이전에 존재했다는 것을 상정하기 때문이다.

그러나 그런 '반대'가 표방하는 혁신은 공허한 부정적인 태도로 시들고, 유일하게 긍정적인 내용으로 남는 것은 '골동품'뿐이다. 어떤 사람이 자신이 베드로 반대파라고 선언할 경우 그의 태도를 긍정적인 언어로 표현하면 베드로가 존재하지 않는 세계를 지지한다는 말과 다르지 않다. 그러나 그것은 정확히 말하면 베드로가 태어나기 전의 세계에서 일어난 일이라 할 수 있다. 베드로 반대파는 베드로 뒤가 아니라 앞에 위치시키기 위해 영화 전체를 과거의 상황으로 되돌려놓지만 결국에는 베드로가 재등장하게 된다.

전설에 따르면 공자에게 이런 반대파들에게 일어난 것과 동일한 일이 일어났다. 공자는 당연히 아버지보다 나중에 태어났다. 그런데 그는 80세에 태어났지만 그의 부모는 고작 30세였다! 모든 반대는 공허한 부정일 따름이다.

만일 단순한 부정으로 과거를 완전히 지워버릴 수 있다면 이보다 훌륭하고 멋진 일은 없을 것이다. 그런데 과거는 본질적으로 유령과도 같다. 아무리 물리쳐도 반드시 되돌아오기 마련이다. 그러므로 과거로부터 단절하는 유일한 방법은 그것을 밖으로 내치는 것이 아니라 그 존재를 받아들이는 척하면서 그것을 살짝 비켜가면서 처신하는 것이다. 한 마디로, 역사적 상황에 대한 의식을 드높여서 "우리 시대의 수준"에 맞게 살아가는 것이다.

과거는 자기 고유의 근거를 가지고 있다. 그 근거가 인정받지 못하면, 과거는 그것을 다시 요청한다. 자유주의도 고유의 근거를 가지고 있는데, 그 근거는 많은 세월을 거쳐야 인정받게 될 것이다. 그러나 자유주의는 모든 근거를 가진 것은 아니므로 일부 근거는 자유주의가 취해야 할 근거가 아니다. 유럽에는 자유주의가 필수적이므로 이를 보존할 필요가 있다. 이것이 자유주의를 극복하기 위한 조건이다.

지금까지는 파시즘과 볼셰비즘을 단지 간접적으로만 다루면서 시대착오적인 측면만 고려하여 접근했을 따름이다. 이런 측면은 오늘날 명백하게 승리한 모든 것과 떼어놓고 생각할 수 없다. 왜냐하면, 오늘날 승리한 것은 대중이며, 그리하여 대중의 영감을 받아 그의 원시적 스타일에 흠뻑 젖은 설계만이 명백하게 승리를 향유할 수 있기 때문이다.

그러나 여기서 파시즘이나 볼셰비즘의 본질에 대해서는 논의하지 않았는데, 이는 현재 전개되고 있는 혁명과 진화 사이의 영원한 딜레마를 해결할 생각이 없기 때문이다. 이 글에서 감히 주장하고자 하는 바는 혁명이나 진화는 시대착오적어서는 안 되고 역사적인 것이어야 한다는 것이다.

여기서 추구하는 주제는 정치적으로 중립적이다. 왜냐하면 이 주제는 정치와 그 분쟁보다 훨씬 더 풍부한 내용을 담고 있기 때문이다. 그럼에도 불구하고 보수주의자와 급진주의자는 모두 대중이며, 그 둘의 차이(그 차이는 어느 시대나 매우 피상적이다)는 그 둘이 동일한 사람, 즉 봉기하는 보통사람이라는 것을 조금도 방해하지 않는다.

유럽의 운명을 자신들 아래서 역사의 토양 전체가 고동치는 것을 진정으로 느끼는 '동시대의' 사람들, 즉 현재의 생활수준을 깨닫고 모든 고풍스럽고 원시적인 태도를 혐오하는 사람들의 손에 맡기지 않는 한 유럽에는 희망이 없다. 역사 속으로 빠져들지 않고 그로부터 벗어날 수 있는지 알기 위해서는 역사를 총체적으로 이해해야 한다.

4부

'전문화'의 야만성

제11장 | 자기만족 시대
제12장 | '전문화'의 야만성
제13장 | 최대의 위험 - 국가

제11장 **자기만족 시대**

여기서 논의하고 있는 새로운 사회적 사실은 유럽 역사상 처음으로 보통사람의 손에 결정권이 넘어갔다는 것이다. 좀 더 적극적으로 표현하면, 지금까지 타인의 지배를 받던 평범한 사람이 세상을 다스리기로 결심한 것이다. 이렇게 보통사람이 사회 전면에 나서기로 결심한 것은 평범한 사람으로 대표되는 새로운 유형의 사람이 성숙하면서 자동적으로 나타난 결과다.

사회생활 측면에서 새로운 유형의 인간, 즉 대중의 심리 구조를 자세히 살펴보면 다음과 같은 점을 발견할 수 있다.

(1) 이들은 자신들의 삶은 선천적으로 편안하고 풍부하며 어떤 심각한 제한도 없다고 생각한다. 그리하여 보통사람도 능력을 발휘하면 승리할 수 있다고 생각한다.

(2) 이런 느낌 때문에 그들은 스스로 자립할 수 있으며, 탁월하고 완전한 도덕적, 지적 자질을 갖고 있다고 생각하게 된다. 이런 자기만족으로 인해 그들은 어떤 외부의 의견도 받아들이지 않게 되고, 아무것도 들으려 하지 않으며, 자신의 의견에 대한 다

른 사람의 판단을 거부하고, 나아가 타인의 존재 자체를 무시하게 된다. 그들은 자기 능력을 과대평가하여 우월감에 도취되어 있다. 그래서 세상에는 자기와 비슷한 사람과 자신만이 존재하는 것처럼 행동하게 된다.

(3) 그 결과 모든 문제에 대해 다른 사람의 의견을 존중하거나 고려하지 않고 아무런 제한도 받지 않은 채 '직접 행동'을 통해 자신의 저속한 견해를 강요한다.

이런 일련의 모습을 보면, 버릇없는 아이나 반항하는 원시인, 야만인 등 결함 있는 인간 유형을 연상하게 된다(정상적인 원시인은 종교, 금기, 사회적 전통, 관습 등 외부 권위에 매우 순종적이다). 내가 이런 유형의 인간에 대해 불쾌하게 표현한다고 해서 놀랄 필요는 없다.

이 글은 승리감에 도취된 인간에 내한 진초전이자 그가 전제정치를 하려는 시도에 대해 유럽인들이 본격적으로 반격을 감행하겠다고 알려주는 것일 따름이다. 이 글은 현재로서는 전초전의 성격을 띠고 있지만 나중에는 전면전의 양상을 띨 것이다. 전면전은 머지않아 개시될 것이며, 그것은 이 글에서 취한 공격 방식과는 전혀 다른 방식으로 전개될 것이다. 대중은 전면전이 눈앞에서 뻔히 보이는데도 그것이 전면전인지 전혀 알아차리지 못해 아무런 대비책을 세울 수가 없다.

이런 유형의 인간은 오늘날 어디에서나 볼 수 있으며 곳곳에서 자신의 정신적 야만성을 강요한다. 이들은 인류 역사상 제멋대로 행동하는 떼쟁이다. 떼쟁이란 오로지 상속인 행세만 하는 상속인이다. 이들은 문명의 편리함과 안전, 한 마디로 문명의 모든 혜택을 유산으로 물려받는다. 앞에서 살펴본 것처럼, 우리 문명이 만들어낸 편안한 삶의 환경에서만 그런 일련의 특성을 모아놓은 그리고 그런 특성에 영감을 받은 인간 유형이 출현한다.

이런 유형의 인간은 물질생활의 사치가 낳은 수많은 기형물 가운데 하나다. 풍요로운 세상의 삶은 결핍과 투쟁하는 삶보다 더 낫고 더 진실하다는 생각에 현혹되는 경우가 종종 있는데 실은 그렇지가 않다. 거기에는 아주 엄밀하고 근본적인 이유가 있지만, 여기는 그 문제를 상세하게 논의하는 자리가 아니다. 현재로서는 그런 이유를 밝히는 대신 모든 세습 귀족에게 비극을 초래하는 끊임없이 반복되는 사실을 상기하는 것만으로도 충분하다.

귀족은 세습된다. 그래서 귀족은 모든 것이 자신에게 귀속되는 것으로 알고 있다. 하지만 삶의 조건은 그가 만들어낸 것도 아니고 따라서 자신의 개인적 존재와 유기적으로 결합시키지도 못한다. 귀족은 태어나면서부터 자신도 모르게 갑자기 부와 특권을 가지게 된다. 그런 부와 특권은 그 자신이 형성한 것이 아니어서 그는 그것들과 아무런 관련이 없다. 그것들은 다른 사람, 다른 인물 즉 그의 조상이 입던 육중한 갑옷이다. 그는 상속인으로서만 살아갈 수밖에 없다. 요컨대 그는 다른 사람의 의상만 입고 살아야 한다.

그러면 어떻게 될까? 세습 귀족의 삶은 자기 자신의 삶일까 아니면 선조 귀족의 삶일까? 이도 저도 아니다. 그는 다른 사람의 역役을 대신하며, 그리하여 다른 사람도 자신도 아니어야 하는 운명을 짊어진다, 그의 삶은 모든 진정성을 상실하게 되고 순전히 다른 사람의 삶을 재현하거나 흉내 낸다. 그가 사용해야 할 재산은 넘쳐나서 자신의 개인적인 운명을 무탈하게 두지 않고 오히려 그의 삶을 위축시킨다. 모든 삶은 자신이 되기 위한 투쟁이자 노력이다. 나의 존재를 실현할 때 부딪치는 난관들이 나의 활동과 나의 능력을 일깨워주고 활용할 수 있게 한다.

내 몸에 하중이 실리지 않는다면 걸을 수가 없다. 대기가 나에게 압력을 가하지 않는다면, 내 몸은 모호하고 흐물흐물해지고 가볍게 떠다니게 된다. 이와 같이 세습 '귀족'은 아무런 노력을 하지 않아서 활기가 없고 그의 개성은 점점 모호해진다. 그 결과 어디에서도 찾아볼 수 없는 '옛날 귀족' 특유의 어리석음만 남는다. 엄밀히 말하면, 이 비극적 메커니즘으로 인해 모든 세습 귀족은 돌이킬 수 없을 정도로 퇴보하고 있는데도 아직까지 어느 누구도 이 심오한 비극적 메커니즘을 묘사한 적이 없다.

이는 다만 재산이 넘쳐나면 삶이 풍성해질 거라는 우리의 천진난만한 생각을 불식시켜 줄 따름이다. 실은 그와 정반대이다. 가능성이 넘쳐나는 세상[1]은 자동적으로 기형적인 인간, 즉 사악한 인간 유

---

[1] 재산의 증가, 특히 풍부한 재산과 재산의 과잉을 혼동해서는 안 된다. 19세기에는 생활 편의시설이 증가하고, 그 결과 내가 위에서 언급한 것처럼 삶이 양적으로도 질적으로도 놀랄 정도로 성장했다. 그런데 문명 세계는 보통사람의 능력에 비해 지나치게 많은 부의 과잉을 낳았다. 한 가지 예를 들면, 진보는 여러 가지 혜택을 지속적으로 증가시켜 겉으로는 안전을 제공해주는 것 같지만 보통사람은 그 안전이 거짓되고 사악하고 자신감을 위축시킨다고 생각하여 사기를 떨어뜨린다.

형을 낳게 된다. 이런 인간 유형은 일반 계급, '상속인' 범주에 속한다.

그중에서 '귀족'이 하나의 특별한 범주에 해당하고, 버릇없는 아이가 또 하나의 유형에 속하며, 우리 시대의 대중은 완전하게 그리고 근본적으로 세 번째 유형에 속한다. 더욱이 바로 앞에서 '귀족'에 대해 언급한 내용을 보다 상세하게 활용하면, 수많은 귀족 특유의 특성들이 어떻게 모든 시대 모든 민족의 대중에서 발아하고 있는지를 보여줄 것이다.

이를테면, 게임과 스포츠를 삶의 중심에 두는 것, 육체를 숭배하여 위생에 신경을 쓰고 복장에 관심을 기울이는 것, 로맨틱한 느낌 없이 여성을 대하는 것, '지식인'과 즐겁게 교류하면서도 실제로는 그를 멸시하고 때때로 하인이나 경호원에게 그를 매질하라고 명령하는 것, 자유로운 토론보다는 절대적인 권위를 따르는 것을 선호하는 것 등등.[2]

---

[2] 다른 문제와 마찬가지로 이 점에서도 영국 귀족은 우리가 말한 것과 달리 예외인 것처럼 보인다. 그런 영국이 감탄할 만한 사례라 하더라도 예외가 규칙을 확인해준다는 것을 보여주는 데는 영국 역사를 개략적으로 살펴보는 것만으로도 충분하다. 흔히 얘기하는 것과는 달리 영국 귀족은 유럽 귀족 중에서 '풍부한 부'를 누리지 못했으며 다른 어떤 나라 귀족보다도 끊임없는 위험 속에서 살았다. 영국 귀족은 항상 위험에 처해 있었기 때문에 어떻게 하면 존경을 받을지를 알게 되었다(이 말은 영국 귀족은 끊임없이 어려움에 처해있었음을 의미한다.) 영국은 18세기까지만 해도 서유럽에서 가장 가난한 나라였다는 기본적인 사실은 우리는 잊고 있었다. 영국 귀족은 재산이 풍부하지 않아서 일찍부터 유럽대륙에서는 천한 직업으로 여기는 상업과 공업에 뛰어들었다. 즉 영국 귀족은 특권에만 의존하지 않고 경제를 창조적으로 만들 것을 신속하게 결심했다.

독자들이 지루하다고 느낄 위험을 무릅쓰고 거듭 말하건대 나는 교양이라고는 전혀 찾아볼 수 없는 최근에 출현한 야만인은 근대 문명, 특히 19세기 문명이 자동적으로 낳은 결과라는 점을 계속 강조하고자 한다. 이 야만인은 5세기의 '위대한 백인 야만인들'[3]처럼 외부에서 문명세계로 침입한 것도 아니고, 아리스토텔레스가 연못 속의 올챙이를 비유해 말한 것처럼 내부에서 자동적으로 생성된 신비한 세대도 아니며, 근대 문명의 자연스러운 소산이다.

우리는 고생물학과 생물지리학이 확인한 법칙을 다음 같이 공식화할 수 있다. 즉 인간 생활은 사용할 수 있는 자원이 그것이 직면하는 문제와 균형을 이룰 때만 향상하고 진보한다. 이 법칙은 신체 영역뿐 아니라 정신 영역에도 적용된다. 육체적 삶의 아주 구체적인 측면을 언급할 때 나는 뜨거운 계절과 극심하게 추운 계절이 교차하는 지역에서 인류가 번성했다는 점을 상기하곤 한다. 열대 지역에서는 유인원은 퇴화했는데, 반대로 피그미족[4] 같은 열등 인종은 나중에 출현한 진화된 우등 인종에 의

---

3 서로마제국을 멸망시킨 서고트족 - 옮긴이

4 피그미족 : 인류학적으로 평균 신장이 150cm 이하의 왜소한 종족의 총칭. 주로 아프리카에서 동남아시아·뉴기니에 걸쳐 분포함. 아시아의 왜소 종족은 니그리토, 아프리카에 사는 종족은 니그릴로라 부름. 가장 유명한 부족으로 아프리카 자이르 동부 앨버트호(湖) 서안(西岸)에 사는 밤부티족이 있음 - 옮긴이

5 다음을 보라. Olbricht, Klima und Entwicklung, 1923.

해 열대 지방으로 밀려났다.[5]

19세기 문명은 보통사람도 풍요로운 세계에서 자유롭게 생활할 수 있게 해주었다. 그런데 그는 갖가지 수단을 맘껏 사용할 줄만 알았지 그에 수반되는 고통은 전혀 감지하지 못했다. 그는 매우 훌륭한 도구, 각종 치료약, 세심하게 보살펴 주는 정부, 충분한 특권에 둘러싸여 있다는 것을 알고 있다. 반면에 그런 의약품과 도구를 발명하는 일, 미래에도 그것들의 생산을 보장하는 일이 얼마나 어려운 일인지는 알지 못한다.

또한 국가 조직이 얼마나 불안정한지도 알지 못하고, 자신의 의무가 무엇인지도 잘 알지 못한다. 이런 불균형은 삶의 본질과 접촉하는 것을 방해하여 그 본성을 왜곡하고 그 뿌리까지 훼손한다. 그리하여 삶은 총체적으로 위험에 처하여 근본적인 문제가 발생한다.

'자기만족형 인간'은 인간에게서 출현할 수 있는 가장 모순적인 형태이다. 따라서 이런 유형의 인간이 세상을 지배하게 되면 인류가 타락할 위험에 처하여 곧바로 죽음에 임박한다는 것을 널리 알려서 경고해야 한다. 이런 측면에서 보면, 현재 유럽의 생활수준은 과거 어느 때보다 높아졌지만, 미래에는 현재 수준을 유지하거나 더 높은 수준으로 올라가지 못하고 오히려 현재보다 후퇴하거나 더 낮아질 거라는 두려움이 엄습하게 된다.

이제 '자기만족형 인간'이 얼마나 기형적인지가 충분히 드러났다. 자기만족형 인간은 "좋아하는 일을 즐기면서 하기" 위해 삶의 전선에 뛰어든다. 실제로 부모슬하에서 버릇없이 자란 자녀들은 이런 환상에 젖어 있다. 우리는 그 이유도 잘 알고 있다.

가족들 사이에서는 모든 것이, 심지어 아무리 큰 잘못도 벌을 받지 않고 허용된다. 가족세계는 상대적으로 인위적이어서, 사회나 외부 세계에서는 잘못을 저지르면 자동적으로 엄청난 재앙을 초래하는 많은 행위들이 용인된다. 그런데 자기만족형 인간은 밖에서도 집에서처럼 행동해도 된다고 생각하고, 그렇게 행동하더라도 치명적인 결과를 낳지 않는다고 생각한다. 그래서 그는 자신이 좋아하는 일을 할 수 있다고 생각한다.[6]

이 얼마나 그릇된 생각인가! 포르투갈의 어느 동화에는 앵무새가 "당신은 당신이 가고 싶어 하는 곳으로 가게 될 것이다."라고 말하는 장면이 있다. 이 말은 자기가 좋아하는 것만 해서는 안 된다는 것이 아니라 단지 우리 각자가 해야 하는 것 외에는 할 수 없다는 뜻이다. 우리가 유일하게 할 수 있는 것은 해야 하는 일을 거부하는 것이다.

하지만 그렇게 하더라도 잠시 즐거울 뿐이지 다른 일을 마음대로 할 수 있는 것은 아니다. 우리가 가진 것은 '부정적인 의지

---

[6] 가정과 사회의 관계는 규모를 확대해 보면 한 나라와 국제사회의 관계와도 같다. 앞으로 살펴보듯이, 전형적인 '자기만족'을 매우 분명하고 압도적으로 보여주는 것 중 하나가 일부 국가들이 국가 연합 앞에서 "자신들이 좋아하는 것을 즐기면서 하겠다고" 결심하는 것이다. 이것은 순진하게도 '민족주의'라고 불리고 있다. 나는 국제주의에 무조건 복종하는 것도 거부하지만 일부 미성숙한 나라들이 보여주고 있는 자기만족 또한 불합리하다고 생각한다.

의 자유,'a negative freedom of will'뿐이다. 말하자면, 우리는 마지못해 일한다. 우리는 정해진 운명에서 벗어날 수는 있지만, 그렇더라도 더 깊은 운명의 지하감옥 속에 갇힌 포로가 될 뿐이다. 나는 독자 개개인에 대해서는 알지 못하기에 독자 개개인의 운명이 이렇게 될 거라고 명확하게 말할 수는 없다. 그러나 그 개인의 운명이 다른 사람들의 운명과 동일한 부분이 있다고 분명하게 말할 수 있다. 이를테면, 오늘날의 모든 유럽인은 자신이 표현한 모든 '이념'과 '의견'보다 자유로워야 한다는 것을 더욱 확실하게 알고 있다.

여기서는 오늘날 유럽인의 자유 형태가 어떠해야 하는지는 논의하지 않겠다. 내가 지금까지 말한 것은 아주 반동적인 유럽인이라 하더라도 지난 세기에 자유주의 이름으로 유럽이 시도한 것은 좋든 나쁘든 서구인에 이루어놓은 것이라는 불가피하고도 냉엄한 사실을 마음속 깊이 새기고 있다는 점이다.

유럽의 운명으로 각인된 정치적 자유를 실현하려는 모든 구체적인 시도들이 허위이자 불행을 초래한 것이 명백하게 입증되었더라도 최종 증거에 따르면, 지난 세기에는 그런 시도들이 실제로 의미가 있고 유효했다고 본다. 유럽의 공산주의자와 파시스트는 서로 상반된 태도를 취하긴 하지만 둘 모두 이 최종 증거를 공히 입증하고 있다. 자유주의에 반하여 제기되고 있는 모든 정당한 비판 너머에는 이론적이지도 과학적이지도 지적이지도 않은 진리 그리고 그와는 근본적으로 다른 더 확고한 난공불락의 진리, 즉 운명의 진리가 존재한다는 것은 누구나 알고 있다.

이론적 진리는 논쟁의 여지가 있을 뿐만 아니라 그 의미와 효력도 모두 논쟁의 대상이 된다. 또한 이론적 진리는 논쟁에서 비롯되며, 논쟁을 통해서만 생명력을 가지며, 오로지 논쟁을 위해 생성된다. 그런데 사람의 앞일이나 생사여부를 결정하는 운명은 논쟁의 대상이 아니라 받아들일 것이냐 말 것이냐의 문제이다. 운명을 받아들이면 우리의 삶은 진솔해지고, 그렇지 않으면 우리는 자신을 부정하고, 위조하게 된다.[7]

운명은 하고 싶은 것을 할 때 드러나는 것이 아니라 하기 싫은 일을 해야 할 때 분명하게 드러난다. 그런데 '자기만족형 인간'의 특징은 '해서는 안 된다는' 것을 '알고' 있으면서도 행동과 말을 반대로 꾸며댄다.

파시스트는 대중을 유지시켜 주는 강장제를 위선과 '농담'이라고 생각하기 때문에. 정치적 자유주의는 결코 실패하지 않으며, 유럽 생활의 본질을 이루고 있어서 심각한 위기에 빠졌을 때 요청하면 반드시 다시 되돌아온다는 것을 알고 있으면서도 정치적 자유에 반대하는 입장을 취하게 된다. 왜냐하면, 대중이 행동할 때는 필연적인 결과를 고려하지 않고, 집안에서 떠들고 노는 아이들처럼 제멋대로 행동하기 때문이다.

그들은 매사에 서둘러서 비극적이고 결정적이며 최종적

---

[7] 굴종이나 자기비하는 자신의 본분을 거부한 사람의 생활 방식일 따름이다. 그렇게 하더라도 그의 진정한 삶이 사라지는 것은 아니다. 오히려 그의 삶은 자신을 비난하는 그림자, 즉 항상 다른 사람에 비해 자신의 삶이 열등하다고 생각하게 하는 유령으로 변모한다. 열등감에 젖은 사람은 스스로 죽어야 생존한다.

인 태도를 취하는데 이는 단지 겉으로 드러난 모습일 뿐이다. 그들이 비극을 연기하는 것은 문명세계에서 연출되고 있는 비극의 실재를 믿지 않기 때문이다.

어떤 개인이 우리에게 받아들이라고 강요하는 것이 무엇이든 간에 그의 진정한 자아로 받아들일 수밖에 없다면 그것은 좋은 일이다. 어떤 사람이 2 더하기 2는 5라고 고집할 경우 그가 정신이상자가 아니라면, 그가 죽음을 불사하고 아무리 외쳐대더라도 우리는 그가 실제로는 그렇게 생각하지 않을 거라고 확신한다.

이런 터무니없는 폭풍이 유럽 전역에 온갖 형태로 몰아치고 있다. 지금 사람들이 채택하고 공포하는 견해는 거의 모두 거짓이다. 지금 유일하게 시도할 수 있는 것은 현실의 운명에서 벗어나고, 증거에 눈이 멀게 하여 그것의 심오한 호소에 귀를 덮고, 지금 해야 할 일을 회피하는 것뿐이다. 우리는 희극적으로 살고 있지만, 삶이 희극적일수록 우리가 쓰고 있는 가면은 더욱 비극적으로 보인다. 아무런 제한을 받지 않고 살아가는 곳은 어디서나 반드시 희극이 존재한다.

대중은 운명의 확고한 기반 위에 발을 디디지 않은 채 공중에 떠 있는 허구적인 삶을 즐긴다. 우리는 지금처럼 아무런 실체도 뿌리도 없이 운명이 송두리째 뿌리 뽑힌 채로 재빠르게 흘러가는 조류에 떠다니듯이 살아본 적이 없다. 지금은 '시류에 따라 흘러가는 대로 사는' 이른바 '시류'의 시대이다.

예술이든 사상이든, 정치든 사회적 관습이든 그 표면 위에서 불고 있는 회오리바람에 거슬러가는 사람은 없다. 그 어느 때보다도 수사학이 넘쳐난다. 초현실주의자는 누군가가 '재스민, 백조, 목신牧神'⁸ 등의 글자를 써놓은 곳에다 거기에 써놓을 필요 없는 단어를 적어놓고는 문학사 전체를 통달했다고 생각한다. 그런데 그가 실제로 한 일이라고는 지금까지 땅속의 오물통에 숨어 있는 또 하나의 수사를 끄집어낸 일뿐이다.

현재 상황은 나름대로 특유의 특징을 갖고 있지만 그것이 과거 시대와 어떤 공통점이 있는지에 주목할 때 더욱 분명하게 드

---

8 목신(fauns) : 로마신화에 나오는 염소의 귀·뿔·뒷다리를 가진 목축의 신 - 옮긴이

9 견유학파(Cynics, 犬儒學派) : BC 4세기에 그리스에서 시작되어 로마제국 시대에 융성한 철학의 한 유파. 그 명칭은 창시자 안티스테네스가 제자를 가르친 아테네에 있는 학교 키노게르사스(Kynosarges)에서 비롯된 것 또는 그 학파의 '개와 같은 생활' 때문이라고도 함. 이들에 따르면, 행복은 유덕한 생활에 있으며 유덕한 생활이란 외적 조건에 좌우되지 않는 생활로서 강인한 의지로 욕망을 억제하면 달성될 수 있다고 봄. 실제로 지극히 간소한 생활과 자연에 가까운 생활을 실행하며 문명사회의 관습 및 제도를 무시하고, 걸식 생활을 실행하기도 함 - 옮긴이

10 디오게네스(Diogenes) : BC 5세기 중반 고대 그리스의 철학자로 견유학파의 생활양식을 처음으로 실행한 인물로 알려지고 있음. 우주론으로 유명하며 우주에 관한 전통적 견해와 당시의 새로운 발견들을 종합하려고 함 - 옮긴이

11 아리스티포스(Aristippus, BC 435년 ~ BC 355년경) : 북아프리카 태생의 고대 그리스 철학자로 소크라테스의 제자이며 소크라테스 학파의 하나인 퀴레네 학파(북아프리카의 해안에 위치한 퀴레네가 그의 출생지)를 창시함. 그의 사상은 인식은 감각에 기초하고, 쾌락의 향유만이 행복이고 선이라고 보는 점에서 소피스트적인 성격이 강함 - 옮긴이

러난다. 일례로 견유학파[9]는 지중해 문명이 최고로 발달한 기원전 3세기경에 출현했다. 디오게네스Diogenes[10]는 진흙으로 뒤덮인 신발을 신은 채 아리스티포스Aristippus[11]의 양탄자 위를 걸어 다녔다. 견유학파는 모든 장소에, 심지어 산꼭대기에서도 버글거렸다.

견유학파는 문명을 파괴하는 것 말고는 한 일이 없다. 그들은 헬레니즘의 허무주의자였다. 그들은 아무것도 창조하지 않았고, 아무것도 만들지 않았다. 그들의 역할이 파괴하는 것, 더 나아가 파괴를 도모하는 것에 국한된 것은 자신들의 목표를 달성하지 못했기 때문이다. 문명의 기생충인 견유학파가 문명을 부정한 것은 문명은 몰락하지 않을 거라고 확신했기 때문이다.

견유학파가 익살맞게도 자신의 역할이라고 여기는 것을 모든 사람이 자연스럽고 진지하게 수행하는 미개인 마을에 있다면 그들은 어떻게 행동할까? 파시스트가 자유를 비방하지 않는다면 어떻게 행동할까? 또는 초현실주의자가 예술을 모독하지 않는다면 어떻게 행동할까?

이런 사람은 다른 방식으로 행동할 수가 없다. 그들은 잘 조직된 세계에서 태어나서 혜택만 누리고 위험에 빠져 본 적이 없었기 때문이다. 그를 버릇없이 행동하도록 만들어놓은 것은 주위환경이다. 그들에게는 그 주위환경 자체가 곧 내 집 같은 '문명'이고, 부모 슬하에서 자란 자녀는 자신의 변덕스러운 기질을 버릴 필요도 느끼지 않고, 윗사람이 해주는 조언에 귀를 기울일 필요도 느끼지 않는다. 하물며 냉혹한 자기 운명 깊숙한 곳에 접촉할 필요도 느끼지 않는다.

제12장 '전문화'의 야만성

이 글의 기본 논지는 대중은 19세기 문명에 의해 자동적으로 탄생했다는 것이다. 그 탄생 메커니즘을 구체적으로 분석하지 않은 채 일반적인 설명을 마무리하는 것은 바람직하지 않다. 즉 그에 대한 구체적인 설명이 뒷받침되어야 이 글의 논지가 설득력을 가지게 된다.

앞서 말했듯이, 19세기 문명은 자유민주주의와 기술 두 가지로 집약된다. 우선 기술부터 논의해 보자. 근대 기술은 자본주의와 실험과학이 결합하여 탄생했다. 그런데 모든 기술이 과학적인 것은 아니다. 구석기시대에는 과학이 없는데도 돌도끼를 만들었으며, 기술이 탄생했다.

중국은 물리학이 존재하지 않았는데도 기술이 고도로 발달했다. 오직 유럽의 근대 기술만이 과학적 기반을 가졌고, 그것을 기반으로 기술은 무한한 발전 가능성을 가졌다. 메소포타미아, 이집트, 그리스, 로마, 동양 등 다른 모든 지역의 기술은 발달이 어느 정도 정점에 도달하자 비참하게도 곧바로 퇴보하기 시작했고, 이후로 그 정점을 넘어서지 못했다.

　서양의 경이로운 기술 덕택에 유럽의 인구는 엄청나게 증가했다. 이 글이 출발점으로 삼고 있는 사실과 현재의 모든 고려사항은 그 맹아 속에 포함되어 있다는 사실을 상기하기 바란다. 6세기부터 1800년까지 유럽 인구는 1억 8천만 명을 넘지 못했다. 그런데 1800년에서 1914년 사이에 4억 6천만 명으로 증가했다. 이런 비약적인 인구 증가는 역사상 유례없는 일이다. 기술에 의해 (자유민주주의와 함께) 양적 의미의 대중이 탄생한 것은 분명한 사실이다. 하지만 이 글에서는 기술도 질적 의미의 대중, 경멸적인 의미의 대중을 탄생시킨 책임이 있다는 것을 보여주고자 한다.

　이 글 첫머리에서 지적했듯이 대중을 특히 노동자로 이해해서는 안 된다. 대중은 사회계급을 지칭하는 것이 아니며 오늘날 어느 사회계급에서나 발견되는 인간 유형으로서 우리 시대를 대표하는 탁월하고 뛰어난 능력을 가진 사람이다. 그러면 그와 관련한 풍부한 증거를 하나씩 찾아보기로 하자.

　오늘날 사회 권력을 행사하는 자는 누구인가? 누가 자신의 정신구조를 시대정신으로 주장하고 있는가? 분명 중간계급일 것이다. 그 중간계급 중에서 어느 집단이 상층 집단, 즉 현재의 귀족으로 간주되는가? 말할 필요도 없이 엔지니어, 의사, 금융업자, 교사 같은 전문가가 상층 집단에 속한다. 전문가 집단 내에서 누가 가장 훌륭하고 순수하게 사회 권력을 대표하는가? 당연히 과학자다.

만일 별나라 사람이 오늘날 유럽을 방문하여 유럽에 대해 알기 위해 어떤 유형의 사람의 의견을 들으면 좋겠냐고 묻는다면, 유럽인은 틀림없이 유리한 평가를 할 것으로 확신하고 즐거운 마음으로 과학자를 추천할 것이다. 물론 별나라 사람은 비범한 개인을 찾기보다는 유럽인의 최정상에 있는 '과학자'를 찾으려 할 것이다.

이렇게 보면 현재의 과학자가 대중의 원형이 된다. 이는 우연이나 과학자 개인의 결함 때문이 아니라 우리 문명의 뿌리인 과학 자체가 자동적으로 과학자를 대중으로 전환시켜 원시인 즉 근대의 미개인으로 만들기 때문이다. 이것은 잘 알려진 사실이고, 여러 차례 반복해서 분명하게 밝혀졌지만 이 글 속에 적절하게 배치함으로서 그 의미가 충분하게 드러나고 그 중요성이 선명해진다.

실험과학은 16세기 말(갈릴레오)에 싹트기 시작하여 17세기 말(뉴턴)에 확실하게 조직되었으며, 18세기 중반에 발전하기 시작했다. 어떤 것이 발달하는 양상과 그것이 조직화되는 방식은 일치하지 않는다. 그것의 발달 양상은 조건에 따라 다르게 나타난다. 일례로 여러 실험과학을 모아놓은 물리학을 조직하는 데는 통합을 위한 노력이 필요했다. 뉴턴과 그 시대의 여러 과학자들의 업적은 그 같은 노력의 산물이다.

그런데 물리학의 발달 과정에서는 통합과는 반대되는 경향이 나타났다. 과학이 발달하려면 전문화가 필요하다. 이때 전문화는 과학 자체의 전문화가 아니라 과학자의 전문화이다. 과학은 전문화되지 않았다. 만약 그렇게 되었다면, 과학은 진정한 과학이 되지 않았을 것이다. 지극히 순수한 경험과학이라 할지라도 수학과 논리학과 철학과 분리된다면 진정한 과학이 될 수 없다. 그러나 과학적 작업은 반드시 전문화되어야 한다.

연구자들의 작업이 점차 전문화되는 과정을 염두에 두고 물리학 및 생물학의 역사를 유심히 살펴보는 것은 생각보다 훨씬 흥미롭고 유익하다. 그 과정에서 과학자들은 세대를 거듭할 때마다 점차 협소한 지적 활동 분야에 제한되어 온 것을 볼 수 있다. 그러나 중요한 것은 그런 역사가 보여주는 사실이 아니라 그 이면에 있는 사실이다. 즉 과학자는 세대를 거듭하면서 활동 영역이 점점 축소함에 따라 우주를 종합적으로 해석하거나 다른 과학 분야와 접촉할 수 없게 되었다.

전문화는 문명인에게 '박식한 자'라는 칭호를 부여하면서부터 시작되었다. 19세기는 '박식한' 지식을 가진 사람의 주도 하에서 시작되었지만 그들의 연구 성과는 이미 어느 정도 전문성을 띠고 있었다. 다음 세대에 이르면서 이 균형이 무너지고 전문성으로 인해 개별 과학자는 문화를 통합하는 능력을 상실했다.

1890년 무렵 제3세대가 유럽의 지적 패권을 장악하면서 역사상 유례가 없는 새로운 유형의 과학자가 출현했다. 그는 사려 깊은 사람이 되기 위해 알아야 할 모든 것 중에서 오직 한 가지 분야에만 정통하며, 그 분야에서조차 자신이 연구하는 아주 좁은 분야만 알고 있다. 심지어 그는 자신이 깊게 연구하고 있는 좁은 영역 밖에 무엇이 있는지 모르는 것을 미덕으로 여기며, 지식 전반에 대한 호기심을 '수박 겉핥기 지식'으로 폄하한다.

실제로는 그는 눈에 보이는 좁은 제한된 분야에 갇혀 있으면서도 새로운 사실을 발견해내고 자신이 거의 알지 못하는 과학의 발전을 이루었으며, 그리하여 자신이 깊이 알지 못하는 사상의 백과사전을 발전시키는 데 성공했다. 어떻게 그런 일이 가능했으며 또 지금도 가능한 것일까?

이를 알기 위해서는 부인할 수 없는 이 대단한 사실에 주목할 필요가 있다. 즉 실험과학이 발달하게 된 것은 평범한 사람들, 어쩌면 평범하지 조차 못한 사람들이 놀라울 정도로 노력한 덕분이다. 요컨대 근대 문명의 근원이자 상징이라 할 수 있는 근대 과학은 지적 수준이 평범한 사람을 포용하여 성공할 기회를 열어주었다. 그 이유는 새로운 과학 그리고 그것에 의해 방향이 설정되고 또 대표되는 문명(기계화)은 매우 큰 이익을 가져다주는 동시에 매우 심각한 위험을 수반한다는 데 있다.

물리학이나 생물학이 하는 일의 상당 부분은 누구나 또는 거의 모든 사람이 할 수 있는 기계적인 작업이다. 수많은 연구 목적을 위해 과학을 작은 부분으로 나누어 그중 한 분야에 집중하고 나머지는 모두 고려 대상에서 제외한다. 방법이 확실하고 정확해지면 일시적이지만 지식을 분해할 수가 있다. 마치 기계가 하듯이 이런 방법으로 작업을 수행하므로, 풍부한 결과를 얻기 위해 그 방법의 의미와 기반에 대해 엄밀하게 알 필요는 없다. 이렇게 대다수 과학자들은 마치 벌집 속에 있는 꿀벌이나 회전바퀴 앞에서 꼬챙이로 고기를 굽는 하인처럼 좁은 실험실에 갇혀서 과학 전체가 발달하는 데 각자 일조한다.

　이 과정에서 매우 기묘한 인간 유형이 생겨난다. 자연에서 새로운 사실을 발견한 연구자는 필연적으로 위력과 자신감을 느끼게 된다. 그는 당당하게도 자신이 '식자층'에 속한다고 생각한다. 그는 실제로 약간의 지식을 갖고 있다. 그 지식은 그 자신에게는 없는 다른 많은 지식들과 결합될 때 진정한 지식이 된다. 이것이 바로 금세기 초에 무모할 정도로 과장된 전문가의 진정한 내면의 모습이다. 전문가는 우주 구석에 있는 아주 작은 분야에 대해서는 잘 '알고' 있으나 나머지 모든 분야에 대해서는 완전히 무지하다.

　이것이 바로 그동안 내가 정의하고자 했던 두 가지 상반된 측면을 가진 기묘한 새로운 인간 유형이다. 이미 앞에서 말한 바 있듯이 그런 인간 유형은 역사상 유례가 없다. 전문가는 참신하고 근본적인 면모를 명확하게 보여줌으로써 자신이 매우 인상적인 인간 유형임을 구체적으로 드러낸다. 왜냐하면, 예전에는 인간을 단순히 유식한 자와 무식한 자로 구분했지만 전문가는 이 두 범주 중 어디에도 속하지 않기 때문이다.

　그는 자기 전문 분야가 아닌 모든 분야에 대해서는 구체적으로 아는 바가 없기 때문에 유식한 자가 아니며 '과학자'로서 자신이 다루는 전문 분야에 대해서는 아주 잘 '알고' 있기 때문에 무식한 자도 아니다. 우리는 그를 '박식한 무식한 자'라 불러야 할 것이다. 이것은 매우 중요한 문제다. 왜냐하면, 그를 무식하다고 말하는 것은 정말로 무식한 자처럼 행동해서가 아니라 자기 전문 분야에 통달하고 싶어 안달하기 때문이다.

실제로 전문가의 행동을 보면 그러하다. 그는 정치와 예술, 사회 관습 그리고 자신과 무관한 분야에 대해서는 원시인 또는 무식한 자의 태도를 취하면서도 역설적이게도 자기 분야 전문가의 의견은 인정하지 않는다. 문명은 그를 전문가로 길러냈지만 자신의 한계 속에 가두어 놓아 자기만족에 빠지게 만들었다. 그러나 바로 이런 내면 속의 우월감과 자신감이 그를 자기 전문 분야 이외의 분야에서도 우월하게 행사하고 싶은 충동을 부추긴다. 그리하여 그는 전문화라는 인간 최대의 자격을 가지고 대중과는 정반대로 행동하지만 그도 결국에는 삶의 거의 모든 방면에서 아무런 자격이 없는 대중처럼 행동한다.

이것은 단순한 억측이 아니다. 누구든지 오늘날 '과학자'는 물론 그 배후에 있는 의사, 기술자, 금융업자, 교사들도 정치, 예술, 종교 그리고 삶과 세계의 전반적인 문제에 대해 얼마나 어리석게 사고하고, 판단하고, 행동하는지 관찰할 수 있다. 앞에서 여러 차례 대중의 특징으로 제시한 '아무것도 경청하지 않는' 태도, 최고 법정 판결에도 복종하지 않는 태도는 부분적인 자격만 가지고 있는 이런 사람에서 가장 선명하게 나타난다. 그런 태도가 오늘날 대중의 지배를 상징하고 사실상 구성한다.

그런 야만성이 유럽을 퇴보로 이끄는 가장 직접적인 원인이다. 더욱이 그들은 시류에 따라 흘러가버린 19세기 문명이 이런 원시성과 야만성을 소생시켰는지 매우 뚜렷하게 보여준다.

이렇게 전문화가 균형을 잃어버리자 오늘날 과학자 수는 그 어느 때보다 많아졌지만 '교양인' 수는 1750년보다도 훨씬 적어지는 결과가 초래되었다. 더욱 불행한 일은 과학을 굴러가게 하는 꼬챙이가 아무리 많아도 과학의 진정한 진보를 보장하지 못한다는 사실이다. 왜냐하면 과학이 발전하기 위해서는 때때로 재구성 작업이 필요하며, 앞서 말했듯이 이런 작업에는 통일을 위한 노력이 요구되기 때문이다. 지식 세계가 점점 더 넓은 분야로 확장함에 따라 이런 통일 작업은 갈수록 어려워지고 있다.

뉴턴은 철학에 대해 많이 알지 못한 상태에서도 물리학 체계를 완성할 수 있었다. 하지만 아인슈타인은 자신이 추구하는 날카로운 종합을 완성하기 전에 칸트와 마흐Mach를 충분히 이해해야만 했다. 칸트와 마흐(이들의 이름은 단지 아인슈타인에게 영향을 준 철학적, 심리학적 사상의 상당 부분을 상징할 따름이다)는 아인슈타인의 정신을 해방시켜 혁신을 위한 길을 여는 데 기여했다. 그러나 아인슈타인만으로는 충분하지 않다. 물리학은 역사상 가장 심각한 위기를 맞고 있다. 그것을 구제하는 길은 처음보다 더 체계적인 새로운 '백과사전'을 편찬하는 길밖에 없다.

전문화는 한 세기 동안 실험과학의 발달에 지대한 역할을 했다. 하지만 새로운 세대가 더 강력한 꼬챙이를 제공하지 않는 한 더 이상 발전할 수 없는 단계에 이르렀다.

그러나 전문가는 자신이 종사하는 과학 분야의 내적 원리에 대해 무지하면, 과학을 유지하는 데 필요한 역사적 조건(연구자를 계속 배출하기 위해 사회와 인간을 조직하는 방법)에 대해서도 사실상 무지할 수밖에 없다. 앞서 지적했듯이 최근 몇 년 동안 과학 종사자 수가 감소하고 있는데 이는 문명을 명확하게 이해하고 있는 사람이라면 누구나 우려하는 징후다. 그런데 근대 문명을 정점에서 이끌고 있는 전형적인 '과학자들'은 이런 인식을 결여하고 있다. 그들은 문명도 지구의 지각과 원시림처럼 자연스럽게 존재한다고 믿고 있다.

제13장 최대의 위험
-국가

사회질서가 올바르게 유지되고 있으면 대중은 스스로 행동에 나서지 않는다. 이것이 대중의 사명이다. 대중은 지시를 받고, 영향을 받고, 대표되고, 조직되기 위해, 심지어 대중이 되기를 포기하거나 적어도 그렇게 되기를 열망하기 위해 이 세상에 태어났다. 그러나 이 모든 일을 스스로 실행하기 위해 태어난 것은 아니다.

　대중은 자신보다 우월한 소수집단으로 구성된 상위 권위에 자신의 삶을 맡겨야 한다. 이 우월한 개인들이 누구인지에 대해서는 자유롭게 논의할 수 있다. 하지만 그들이 누구이든 간에 그들이 없으면 인류는 생명을 유지할 수 없다는 것은 명백한 사실이다(그럼에도 유럽은 사육장의 타조처럼 날개로 머리를 덮은 채 가능한 한 명백한 진실을 보지 않으려고 한 세기를 허비했다). 왜냐하면, 우리가 다루고 있는 견해는 어쩌다가 가끔 일어나는 사실에 근거하고 있는 것이 아니라 뉴턴의 물리학 법칙보다 훨씬 확고한 사회 '물리학' 법칙에 근거하고 있기 때문이다.

　진정한 철학[1]만이 유럽을 구할 수 있는 유일한 방법이다.

그 철학이 다시 한 번 유럽을 지배하는 바로 그날이 오면 유럽은 좋든 싫든 인간은 본성상 더 높은 권위를 추구하는 존재임을 다시 한 번 깨닫게 될 것이다. 더 높은 권위를 스스로 찾아내는 데 성공하면 뛰어난 사람이다. 그렇지 못하면 대중이 되어 우월한 인간의 지도 아래 있어야 한다.

따라서 대중이 스스로 행동할 권리를 주장하는 것은 자신의 운명을 거스르는 행위다. 목하 대중이 그렇게 하고 있기에 지금 대중의 반항에 대해 말하고 있는 것이다. 정말로 반항이라 할 수 있는 유일한 사실은 자신의 운명을 받아들이지 않고 자기 자신을 거스르는 것이다.

천사 루시퍼[2]는 하느님이 되려고 하는 대신에 가장 낮은 계급의 천사가 되려고 했는데 이것도 역시 하느님에 대한 반항임에 틀림없다. 어떻게 하든 모두 그의 운명이 아니기 때문이다(루시퍼가

---

1 철학이 지배하기 위해서는 플라톤이 애초에 바라던 것처럼 철학자가 통치자가 될 필요가 없으며, 또한 그가 나중에 겸허하게 바라던 것처럼 통치자가 철학자가 될 필요도 없다. 엄밀히 말하면, 어떻게 되더라도 아주 불길한 결과가 초래된다. 철학이 지배하기 위해서는 철학이 존재하는 것만으로도 충분하다. 즉, 철학자가 철학자인 것만으로도 충분하다. 그런데 거의 지난 한 세기 동안 철학자는 정치가, 교육자, 문인, 과학자를 모두 겸했다.

2 루시퍼(Lucifer) : '빛을 지닌 자'라는 뜻의 라틴어로 그리스 로마 신화에서는 샛별(새벽에 뜨는 행성인 금성)을 지칭하며, 구약성서에서는 하나님을 섬기며 찬양하던 천사였다가 하나님께 반역하여 쫓겨난 영적인 존재(사무엘서)로, 이사야서에서는 자기를 지존자로까지 높이는 교만한 바벨론 왕을 조롱하는 어조로 쓰여 마치 새벽별이 잠시 반짝이다가 아침이 오면 사라지듯, 그 운명이 곧 끝날 것임을 시사함 - 옮긴이

톨스토이 같은 러시아인이었다면 아마도 후자 형태의 반항을 택했을 것이다. 그러나 그 역시 다른 형태의 반항 못지않게 하느님에 대해 반항한다.)

대중이 스스로 행동할 때는 다른 방법이 없기 때문에 한 가지 방법만 사용한다. 그것은 린치(사적 폭력)다. 린치는 미국에서 유래했는데 이는 전혀 우연이 아니다. 미국은 어떤 면에서 보면 대중의 천국이기 때문이다. 오늘날 대중이 승리감에 도취되어 폭력을 휘두르고 그것을 원리로 떠받들고 있다고 해서 그리 놀랄 일은 아니다. 나는 오래 전부터 폭력이 일상적인 규범으로 발전해 온 사실을 눈 여겨 보아 왔다.[3]

오늘날 폭력의 발달이 절정에 이르렀다. 이는 폭력이 약화될 조짐을 암시하기 때문에 좋은 징후이다. 오늘날 폭력은 시대의 수사학이 되었으며, 말만 늘어놓는 수사학자들의 전유물이 되었다. 인간은 일생을 마친 후 난파선처럼 생명을 다하면 파도가 수사학의 해안으로 시신을 밀어내 그곳에서 오랫동안 머무른다. 수사학은 현존하는 인간의 묘지 또는 기껏해야 양로원일 따름이다. 현존 인간은 사라져도 그 이름은 남는다. 그 이름은 비록 하나의 단어에 불과하지만 계속 존재하며 일종의 마력魔力을 간직한다.

냉소적으로 확립된 규범으로서 폭력은 그 위신의 추락이 불가능한 것은 아니지만 비록 그 형태는 다르더라도 우리는 여전히 그 규범 아래 살게 된다. 나는 지금 유럽 문명을 위협하는 가장

---

3 Vide España Invertebrada, 1912.

심각한 위험에 대해 말하고자 한다. 유럽 문명을 위협하는 다른 모든 위험이 그렇듯이 이 위험도 문명 자체에 의해 생겨났으며, 더욱이 유럽 문명이 자랑스럽게 여기는 영광 가운데 하나다.

그것은 바로 오늘날 우리가 알고 있는 국가^{State}다. 여기서 우리가 마주하고 있는 것은 앞장에서 과학에 대해 말한 내용과 똑같다. 즉 과학의 풍부한 원리는 엄청난 진보를 가져왔지만, 그런 진보는 필연적으로 전문화를 수반하고, 그 전문화가 과학을 질식시키는 위협을 초래했다.

국가에도 똑같은 일이 나타나고 있다. 18세기 말에 유럽의 모든 나라에서 국가가 어떤 모습을 했는지 상기해 보라. 당시에는 국가를 아주 하찮은 것으로 여겼다. 합리화된 새로운 기술이 최초로 승리하면서 초기 자본주의와 그 산업 조직을 발전시키는 기폭제가 되었다. 그 결과 기존의 사회계급보다 훨씬 규모가 크고 더 큰 위력을 가진 새로운 사회계급 이른바 부르주아계급이 출현했다. 이 영악한 부르주아계급은 한 가지 재능, 특히 실용적인 재능을 지니고 있었다. 그들은 자신의 노력을 조직하고 단련하는 방법, 즉 자신의 노력을 일관되게 지속하는 방법을 알고 있었다.

'국가'라는 배는 대양 같이 넓은 바다 한가운데서 위험한 항로를 항해하고 있었다. 국가를 배에 비유하여 지어낸 국가호^{號}라는 말은 부르주아지가 자신이 대양에 폭풍을 일으킨 것처럼 전능하다고 생각하며 만들어낸 은유이다. 앞서 말한 것처럼 국가호는 아주 하찮은 것이었다. 거기에는 병사도 관료도 재물도 없었다.

그 배는 중세 시대에 부르주아와 전혀 다른 계급, 즉 용기와 리더십, 책임감으로 존경받는 귀족이 건조한 것이다. 그들이 없었더라면 유럽의 여러 나라들은 지금 존재하지 않았을 것이다. 그런데 귀족은 마음속의 미덕이 풍부했음에도 불구하고 두뇌를 활용하는 능력은 부족했다. 그들은 사고력이 미흡한데다가 감상적이고 본능적이며 직관적이다. 한마디로 '비합리적'이다.

그리하여 그들은 기술은 물론 합리성을 요구하는 어떤 것도 개발하지 못했으며, 화약을 발명하지도 못했다. 그들은 새로운 무기를 발명할 수 없어서 부르주아지가 동양 등지에서 화약을 들여와 사용하는 것을 허용했다. 그 결과 부르주아지는 철갑을 두르고 있어서 동작이 어둔한 어리석은 귀족의 전사戰士인 '기사'와의 전투에서 승리하게 되었다. 그 기사는 전쟁에서 승리하는 비결이 방어 수단이 아니라 공격 수단에 있다는 것을 전혀 알지 못했다. 이 비결을 재발견한 것은 나폴레옹이다.[4]

국가를 공공질서 및 행정을 다루는 일종의 수단으로 보는

---

4 랑케(Ranke)*는 귀족의 지배가 부르주아의 지배로 대체되는 역사적 대전환의 윤곽을 그렸다. 그러나 이 상징적이고 도식적으로 그린 윤곽을 완전한 그림으로 완성하기 위해서는 상당한 내용을 채워 넣을 필요가 있다. 화약은 아주 먼 옛날부터 알려져 있었다. 화약을 총신에 장전하는 것은 롬바르디아인*이 발명했다. 그 방법도 탄환주조법이 발명되기 전까지는 별 효과가 없었다. 총기를 소지한 '귀족'도 조금 있었지만 너무 많은 비용이 들었다. 경제적으로 조직을 잘 갖춘 부르주아 군대만이 총기를 대량으로 사용할 수 있었다. 그러나 중세 군대를 대표하는 부르고뉴 귀족들의 군대가 직업군인이 아닌 부르주아지로 구성된 스위스의 신식 군대에게 무참하게 패배한 것은 분명한 사실이다. 신식 군대의 주요한 힘의 원천은 신식 규율과 합리적인 전술에 있었다.

'구체제'의 국가는 18세기 말에 이르면 모든 분야에 걸쳐 도처에서 일어난 사회 반란에 시달려 매우 허약해졌다. 당시에는 국가 권력과 사회 권력의 불균형이 심해 18세기의 국가는 샤를마뉴 Charlemagne[5] 시대에 비해 퇴보한 것처럼 보였다.

물론 카롤링거 왕조[6]의 국가는 루이 16세[7]의 국가보다 훨씬 허약하긴 했지만, 반면에 국가를 둘러싸고 있는 사회 세력의 힘은 미약했다.[8] 사회 세력과 공적 권위 사이의 불균형이 심한 탓에 프랑스대혁명을 비롯해 1848년[9]까지 많은 혁명들이 가능해졌다.

그런데 프랑스대혁명과 더불어 부르주아는 공적 권력을 장악하여 자신들의 우수한 능력을 국가에 주입함으로써 불과 한

---

* 랑케(Leopold von Ranke, 1795~1886) : 독일의 역사가. 대학에서 신학·언어학을 공부한 후, 고교 교사 시절에(1818) 처녀작 『라틴 및 게르만 여러 민족의 역사』를 저술하여 인정받음. 베를린대학(1825), 빈·이탈리아(1827~31)에서 교수 활동을 하고 바이에른 학사원 사학 위원회 회장을 역임. 사료를 엄밀히 점검하여 그 신뢰성과 원전성(原典性)을 확인하고, 또 온건 중정(中正)한 사안과 예술적 서술로써 역사 비판적 방법과 객관적 역사 서술을 확립하여 랑케 학파를 형성, 19세기 후반의 유명한 역사가를 많이 배출함 – 옮긴이

* 롬바르디아 : 이탈리아 북부의 주(州)로 북쪽은 스위스에 접해 있음. 주도는 밀라노로 6세기경에 롬바르드족이 침입하여 랑고바르드 왕국을 건설한 데서 지명이 유래함 – 옮긴이

5 샤를마뉴(Charlemagne) : 프랑크 왕국의 왕이자 서로마제국의 황제(768~814)로 게르만 민족을 통합하고, 스페인 일부와 이탈리아 남부, 잉글랜드를 제외한 서유럽 전역을 정복하여 통일유럽의 최고 통치자로서 800년에 교황 레오 3세로부터 황제 대관을 받으며 신성로마제국 황제로 등극함 – 옮긴이

세대 만에 혁명을 종식시킬 만큼 강력한 국가를 만들어냈다. 2대 부르주아 정부[10]가 시작된 1848년 이후로 유럽에서 진정한 혁

---

6 카롤링거 왕조 : 메로빙거 왕조에 이어 751~887까지 프랑크 왕국을 지배한 왕조로 봉건사회의 기초를 확립하고 이것이 현재의 프랑스, 독일, 이탈리아의 모체가 형성됨. 지방 호족 피핀 2세부터 궁정의 실권을 잡고 751년 피핀 3세로 쿠데타로 카롤링거 왕조가 시작됨. 이후 아들 카롤루스 대제가 여러 게르만 부족을 통합하여 중앙집권화를 시도, 800년에 교황 레오 3세로부터 서로마 황제로 등극함. 이후 지방 호족의 대두로 왕권 약화, 분할 상속 분쟁으로 분열, 10세기 말에 멸망함 - 옮긴이

7 루이 16세 : 프랑스 왕정의 마지막 왕. 루이 15세의 둘째 손자로 1761년 형이자 세손인 부르고뉴 공작 루이 조제프 자비에, 1765년에 부친인 왕세자 루이-페르디낭의 사망으로 1774년 즉위. 프랑스 왕국 부흥을 위해 많은 노력을 기울였으나 심각한 재정문제를 극복하지 못해 프랑스 대혁명이 발발. 프랑스를 탈출하려다 혁명군에 붙들려 재판을 받고 단두대의 이슬로 처형당함 - 옮긴이

8 아울러 유럽의 절대왕정시대는 국가가 매우 약한 시기와 일치한다는 점을 분명히 해둘 필요가 있다. 이런 일치를 어떻게 설명할 수 있을까? 국가가 전능하고 '절대적'이라면 왜 스스로 강해지지 않을까? 이미 지적한 바 있듯이, 그 원인 중 하나는 세습 귀족이 기술적, 조직적, 관료적으로 무능하기 때문이다. 그러나 이것만으로는 충분한 설명이 되지 못한다. 게다가 절대 국가와 귀족들은 사회를 희생시키면서까지 국가를 확대하기를 바라지 않았다. 일반적으로 생각하는 것과는 반대로 절대 국가는 민주주의 국가보다 본능적으로 사회를 훨씬 더 존중한다. 우리 민주주의 국가는 지적 수준은 뛰어나지만 역사적 책임감은 약하다.

9 이탈리아에서 시작되어 프랑스, 독일, 오스트리아 등으로 파급되어 유럽에서 연쇄적으로 동시에 혁명이 일어난 해 - 옮긴이

10 1814년 나폴레옹이 물러난 다음 들어선 왕정을 무너뜨린 1848년 2월 혁명으로 세워진 프랑스 제2공화국을 말함. 1852년 루이 나폴레옹 보나파르트가 쿠데타로 황제 즉위를 선포하면서 마감하고 제정 시대로 들어섬 - 옮긴이

명은 일어나지 않았다. 이는 혁명의 동기가 없어서가 아니라 혁명의 수단이 없었기 때문이다.

공적 권력은 사회 권력 수준만큼 강해졌다. 혁명이여 영원히 안녕! 이제 유럽에서 가능한 것은 반혁명, 쿠데타뿐이다. 이후 몇 년 동안 혁명처럼 보였던 것은 모두 [혁명을] 위장한 쿠데타뿐이다.

우리 시대의 국가는 그 수단의 양과 정확성 면에서 아주 뛰어난 효율성을 가지고 훌륭하게 작동하는 무시무시한 기계가 되었다. 국가는 사회 한가운데 위치하여 버튼만 한 번 누르면 거대한 지렛대가 움직여 사회 모든 부분에 엄청난 영향을 미친다.

오늘날 국가는 문명의 산물 중에서 가장 쉽게 볼 수 있고 가장 잘 알려져 있다. 그런데 국가에 대한 대중의 태도를 유심히 살펴보면 흥미로운 사실을 엿볼 수 있다. 대중은 국가를 둘러보고는 감탄을 금치 못하고, 국가는 항상 그 자리에 있으면서 자신을 보호해 주는 것으로 알고 있다.

그러나 국가는 일부 사람들이 발명한 창조물이며, 어제는 있었으나 내일이면 사라질 미덕과 성질에 의해 유지된다는 사실은 알지 못한다. 더군다나 대중은 국가가 익명의 힘을 가진 것을 보고, 자신도 익명의 힘을 가지고 있다고 느끼며 국가가 자신의 것이라고 생각한다. 한 나라의 사회생활이 곤경에 처하거나 갈등 또는 문제가 생겨날 경우 대중은 국가가 막대한 자원을 동원해 즉시 개입해서 해결해줄 것을 요구한다.

이것이 오늘날 문명을 위협하는 최대의 위험 즉 국가 개입이다. 국가는 사회의 모든 자발적인 노력을 억제하고, 결국 인간의 운명을 유지하고 자양분을 공급하여 역사의 자발적인 행위를 말살한다. 대중은 불행한 상태에 있거나 강한 욕구를 느낄 때, 버튼을 눌러 강력한 기계를 작동시키면 어떤 노력이나 투쟁 없이 또는 의심이나 위험 없이 영구적으로 모든 것을 확실하게 얻을 수 있다는 유혹에 빠진다.

대중은 "나는 곧 국가다"라고 말하곤 하지만 이는 순전히 착각이다. 국가와 대중이 일치한다는 것은 어떤 두 사람의 이름이 둘 다 후안 Juan이 아니라는 점에서 일치하는 경우와도 같다. 현대 국가와 대중은 익명이라는 점에서만 일치한다. 그러나 대중은 스스로를 국가라고 생각하며, 갈수록 갖가지 구실을 갖다 붙여 국가의 기능을 작동시키려 하고, 정치와 이념, 산업 등 어느 분야에서든 이를 방해하는 창조적인 소수집단은 모두 분쇄하려 한다.

이런 경향은 결국 불길한 결과를 초래한다. 사회의 자발적인 행동은 국가 개입에 의해 계속 방해를 받아 새로 싹트는 씨앗은 열매를 맺을 수가 없게 된다. 사회는 국가를 위해 존속하고, 사람은 정부라는 기계를 위해 존속하게 된다. 국가는 주위에 있는 생명체의 후원에 의존해서 존속하고 유지되는 기계에 불과하므로 사회의 영양분을 다 빨아들이게 되면 앙상한 해골만 남게 되어 마침내 죽음을 맞이하게 된다. 그 녹슨 기계의 시신은 생명체의 시신보다 훨씬 섬뜩하다

고대 문명의 처참한 운명이 바로 그러했다. 율리우스 황제와 클라우디우스 황제[11]가 창건한 제국이 귀족이 세운 옛 공화국

의 단순한 구조와는 비할 데 없을 정도로 우수하고 경탄할 만한 기계였다는 것은 명백한 사실이다.

안토니우스[12]시대(2세기)에 이미 국가는 주위의 생명체를 말살하는 강력한 억제력으로 사회를 억압했다. 사회는 노예로 전락하여 국가에 봉사하지 않고서는 생존할 수가 없었다. 모든 삶이 관료제화되었다. 그 결과는 어떻게 되었을까? 삶이 관료제화되자 모든 면이 전반적으로 쇠퇴했다. 부가 줄어들고, 출생률이 낮아졌다. 그렇게 되자 국가는 자체의 필요를 충족하기 위해 인간 존재의 관료제화를 한층 더 강화했다.

두 번째 단계의 관료제화는 사회의 군대화로 귀결되었다. 국가가 가장 시급하게 필요로 하는 것은 전쟁 기구 즉 군대이다. 국가는 무엇보다도 사회의 안전을 유지해야 한다(이렇게 사회가 안전을 유지해야 대중이 탄생한다는 점을 상기하라). 무엇보다도 군대가 필요하다. 아프리카 출신의 세베루스 황제[13]는 세계를 군대

---

11 클라우디우스(Claudius) : 로마제국의 제4대 황제(BC 10~54). 마르쿠스 안토니우스와 아내 리비아 드루실라의 손자이며, 티베리우스의 조카이자 전임 칼리굴라 황제의 친삼촌이기도 함. 역사에 흥미를 가져 역사서를 서술하고, 지혜로운 정책으로 로마에 대한 저항이 극렬했던 유대인 문제를 해결하는 등 많은 성과를 낳음. 탕평책으로 황제 권력의 집중과 관료제 발달에 영향을 미침 - 옮긴이

12 안토니우스(Marcus Antonius, BC 82(?)~30) : 로마시대 정치가이자 장군. 카이사르가 죽은 뒤에는 옥타비아누스·레피두스와 함께 제2차 3두 정치를 실현함. 후에 이집트 여왕 클레오파트라에 매혹되어 해전에서 패배하여 자살함 - 옮긴이

화하고자 했다. 이 얼마나 헛된 일인가! 빈곤이 증가하고, 여성의 출산율은 날마다 줄어들었으며, 심지어 병사마저도 부족해졌다. 세베루스 황제 시대 이후로는 군대를 외국인들로 충원해야 했다.

이제 국가주의의 역설적이면서 비극적인 과정을 이해하겠는가? 사회는 더 나은 삶을 위해 국가라는 기구를 만들었다. 그렇다면 국가가 우위를 점하고 사회는 국가를 위해 존속해야 한다.[14] 그런데 국가는 여전히 그 사회의 구성원들로 구성되어 있다. 그러나 얼마 지나서 이 구성원들로 국가를 유지하기에 충분하지 않게 되자 외국인을 불러들여야 했다. 처음에는 달마치아 사람들을, 이후로는 독일인들을 불러들였다. 외국인들이 국가를 장악하자 본래의 주민이었던 사회의 나머지 사람들은 자신들과는 아무런 연분도 없는 외국인들의 노예로 살아가야 했다.

이와 같이 국가 개입은 본래의 주민들은 단순한 기계인 국가를 먹여 살리는 연료로 전환한다. 해골이 주위의 살점을 뜯

---

13 루카우스 셉티미우스 세베루스(173~211, 재위 193~211) : 북아프리카 렙티스 마그나(현 리비아 트리폴리) 출신으로 회계 감사관, 호민관, 법무관 및 여러 속주 총독을 거침. 192년 콤모두스 살해 후 혼란 상황에서 최종 승리하여 황제에 등극함. 군대를 30개 군단으로 늘리고 급여를 대폭 인상하여 군인을 특권계급으로 만들고, 건설 사업을 강화하여 제국 발달에 기여함 – 옮긴이

14 셉티무스 세베루스가 자손에게 남긴 마지막 말을 상기해보라. "항상 단결을 유지하고 병사들에게 급여를 지불하며 나머지 사람들은 신경 쓰지 말라."

어먹어치우는 것이다. 공사장의 비계가 집의 소유자이자 거주자가 되는 셈이다.

이런 사실을 이해하게 되면, 무솔리니가 "모든 것은 국가를 위해 존재하고, 국가 외에는 아무것도 없으며 국가에 반하는 것은 없다"는 슬로건을 놀랍게도 자신이 이탈리아에서 발견이라도 한 듯이 외치는 소리를 들으면 어리둥절한 느낌을 받을 것이다. 이 슬로건만으로도 파시즘이 전형적인 대중운동이라는 것이 충분히 드러난다.

무솔리니는 자신이 경탄하는 국가는 자신이 만들어낸 것이 아니라 바로 자신이 반대하고 대항하는 자유민주주의의 산물임을 깨달았다. 그는 그런 국가를 무절제하게 사용했을 뿐이다. 그의 업적을 일일이 살펴보지 않더라도 그가 현재까지 이루어놓은 결과는 자유주의 국가가 이루어놓은 정치적, 행정적 결과에 비할 바가 못 된다는 것은 더 이상 논할 필요가 없을 만큼 명백하다. 설사 그가 성공한 것이 있다 하더라도 그것은 워낙 미미하여 눈으로 확인할 수 없는데다가 아무런 실속이 없기 때문에 국가라는 기계를 최대한 가동시켜 비정상적으로 축적한 권력을 상쇄할 수가 없다.

국가주의statism는 폭력과 직접 행동이 일종의 규범으로 확립되었을 때 취할 수 있는 최고의 형태이다. 대중은 익명의 기계인 국가를 통해서 그리고 국가에 의해서만 행동에 나선다. 유럽 국가들은 법률, 경제, 공공질서 등 모든 면에서 내부적으로 극심한 곤경에 처해 있다. 대중이 지배하게 되면 국가가 개인과 집단의 자주성을 억압하고 미래의 결실을 망가뜨릴 거라는 느낌이 들지 않는가?

이런 메커니즘의 구체적인 예는 지난 30년 동안에 일어난 매우 불길한 현상들 중에서 찾을 수 있다. 그것은 모든 나라에서 경찰력이 엄청나게 증가했다는 사실이다. 이는 물론 인구 증가에 따른 불가피한 조치일 수도 있다. 우리가 아무리 익숙해졌다 하더라도 현대 대도시 사람들이 평온하게 이동하고 무사히 직장에 다니려면 불가피하게 교통을 통제하는 경찰력이 필요하다는 무시무시한 역설에 부딪힐 수밖에 없다.

그러나 질서를 유지하기 위해 만들어진 '공적 권력'이 사람들이 기대하는 만큼 충분히 질서를 보존해줄 것이라고 생각하는 것이야말로 어리석기 그지없다. 그 공적 권력은 불가피하게 자신에 가장 적합한 질서를 그 자신이 원하는 방식으로 정의하고 결정한다.

이 문제를 이해하기 위해서는 사회 유형에 따라 공적 필요에 어떻게 서로 다르게 대응하는지를 살펴보는 것이 상당한 도움이 될 것이다. 1800년 무렵 프랑스에서는 새로운 산업이 전통적인 인간 유형보다 범죄 성향이 더 강한 인간(산업 노동자)을 만들어내기 시작하자 서둘러 경찰력을 대폭 증원했다.

1810년 무렵 영국에서도 프랑스와 같은 이유로 범죄가 증가하자 갑자기 경찰이 부족하다는 사실을 깨달았다. 당시 집권당인 보수당은 어떤 일을 했을까? 경찰청을 창설했을까? 실은 아무 일도 하지 않았다. 그들은 할 수 있는 데까지 범죄를 참고 견디려 했다. "사람들은 무질서를 자유를 위해 치러야 할 대가라고 생각하며 그냥 방치했다."

존 윌리엄 워드 John William Ward는 이렇게 쓰고 있다. "파리에는 훌륭한 경찰력을 보유하여 혜택을 누리고 있지만 그에 대해 값비싼 대가를 치르고 있다. 나는 가택수색, 감시, 푸셰 Fouche[15]의 갖가지 음모에 시달리는 것보다 래드클리프 거리 Radcliffe Road에서 3~4년마다 6명의 목이 잘리는 것을 보는 것이 더 좋다."[16] 이것이 두 나라의 상반되는 국가관이다. 그 영국인은 국가의 활동을 제한할 것을 요구한다.

---

15 조제프 푸셰(Joseph Fouche, 1759~1820) : 프랑스 정치가로 프랑스혁명 당시 로베스피에르를 몰락시키고 보나파르트를 붕괴시킨 제1의 배후 인물로 평가받음 - 옮긴이

16 Vide Elie Halevy, Histoire du peuple anglais au XIX siecle, Vol. I, p. 40(1912).

5부

누가 세계를 지배하는가?

제14장 | 누가 세계를 지배하는가?
제15장 | 현실적인 문제에 도달하다

제14장 누가 세계를 지배하는가?

누누이 말했지만 유럽 문명은 대중의 봉기를 자동적으로 일으켰다. 앞서 언급한 대로 대중의 봉기는 한 가지 점에서 매우 긍정적인 면을 가진다. 즉 대중의 봉기는 우리 시대에 인간의 삶이 엄청나게 풍성해졌다는 것과 동일하다. 그러나 이 동일한 현상 이면에는 두려움이 드리워져 있다. 대중의 봉기는 인류가 근본적으로 타락했다는 것에 다름 아니다. 이제 이 문제를 새로운 관점에서 살펴보기로 하자.

1.

새로운 역사 시대의 본질 및 성질은 인간과 인간 정신의 내적 변화의 산물이기도 하고 형식적이고 기계적인 외적 변화의 산물이기도 하다. 외적 변화 가운데서 가장 중요한 것은 권력 교체다. 권력이 교체되면 정신도 교체된다.

그러므로 한 시대를 이해하려면 우선 "그 시대는 누가 세계를 지배하는가?"라는 질문을 제기해야 한다. 초기에는 인류가 여기 저기 흩어져서 서로 교류를 하지 않고 집단마다 각기 내적 독립 세계를 이루고 있었다. 밀티아데스Miltiades[1] 시대에 지중해 세계는 극동 세계의 존재를 전혀 알지 못했다. 이런 경우에는 개별 집단 각각에게 "누가 세계를 지배하는가?"라는 질문해야 한다.

그런데 16세기부터 인류는 광대한 통일 과정에 돌입했고 우리 시대에 이르러 절정에 도달했다. 이제는 따로 떨어져 사는 인류는 없으며, 홀로 살고 있는 섬도 없다. 그러므로 16세기부터는 세계를 지배하는 자가 사실상 세계 전체에 권위 있는 영향력을 행사한다고 말할 수 있다. 여러 유럽민족들로 구성된 동질적인 집단이 지난 세(3) 세기에 걸쳐 그런 역할을 수행해왔다.

유럽이 지배자가 되자 세계는 유럽의 통일된 지휘 아래 단일한 양식으로 살아가거나 점차 통일되어 갔다. 이런 생활양식을 두고 일반적으로 아무런 특색이 없고 무덤덤한 '근대적 생활양식'이라는 명칭으로 불렸다. 그 명칭 속에는 '유럽 헤게모니 시대'라는 현실이 감춰져 있다.

여기서 말하는 '지배'rule는 기본적으로 물질적 힘으로 물리적 강제를 행사하는 것을 의미하지 않는다. 여기서는 그런 어리석은 개념, 적어도 가장 일반적이고 명백한 개념은 피하고자 한다. '지배자'는 결코 무력을 통해 안정되고 정상적인 관계를 유

---

[1] 밀티아데스(Miltiades, BC 554?~489?) : 아테네의 장군으로 케루소네소스의 지배자를 지냈으며 마라톤 전투에서 페르시아군을 대패시킨 것으로 유명함-옮긴이

지하지 않는다. 오히려 그 반대이다. 통상적으로 개인이나 집단은 사람들이 '무력'이라 부르는 사회적 기구나 기계를 맘대로 사용하기 때문이다.

나폴레옹은 '군대'를 이끌고 한동안 스페인을 끊임없이 공격했지만 단 하루도 스페인을 지배하지 못했다. 그는 막강한 군대를 가지긴 했지만 정확히 말하면 군대만 가졌기 때문이다. 공격과 지배는 구별해야 한다. 지배는 정상적으로 권위를 행사하는 것을 말하며, 항상 여론에 기초한다. 수천 년 전에도 오늘날에도 그러하며, 부시맨도 영국인도 그러했다. 지금까지 여론 이외의 다른 것에 기초하여 세상을 지배한 경우는 없다.

여론의 통치권은 1789년에 변호사 당통Danton[2]이 발명한 것일 수도 있고 13세기에 성 토마스 아퀴나스Saint Thomas Aquinas[3]가 발명한 것일 수도 있다. 그런 통치권 개념은 어느 장

---

2 조르주 당통(Georges Jacques Danton, 1759~1794) : 프랑스의 혁명가이자 정치가로 파리코뮌의 검찰관 차석 보좌관과 법무장관을 지냄. 국민공회에서는 산악당에 속했고 자코뱅당의 우익을 형성했으며 로베스피에르에게 혁명적 독재와 공포정치의 완화를 요구하여 처형됨 – 옮긴이

3 성 토마스 아퀴나스(Saint Thomas Aquinas, 1225~1274) : 이탈리아의 가톨릭 신학자이자 도미니크 교단의 수사. 아리스토텔레스의 철학에서 유물론적 요소를 제거하고 관념론적 요소를 취하여 제1원리로서의 신이라는 관념을 기독교에 적용함. 신(新)플라톤학파의 초자연적인 신적 세계 관념도 받아들여 철학은 '신학의 시녀'인 한에서 진실한 것이라 보며 당시 몰락 위기에 처한 기독교를 철학적으로 완성시켜 기독교계로부터 크게 환영받음 – 옮긴이

소나 어느 시대에도 발견할 수 있지만 여론이 인간 사회에서 지배 현상을 낳는 기본적인 동인이라는 사실은 인류의 기원만큼이나 오래되었고 영구적이다.

뉴턴의 물리학에서는 운동을 일으키는 힘은 중력이다. 정치사에서는 여론의 법칙이 만유인력 법칙이다. 여론 법칙이 없으면 역사학도 불가능하다. 흄Hume[4]이 날카롭게 지적했듯이, 여론의 통치권이 어떻게 해서 유토피아적 열망에 그치지 않고 인간 사회 모든 곳에서 항상 실현되었는지를 입증하는 것이 역사학의 주제다. 근위병을 통해 지배하려는 자조차도 근위병의 여론과 근위병에 대한 주민들의 여론에 기초한다.

사실 근위병을 통해서 지배한 경우는 없다. 탈레랑Talleyrand[5]도 나폴레옹에게 "폐하, 총검으로는 모든 것을 할 수 있으나 그 위에 앉을 수는 없습니다."고 말했다. 지배한다는 것은 권력을 움켜쥐고

---

4 흄(David Hume, 1711~1776) : 영국 스코틀랜드 출신의 철학자이자 역사학자, 경제학자로 영국의 경험주의를 완성시킨 인물로 평가받으며, 애덤 스미스와 함께 스코틀랜드 계몽주의를 대표함, 지식은 감정적 인상에 불과하며, 이성적으로 보이는 관념조차 경험적 개연성에서 얻어지며, 도덕의 선악도 감정적 유용성에 달려있다고 주장하여, 이후 공리주의 사상에 큰 영향을 미침 - 옮긴이

5 탈레랑(Charles-Maurice de Talleyrand(1754~1838) : 프랑스의 정치가이자 외교관으로 신학교와 소르본대학을 졸업 후 성직자가 되어 사제와 주교 등을 지냈으나 혁명 후 삼부회 위원이 되어 교회재산의 국유화를 제안하여 파문당함(1791년). 나폴레옹을 정계에 등장시키는 공을 세워 외무장관을 지냈으며 영국 주재 대사를 지냄 - 옮긴이

있는 것이 아니라 권력을 차분하게 행사하는 것이다.

한 마디로 지배한다는 것은 왕좌나 고위공직, 의회의원, 주교 등의 자리에 등극하는 것이다. 지배한다는 것은 멜로드라마가 보여주는 순박한 제안과는 달리 주먹을 과격하게 휘두르는 것이 아니라 중요한 자리를 차지하는 것이다. 국가는 결국 여론의 상태이자 평형 상태이다.

그런데 이따금 여론이 존재하지 않을 때도 있다. 사회가 서로 다른 여러 집단으로 분할되어 상대의 여론을 무력화하는 경우에는 지배적인 여론을 형성할 수 없다. 자연이 진공상태를 거부하는 것처럼 여론이 부재하여 공백 상태가 되면 난폭한 폭력으로 그 공백을 채우게 된다. 결국 난폭한 폭력이 여론을 대신한다. 따라서 여론 법칙을 역사의 중력 법칙으로 표현하고 싶다면, 여론이 없는 경우를 고려해야 한다. 그렇게 해야 "여론에 반하여 지배할 수는 없다"는 잘 알려진 유서 깊은 공식에 도달하게 된다.

이로써 지배는 여론의 지배 곧 정신의 지배를 의미한다는 것을 알 수 있다. 또한 지배는 일반적으로 말하듯이 정신적 권력에 다름 아니라는 것도 알게 된다. 역사적 사실이 이를 정확하게 입증해주고 있다. 원시적인 지배는 모두 '신성한' 성격을 띠고 있다. 원시적인 지배는 종교에 기초하고 있으며, 나중에 종교는 정신, 사상, 견해(한마디로 비물질적인 것, 초물질적인 것)를 배태하는 최초의 형태이기 때문이다.

중세 시대에 이르면서 그와 동일한 현상이 대규모로 재연된다. 유럽에서 형성된 최초의 국가 또는 공적 권위는 종교 특유의 특성을 잘 정비한 '영적 권력'을 가진 교회였다. 정치권력은 교회로부터 그 기원이 정신적 권위, 즉 특정 이념의 보급에서 비롯한다는 것을 배웠고, 이를 근거로 하여 신성로마제국을 창건했다. 교회와 신성로마제국 모두 정신권력에 기반하고 있는 탓에 서로 구별되지 않았다.

그래서 정신 권력을 두고 두 세력 간에 싸움이 벌어졌고, 마침내 시간 범주를 세속적 시간과 영원한 시간으로 구분하여 각자의 거주지를 국한하기로 합의하기에 이르렀다. 세속 권력과 종교 권력은 모두 정신권력이지만, 전자는 현세적이고 변동하는 시간의 정신, 즉 여론에 기초하고, 후자는 영원의 정신, 신의 견해, 즉 인간과 그 운명에 대한 신의 견해에 기초한다. 그렇다면 어떤 사람이나 민족 또는 어떤 동질적인 민족집단이 특정 시대를 지배한다는 것은 어떤 이념, 선호, 열망, 목적 등 일련의 여론 체계가 당대의 세계를 지배한다는 것과 같은 말이다.

그러면 여론의 지배를 어떻게 이해해야 할까? 대다수의 사람은 견해가 없기 때문에 기계에 윤활유를 뿌리듯이 외부에서 견해를 주입해야 한다. 그러므로 견해가 없는 사람들(대다수 사람들)에게 견해를 주입하려면 일부 사람이 권력을 장악하고 행사해야 한다. 견해가 없으면 인류의 공동생활은 혼돈에 빠지고 역사는 진공상태가 되어 아무런 유기적 구조도 가지지 못하기 때문이다. 따라서 정신권력도 없고 지배하는 자도 없거나 정신권력과 지배하는 자가 부족하면 인류는 혼돈상태에 빠지게 된다.

모든 권력 교체는 여론의 교체를 수반하며, 따라서 역사의

무게중심의 변화를 수반한다. 이제 처음으로 되돌아가보자. 수세기 동안 유사한 정신을 가진 민족 즉 유럽이 세계를 지배해 왔다. 중세시대에는 아무도 세속 세계를 지배하지 않았다. 중세시대 역사는 늘 그러했다.

 모든 중세시대는 상대적 혼돈, 상대적 야만, 여론의 결핍이 만연했다. 이때는 사람들이 사랑하고, 미워하고, 갈망하고, 혐오하는 시대이며, 이 모든 것이 아무런 제약을 받지 않던 시대다. 한편 이 시대는 아무런 견해도 없었다. 그렇다고 그 시대에 매력이 없었던 것은 아니다. 그러나 위대한 시대에 인류는 여론에 의지하고, 따라서 질서가 지배한다. 중세시대 이전에도 비록 극히 일부 세계에 국한되긴 하지만 현대처럼 누군가가 지배하는 시대를 발견할 수 있다. 당시에 위대한 지배자는 로마였다. 로마는 지중해와 그 주변 지역 일대에 질서를 확립했다.

 1차 대전 후부터 유럽은 더 이상 세계를 지배하지 않는다는 말이 사람들 사이에 돌기 시작했다. 이런 진단의 중요성을 충분히 알고 있는가? 그 말은 권력 교체를 의미한다. 그러면 권력은 어떤 방향으로 이동하는가? 누가 유럽에 뒤이어 세계를 지배할 것인가? 누군가 분명 유럽의 뒤를 잇고 있는 것인가? 아무도 뒤를 이을 자가 없다면 어떤 일이 벌어질까?

2.

 당연히 세상에는 매순간 무수한 사건들이 일어나고 있다. 그래서 지금 세상에서 어떤 일이 일어나고 있다고 말하는 것은 그 자체로 아이러니를 내포하는 것으로 이해해야 한다. 그러나 현실을 완전하게 이해하는 것은 불가능하기 때문에 현실을 임의로 구성하여 사건이 일정한 방식에 따라 일어난다고 가정하는 길밖에 없다.

이렇게 하면 [어떤 사건에 대한] 개요, 즉 개념이나 개념 틀을 확보할 수 있다. 또한 실제 일어나는 현실을 마치 '망원경'을 통해 보듯이 보게 되고, 비로소 현실의 모습을 대략적으로 파악할 수 있다. 이것이 바로 과학적 방법이다.

게다가 모든 지식인이 이 방법을 사용한다. 정원 사이의 길을 따라 오는 친구를 보고 '베드로'라고 부르면 고의든 무심코든 잘못을 저지르고 있는 것이다. 왜냐하면 우리가 말하는 베드로는 신체적, 도덕적 행동양식의 복합체(우리는 이것을 인격체라 부른다)를 의미하기 때문이며, 또한 우리 친구 베드로는 경우에 따라 '친구 베드로' 개념과 닮은 점이 조금도 없을 수도 있기 때문이다.

모든 개념은 아주 단순하든 아주 전문적이든 기하학적으로 깎아놓은 다이아몬드가 금에 둘러싸여 있는 모습처럼 아이러니를 내포하고 있다. 개념은 "이것은 A이고 저것은 B"라는 것을 매우 진지하게 알려준다. 이때 진지함은 당신을 조롱하는 사람의 진지함, 터질 것 같은 웃음을 참느라 입술을 다물고 있는 사람에게 나타나는 불안정한 진지함이다. 개념은 이것은 A가 아니고 저것은 B일 뿐이라는 것을 아주 잘 알고 있다.

개념이 실제로 생각하는 것과 그것이 말하는 것은 약간 다를 수 있으며, 그 안에는 아이러니가 내포되어 있다. 엄밀히 말하면, 개념이 실제로 생각하는 것은 이것은 A가 아니고 저것은 B

가 아니라는 것을 알고 있다는 것이다. 하지만 나는 A와 B를 언급하면서 이 두 사실에 대해 지금 왜 내가 이런 태도를 취하는지를 이해하게 되었다.

그리스인은 이런 합리적 지식을 불쾌하게 여길 것이다. 왜냐하면, 그리스인은 자신들이 이성과 그 개념 속에서 현실을 발견했다고 생각하기 때문이다. 반대로 우리는 개념은 무한하고 많은 문제를 안고 있는 현실 속에서 요컨대 인간의 삶 한가운데서 자신의 위치를 분명하게 파악하기 위해 사용하는 도구라고 생각한다. 삶이란 사물들 사이에서 스스로를 유지하기 위해 그 사물들과 투쟁하는 것이다.

개념은 공격에 대비하기 위한 작전 계획이다. 따라서 개념은 그 진정한 내면을 들여다보더라도 사물 자체에 대해서는 아무 것도 알려주는 바가 없고, 다만 그것을 가지고 무엇을 할 수 있는지만 알려줄 따름이다. 개념의 내용이 생명력을 가진다는 이런 견해는 항상 능동적일 수도 있고 수동적일 수도 있는데 내가 아는 한 지금까지 아무도 이런 견해를 주장한 적이 없다.

그렇지만 내가 보기에 이는 칸트가 창안한 철학적 과정의 필연적인 결과다. 이 점을 고려하여 칸트 시대에 이르기까지 과거의 모든 철학을 살펴보면, 모든 철학자들이 한 말은 근본적으로 동일하게 보인다. 그렇다면 모든 철학적 발견은 심층부에 있는 것을 표면으로 끌어내 들추어내는 것일 따름이다.

그러나 이런 개관은 내가 말하려는 것과도 어울리지 않으며, 철학적 문제와도 거리가 멀다. 내가 말하고 싶은 것은 단지 역사적으로 세계에서 실제로 일어나고 있는 일은 지난 세(3) 세기 동안 유럽은 세계를 지배해왔지만 이제는 세계를 지배하거나 앞으로도 계속 지배하리라고 확신할 수 없다는 사실뿐이다.

현 시대의 역사적 현실을 이처럼 단순한 공식으로 축소하는 것은 분명 과장된 표현일 것이다. 그래서 생각한다는 것은 원하든 그렇지 않든 과장하는 것이라는 점을 상기해둘 필요가 있다. 이런 식으로 과장하는 것이 내키지 않는 사람은 침묵을 지켜야 한다. 그렇게 하지 않으면 지성이 마비되어 바보가 되는 법을 찾아야 한다.

지금 말한 것은 지금 세계에서 일어나고 있는 일이며, 나머지는 모두 그 결과이거나 조건 또는 징후, 부수적인 사건일 따름이다. 내가 지금까지 말한 것은 유럽이 지배를 중단했다는 것이 아니라 사람들이 현재 유럽이 지배하고 있는지 앞으로도 지배하게 될 것인지에 대해 깊은 의구심을 느끼고 있다는 사실이다. 유럽과 마찬가지로 지구상의 다른 민족들도 현재 자신들이 누구로부터 지배를 받고 있는지 의구심을 느끼고 있다. 즉 누구로부터 지배를 받는지 확신하지 않고 있다.

최근 몇 년 사이에 유럽의 몰락에 대해 많은 이야기가 오갔다. 나는 유럽이나 서구의 몰락에 대해 얘기하더라도 슈펭글러를 떠올리는 어리석은 과오를 범하지 않기를 바란다. 그의 책이 나오기 전에 이미 모든 사람이 이 문제를 두고 많은 얘기를 나누고 있었다. 잘 알려져 있듯이 그의 책이 성공하게 된 것은 비록 방법과 이유는 다양하지만 이미 사람들 마음속에 [유럽이 지배하고 있다는 것에 대해] 의구심이 널리 퍼졌기 때문이다.

유럽의 몰락이 큰 화제로 떠오르자 많은 사람들은 이를 기정사실로 받아들이게 되었다. 그들은 어떤 근거를 가지고 그 문제를 진지하게 생각한 것이 아니라 언제부터 그 문제에 대해 결정적으로 확신하게 되었는지는 솔직히 기억하지는 못하면서도 그것을 사실로 받아들이는 데 익숙해졌다. 왈도 프랭크Waldo Frank의 최근 저서『아메리카의 재발견』Rediscovery of America은 순전히 유럽이 임종에 직면해 있다는 가정에 기초하고 있다.

그러나 프랭크는 자신이 감당하기 어려운 전제가 기초로 삼고 있는 이 엄청난 사실을 분석하거나 논의하지도 않을 뿐만 아니라 의문도 제기하지 않는다. 그는 면밀하게 검토하지도 않은 채 아무런 탈 없다는 듯이 그 가정에서 출발한다. 이런 순박한 출발은 처음부터 프랭크가 유럽의 몰락에 대해 확신하지 않았다는 생각을 떠올리게 한다. 오히려 그는 그 문제에 대해 생각해 본 적이 없다. 그는 그 문제를 전차를 타듯이 다루었다. 사람들이 흔히 사용하는 관용구는 지식을 전달하는 선로다. 많은 사람들, 특히 많은 민족들이 프랭크가 말하는 그대로 따라 하고 있다.

오늘날 세계는 어린아이들이 뛰어 노는 모습처럼 행동하고 있다. 학교에서 누군가가 선생님이 교실에서 나갔다고 말하면 아이들은 속박에서 풀려난 듯이 무리를 지어 사방을 뛰어다니며 운동장 밖으로 뛰쳐나간다. 모두들 선생님이 부과한 압력에서 벗어났다고 기뻐하며, 지배의 멍에에서 벗어나 스스로 운명의 주인이 된 듯이 날뛴다. 그런데 주어진 공부나 숙제에 대한 규제가 없어지면, 어린 무리들은 공식적인 일, 즉 의미, 연속성, 목적을 가진 일이 없어진다. 그들이 할 수 있는 것은 마구 뛰어노는 것 딱 한 가지뿐이다.

오늘날 소규모 나라들이 경솔하게 행동하는 모습을 보면 개탄스럽기 그지없다. 유럽이 몰락에 임박하고 지배권을 넘겨주었다는 말이 들리자 모든 소규모 국가들은 껑충껑충 뛰며 온몸을 흔들고 소란을 피우며 마치 자신의 운명을 지배하는 성숙한 국가가 된 것처럼 자랑하고 다닌다. 이처럼 '민족주의' 파노라마가 세균이 번져나가듯이 도처에서 펼쳐지는 것을 볼 수 있다.

앞의 장들에서는 오늘날 세계를 지배하는 새로운 유형의 인간을 별도의 유형으로 분류하고자 했다. 나는 그를 대중이라고 불렀고, 그 주된 특징을 스스로 '평범하다고' 느끼고, 평범하게 되는 권리를 주장하며 어떤 우월한 계급도 인정하지 않는 것이라고 지적했다. 이런 사고방식이 모든 사람에게 지배적이 되면 국가 전체에도 당연히 동일한 현상이 나타나게 마련이다. 또한 대중은 지금까지 역사를 이끌어온 위대한 창조적인 소수집단에 대항하여 봉기를 일으키기로 결심한다. 보잘것없는 소규모 나라들이 세계 외진 구석에서 발끝으로 서서 유럽을 물리치고 세계사에서 그 위상을 실추시키겠다고 선언하는 모습을 생각하면 코미디의 한 장면과도 같다.

그 결과는 어떻게 될까? 유럽은 수세기 동안 표준 체계를 창안했으며 그 효능과 생산성을 입증해왔다. 그런데 그 표준 체계는 최상의 표준은 아닐 뿐만 아니라 그와는 거리가 멀다. 그러나 그 표준 체계는 다른 표준 체계가 존재하지 않거나 새로 나타나지 않는 한 확실한 표준 체계임이 틀림없다. 그 표준 체계를 대체하려면 반드시 다른 표준 체계를 만들어내야 한다.

그런데 대중은 유럽 문명이 만들어낸 표준 체계가 더 이상 작동하지 않는다고 결의를 했지만 다른 표준 체계를 만들어낼 능력이 없는 탓에 어찌할 바를 모르고 이리저리 허둥지둥 뛰어다니며 시간을 허비하고 있다. 이것이 바로 세상을 지배하는 자가 없을 때 일어나는 최초의 결과이다. 대중이 봉기하면 할 일도 없어지고, 삶의 계획도 없게 된다.

3.

어느 한 설화에는 이런 이야기가 있다. 한 집시가 고해성사를 하러 갔다. 그러자 신중한 신부가 그에게 하나님 율법인 계명을 아느냐고 물었다. 집시는 이렇게 대답했다. "예 신부님, 그것을 배우려고 했지만 곧 없어질 것이라는 얘기를 들었습니다."

현재 세계가 처한 상황이 이러하지 않은가? 유럽의 법인 계명이 더 이상 효력을 발휘하지 않는다는 소문이 여기저기서 돌고 있다. 이에 따라 개인이나 민족 모두 계명 없이 살아갈 수 있는 기회를 잡으려 하고 있다.

지금까지는 유럽의 계명만 존재했기 때문이다. 문제는 예전처럼 새로운 규범이 나타나서 종래의 규범을 대체할 것인가 아니면 새로운 열기가 불꽃처럼 타올라 식어가는 옛 열정을 빨아들일 것인가가 아니다. 그것은 자연스럽게 진행될 것이다. 더

군다나 옛 것이 낡았다는 것은 그 자체가 노화되어서가 아니라 새로운 원리가 등장하기 때문이다. 새로운 원리가 나타나면 기존의 것은 자연히 노화된다.

만일 자녀가 없다면 노화되지 않거나 노화되는 데 훨씬 더 오래 걸릴 것이다. 자동차의 경우도 마찬가지다. 10년 전의 자동차가 20년 전의 기관차보다 더 노화되어 보이는 것은 자동차 생산기술의 발전 속도가 훨씬 빨라졌기 때문이다. 이런 노화는 신선한 혈기에 의한 것이므로 건강하다는 징후다.

그런데 지금 유럽에서 일어나고 있는 일은 건강에 해로운 예사롭지 않은 일이다. 다른 어떤 계명이 출현할 조짐을 보이지 않는데도 유럽의 계명이 효력을 상실한 것이다. 우리가 듣기로는 유럽이 지배를 중단했다고 하는데 그 자리를 누가 대신할지 아무도 모른다. 유럽하면 기본적으로 프랑스, 영국, 독일 세 나라를 떠올린다. 이 세 나라가 점령한 지역에서는 인간의 생활양식이 성숙해졌고 그 생활양식에 따라 세계가 조직되었다. 지금 들리는 바와 같이 이 세 나라가 쇠퇴하여 이들 나라의 생활양식이 효력을 잃으면 온 세계도 쇠퇴하게 되는 것은 이상한 일이 아니다.

이는 명백한 사실이다. 국가와 개인은 말할 것도 없이 온 세계가 쇠퇴하고 있다. 이런 쇠퇴가 한동안 오히려 사람들을 즐겁게 하고 막연한 환상을 심어주기도 한다. 한편 하위 계층은 무거운 짐에서 벗어났다고 생각한다. 십계명은 돌이나 청동에 새겨질 때부터 무거운 짐을 지운다. 명령한다는 말은 어원상 누군가의 손에 짐을 올려놓는다는 것을 의미한다.

그러므로 명령하는 사람은 다른 사람을 귀찮게 하는 사람이 될 수밖에 없다. 명령과 지시를 받느라 지친 상태에 있는 전 세계의 하위 계층은 지금 무거운 계명에서 해방되자 축제 분위기에 젖어 있다. 그러나 그 축제는 오래 가지 않는다. 어떤 방식으로 살아가는지를 강제하는 계명이 없다면 우리의 삶은 '무위도식하는' 삶이 된다. 이것이 오늘날 세계 젊은이들이 처한 끔찍한 정신적 상황이다. 모든 제한에서 벗어나 자유를 누리게 되면 공허함을 느끼게 된다. '아무것도 하지 않는' 삶은 죽음보다 더 큰 자기부정이다. 왜냐하면, 산다는 것은 반드시 무언가를 해야 하는 것, 즉 성취해야 할 사명이 있다는 것을 의미하며, 우리의 삶을 무엇인가에 고정시키지 않으면 공허한 것이 되기 때문이다.

누군가에게 또는 어떤 것에 명령을 내리고, 어떤 일(의무)을 부과해달라고 요구하는 굉장한 외침이 수많은 개들이 별을 향해 울부짖듯이 머지않아 지구 전역에서 들려올 것이다.

유럽은 더 이상 명령하는 위치에 있지 않다고 어린아이처럼 분별없이 얘기하는 사람들에게 이렇게 말하고 싶다. 명령하는 것은 사람들에게 일거리를 부과하고, 그 일을 그들의 운명으로 받아들이게 하여 공허하고 우울한 삶 속에 목적 없이 방황하는 것을 방지하는 것이다.

누군가가 유럽을 대신할 수 있다면, 유럽이 지배를 중단하더라도 별 문제가 생기지 않는다. 그런데 그런 징후가 조금도 보이지 않는다. 뉴욕과 모스크바는 유럽에 비해 전혀 새로운 존재가 아니다. 그 둘은 모두 유럽 질서의 일부여서 나머지 부분과 분리되면 자체의 의미를 상실한다.

　　냉철한 사실은 뉴욕과 모스크바를 거론하는 것 자체를 사람들이 우려하고 있다는 것이다. 왜냐하면 어느 누구도 그곳이 실제로 어떠한지 모르기 때문이다. 우리가 알고 있는 것은 다만 그곳 중 어느 쪽에 대해서도 아직까지 단정적으로 말한 사람이 없다는 것뿐이다. 그러나 그곳이 어떠한지 잘 알지 못하더라도 그곳의 일반적인 성격을 충분히 이해할 수 있다. 실제로 그 둘은 내가 예전에 '역사를 위장한 현상'이라 부른 것에 딱 들어맞는다.

　　위장은 실재를 보이지 않게 하는 것이다. 위장의 외관은 실체를 드러내지 않고 숨긴다. 그래서 대다수 사람들은 속아 넘어간다. 일반적으로 위장이라는 것을 미리 알고 있는 사람만 속임수를 피할 수 있다. 신기루의 경우도 마찬가지다. 그 현상에 대한 개념을 가지고 있어야 우리의 시각을 바로잡을 수가 있다.

　　역사를 위장하면 두 가지 실재가 겹쳐 나타난다. 하나는 표면 아래에 있는 진정하고 실질적인 실재이고, 다른 하나는 표면에 드러나는 눈에 보이는 우연적인 실재다. 모스크바에는 유럽의 당면 현실과 문제를 파헤치기 위해 유럽에서 형성된 유럽 사상의 장막, 즉 마르크스주의가 자리하고 있다. 그 이면에는 유럽인과 인종적으로 다를 뿐만 아니라 우리와 시대가 다른 민족이 있다(이 점이 훨씬 중요하다). 이 민족은 아직 태동 중인 유아기의 민족이다. 산업이 미발달한 러시아에서 마르크스주의가 승리한다면 마르크스주의의 최대 모순이 될 것이다. 그런데 그런 승리가 이루어지지 않아서 그런 모순은 발생하지 않았다.

신성로마제국의 독일인이 로마인이었던 것처럼 러시아인은 마르크스주의자다. 새로운 민족에게는 아무런 사상이 없다. 새로운 민족이 옛 문명이 존재하는 환경이나 존재했던 환경에서 성장했을 경우 그들은 그 문명이 제공하는 사상으로 위장한다. 바로 여기에 위장하는 이유가 있다. 여러 차례 지적했듯이, 민족에는 두 가지 주요한 진화 유형이 있다는 사실을 사람들은 망각하고 있다.

이집트인이나 중국인 같이 문명이 전혀 부재한 '세계'에서 성장한 민족이 있다. 이런 민족에게는 모든 것이 토착적이며, 행동 하나하나가 분명하고 직접적이며 고유한 의미를 지니고 있다.

그러나 오랜 문명의 역사를 가진 환경에서 탄생하여 발전한 민족들도 있다. 로마가 대표적인 경우이다. 로마는 그리스-오리엔트 문화가 융합된 지중해 지역에서 발달했다. 따라서 로마인의 '행동'의 절반은 그 자신의 것이 아니라 습득한 것이다. 배워서 습득한 '동작'은 항상 이중적인 측면을 내포한다. 그래서 진정한 의미를 직접 표출하지 않고 에둘러서 표현한다. 배운 것을 행동으로 옮기는 사람은 외국어를 자국 언어로 번역할 때처럼 자기 고유의 진정한 의미를 숨긴다.

따라서 위장한 것을 꿰뚫어 보려면 옆에 사전을 두고 원문을 번역하는 사람의 시선처럼 에둘러보는 시선이 필요하다. 나는 스탈린의 마르크스주의를 러시아 역사로 번역한 책이 나오기를 기다리고 있다. 왜냐하면, 러시아가 강한 힘을 가지게 된 것은 공산주의 때문이 아니라 러시아인 자신이 강해서다. 러시아가 어떻게 될지는 아무도 모른다!

한 가지 확실한 것은 러시아가 자신이 갈망하는 지배권을 가지려면 수세기가 필요하다는 것이다. 왜냐하면, 러시아는 아직도 계명이 없기 때문에 유럽의 마르크스 원리를 고수하는 척하고 있어야 하기 때문이다. 러시아는 젊음이 넘쳐나기 때문에 충분히 그런 허구로 꾸밀 수가 있다. 청년에게는 삶의 동기가 필요한 것이 아니라 구실만 있으면 된다.

뉴욕도 아주 유사한 현상이 나타나고 있다. 뉴욕이 현재 가지고 있는 강점이 뉴욕이 복종하는 계명에서 비롯된 것으로 보는 것 또한 잘못된 생각이다. 뉴욕의 강점은 결국 딱 한 가지 즉 기술로 귀착된다. 이 얼마나 기이한 일인가! 기술은 미국의 발명품이 아니라 유럽의 발명품이다. 기술은 17세기와 19세기에 유럽에서 발명되었다. 이 또한 얼마나 기이한 일인가! 그 세기는 미국이 막 탄생하기 시작하던 때가 아닌가.

사람들은 미국의 본질은 실용적인 기술만능주의 생활관에 있다고 아주 진지하게 이야기하곤 한다. 반면에 모든 식민지가 그렇듯이 미국은 노쇠한 인종, 특히 유럽 인종이 회춘한 것이라고 말하지는 않는다. 미국은 러시아와 이유는 다르지만 그 역시 '새로운 민족'의 특수한 역사적 실재를 보여주는 본보기다. 실제로 미국을 두고 젊은 청년과 똑같은 사실이라고 말하는 것은 그저 말장난으로 보일 수도 있다. 미국이 강한 것은 젊기 때문인데 이 젊음을 마치 과거에 불교에 바친 것처럼 미국은 현대의 계명인 기술만능주의에 바쳤다.

미국의 역사는 이렇게 행동하는 과정에서 시작되었다. 지금 미국은 온갖 시련과 불화, 갈등을 겪기 시작하고 있다. 이제 막 많은 일들이 벌어지고 있다. 그중에는 기술만능주의와 실용주의에 반하는 것도 있다. 미국은 러시아보다 젊다. 과장된 표현이 아닐까 우려하면서도 나는 항상 미국이야말로 최신 발명품으로 위장한 원시 민족이라고 주장해 왔다.[6] 지금 왈도 프랭크는 『미국의 재발견』에서 이를 공개적으로 표명하고 있다. 미국은 아직 고난을 겪지 않았다. 미국이 지배의 미덕을 가질 것이라고 생각하는 것이야말로 환상이다.

지배하는 자가 아무도 없어져 세계가 혼돈으로 되돌아가고 있다는 비관적인 결론에서 벗어나려면 출발점으로 되돌아가서 진지하게 다음과 같이 자문해 봐야 한다. 사람들이 말하듯이 유럽은 정말로 쇠락하고 있는 것인가? 유럽은 정말로 지배권을 상실하고 권좌에서 물러나고 있는 것인가? 이런 명백한 쇠락이 유럽을 말 그대로 진정한 유럽으로 만들 수 있는 좋은 위기인 것은 아닌가? 언젠가 유럽의 여러 나라들이 공식적으로 통일하여 유럽 합중국을 결성할 날을 위해 사전에 유럽 각국이 명백하게 쇠락하는 것이 필요한 것은 아닌가?

4.

지배와 복종은 모든 사회에서 중요한 기능을 한다. 누가 지배

---

6 다음을 참조하라. El Espectador, VII. Hegel y America.

하는지 누가 복종하는지에 대해 조금이라도 의문을 제기하면, 나머지는 모두 불완전해지고 문란해진다. 또한 특별히 예외적인 경우가 아니면 인간 내면의 양심까지도 혼란해지고 왜곡되고 만다.

인간이 다른 사람들과는 어쩌다가 우연히 마주치는 외톨이 생활을 하는 사람은 지배 세력이 교체될 때나 위기 시에 초래되는 혼란의 영향을 전혀 받지 않는다. 그러나 인간은 긴밀하게 짜인 조직 속에 사는 사회적 존재이므로 집단에 직접 영향을 미치는 약간의 변화만 일어나도 인간의 개성은 크게 흔들린다. 따라서 개인 하나하나를 따로 떼어 분석하더라도 추가적인 자료의 도움 없이 한 나라의 지배와 복종 의식이 어떤지 추론할 수 있다.

스페인 보통사람의 개성을 이런 식으로 조사하는 것은 흥미로울 뿐만 아니라 매우 유용하다. 그런데 그런 작업은 귀찮기도 하고, 설사 유용한 면이 있더라도 우울한 결과가 나올 것 같으므로 피하는 것이 좋다. 그러나 그런 작업은 스페인 보통사람이 얼마나 타락하고 퇴폐했는지를 분명하게 보여준다. 이렇게 스페인 보통사람이 타락하게 된 것은 스페인이 수세기 동안 지배를 할 때나 복종을 할 때 허위의 비양심적 삶을 살아온 탓이다.

타락이란 다름 아닌 불법적인 것, 즉 옳지 않은 것을 정상적인 것으로 또는 제도화된 것으로 용인하는 것이다. 본질적으로 건전하지 않은 비정상인 것을 건전하고 정상적인 것으로 전환하는 것은 사실상 불가능하므로 개인은 스스로 범죄나 불법행위를 저지르고 아예 부당한 생활을 일삼기로 결심한다. 이는 대중 사이에서 떠돌고 있는 "하나의 거짓말이 백 가지 거짓말을 만든다."는 속담이 의미하는 바와 유사한 메커니즘이다.

어느 나라에서나 지배해서는 안 되는 자가 지배하려고 시도하는 경우가 있었다. 그러나 강력한 세력이 나타나 그들의 에너지를 강제로 한곳에 결집시켜서 권력을 행사하려는 요구를 일거에 무산시켰다. 그 나라들은 눈앞의 부당성을 거절하고 국민의 사기를 재확립했다. 그러나 스페인 사람들은 정반대로 행동했다. 그들은 내면 깊숙한 곳에 있는 양심이 거부하는 권위에 저항하는 대신, 최초의 허구에 부합하도록 자신의 나머지 모든 존재를 왜곡하는 방향으로 나갔다. 이런 일이 지속되는 한 우리 민족[스페인 사람]한테서 뭔가를 바라는 것은 헛된 일이다. 국가의 권위가 본질적으로 부정한 수단으로 이루어진 사회는 훌륭한 역사를 유지하는 힘든 과업을 탄력적으로 수행할 수 있는 활력이 없다.

따라서 누가 세계를 지배하는지에 대해 약간이라도 의심하거나 망설이기만 해도 모든 사람이 공적 생활과 사적 생활에서 타락하기 시작한다는 것을 전혀 이상하게 생각할 필요가 없다.

인간은 삶이 명예롭든 비천하든 운명이 화려하든 하찮든 본성상 무언가에 헌신해야 한다. 우리의 삶은 기묘하면서도 피할 수 없는 냉혹한 조건에 직면해 있다. 산다는 것은 한편으로는 각자가 자신의 것 그리고 자신을 위해 어떤 것을 행하는 것이다. 다른 한편으로는, 삶이 자신만을 위하고 다른 무언가를 지향하지 않는다면 그 삶은 흐트러져 아무런 긴장도 없어지고 결국 '형태'도 없어질 것이다.

지금 우리는 무수한 인생이 기댈 곳이 없어 내면의 미로

속에서 길을 잃고 이리저리 헤매고 있는 엄청난 광경을 목격하고 있다. 목하 모든 계명과 명령이 정지 상태에 있다. 이것이 이상적인 상황으로 보일 수도 있다. 왜냐하면, 그것은 모든 사람이 원하는 대로 할 수 있는 완전히 자유로운 상태로 보이기 때문이다. 어느 나라든 마찬가지다. 유럽은 세계에 대한 압력을 완화했다.

그러나 그 결과는 예상과는 반대로 나타났다. 모든 삶을 스스로 하도록 맡기자 무엇을 해야 할지 모르는 공허한 상태가 된 것이다. 삶을 뭔가로 채우기 위해 쓸모없는 것을 만들어내고, 내면에서 우러나오지 않은 진실하지 않은 것을 강요하는 부당한 일에 종사하게 된다. 오늘은 이것을 하고, 내일은 어제 것과 반대되는 다른 것을 하게 된다. 삶은 홀로 남아 어디로 가야할지 몰라 헤매고 있다.

이기주의는 미로와도 같다. 이것은 충분히 이해할 만하다. 삶은 진정으로 뭔가를 향해 나아가는 것, 목표를 향해 전진하는 것이다. 목표는 나의 활동도 나의 삶도 아니다. 목표는 내 삶 외부에 있는, 내 삶 너머에 있는 어떤 것에 나의 삶을 바치는 것이다. 내가 이기적이어서 나의 삶 속에서 혼자 걸어가기로 마음을 먹는다면 전혀 앞으로 나아가지 못하고 어디에도 도달하지 못한다. 나는 한곳에만 머물러 계속 빙글빙글 돌기만 한다. 그곳은 어디로도 통하는 길이 없는 미로다. 그 안에서 그저 빙글빙글 돌기만 하여 자아를 상실하게 된다.

1차 대전 이후로 유럽인은 자기 내면에 갇혀서 자신은 물론 다른 사람을 위해 어떤 일도 하지 않았다. 그래서 우리는 지금도 10년 전과 똑같은 일을 계속하고 있다. 지배는 진공상태에서 행사하지 않는다. 지배란 타인에게 압력을 행사하는 것이다. 그러나 이렇게만 한다면 지배는 단지 폭력만을 의미할 따름이다. 지배는 이중적인 작용을 한다는 것을 잊어서는 안 된다. 즉 누군가 명령을 받으면 그는 그 명령 하에서 뭔가를 수행한다는 것이다. 명령을 받는다는 것은 어떤 사업 또는 역사의 운명 속에 참여하는 것이다. 그러므로 삶의 프로그램이 없는, 정확하게 말해서 제국의 삶의 계획이 없는 제국은 없다.

실러Schiller[7]가 자신의 시에서 표현하듯이, "왕이 나라를 건설하면 마부에게 할 일이 생긴다." 이제는 위대한 민족(위대한 사람들)의 활동에서도 이기적인 영감이 발견된다고 생각하는 평범한 사고를 가지지 않을 것이다. 순수한 이기주의자가 되는 것은 생각하는 것만큼 쉬운 일이 아니며, 아무도 그렇게 된 적이 없다. 위대한 민족과 위대한 사람들에서 나타나는 이기주의는 어떤 일에 인생을 건 사람이라면 누구나 감수해야 하는 가혹한 선택의 결과다. 어떤 사람이 정말로 뭔가를 하려고 마음 먹고 있을 때나 어떤 목표에 헌신하고 있을 때는 지나가는 행인을 일일이 보살피고

---

[7] 실러(Johann Christoph Friedrich von Schiller, 1759~1805) : 독일의 시인·극작가로 괴테와 더불어 독일 고전주의문학의 2대 거장으로 추앙받는 독일 대표하는 시인. 사관학교를 졸업한 뒤 군의관으로 복무하면서 쓴 『군도』(群盜)는 독일적인 개성 해방을 강조하는 문학운동 '슈투름 운트 드랑'의 대표작으로 꼽힘 - 옮긴이

때때로 이타주의적 행동을 할 것이라고 기대할 수가 없다.

스페인을 여행하는 관광객들이 가장 기뻐하는 것 중 하나는 거리에서 가고 싶은 건물이나 광장이 어디에 있느냐고 물으면 대부분의 사람이 아낌없이 자신의 일을 미루고 가던 발길을 돌려서 낯선 사람에게 그 장소로 인도해준다. 나는 그 존경스러운 스페인 사람의 이런 기질에는 관대한 성질이 들어있다는 것을 부정할 생각은 없다. 오히려 그 외국인이 그의 행동을 그렇게 해석한다니 기쁘다.

그런데 나는 이런 사실을 듣거나 읽을 때 "그런 질문을 받은 내 동포가 정말로 어딘가 가고 있었던 것일까" 하는 의구심이 떠오르는 것을 억누를 수가 없었다. 왜냐하면, 스페인 사람은 아무데도 가지 않고 목적이나 사명도 없으며, 단지 자신의 삶을 조금 채워줄 수 있는 다른 사람의 삶이 있는지 알아보기 위해 밖으로 나가는 경우가 다반사이기 때문이다. 나는 우리 동포들이 길을 가다가 낯선 사람을 만나지나 않을까 알아보려고 거리로 나가는 경우가 비일비재하다는 사실을 아주 잘 알고 있다.

지금까지 유지해온 유럽의 세계 지배에 대한 이런 의구심이 (아직은 성장기에 있어 역사를 형성하지 못한 나라들을 제외한) 다른 나라들을 쇠락의 길로 이끄는 것은 심각한 일이 아닐 수 없다. 더욱이 이런 답보상태가 유럽 전체를 쇠락으로 몰고 가고 있다는 것은 훨씬 더 심각한 일이다. 내가 유럽인 또는 그와 유사한 민족이기 때문에 이렇게 말하는 것은 아니다.

가까운 장래에 유럽이 세상을 지배하지 않더라도 내가 삶에 관심이 없는 것은 아니다. 다른 나라 또는 세력이 유럽을 대신해 세계를 이끌어나갈 수 있다면 유럽이 지배하지 않더라도 걱정이 되지 않는다. 나는 더 많은 것까지 바라지도 않는다. 유럽인이 가진 모든 미덕과 자질이 물거품처럼 사라지지 않는다면 지배하는 자가 없더라도 만족할 것이다.

그런데 이런 일이 일어나는 것은 피할 수가 없다. 유럽인이 점점 지배하지 않게 되면, 한 세대 반도 지나지 않아서 유럽 대륙과 더불어 세계 전체가 도덕적 해이, 지적 불모, 보편적 야만 상태에 빠져들 것이다. 서구인의 정신을 계속 긴장하게 만드는 것은 오직 지배의 환상과 그 지배가 수반하는 책임 있는 규율밖에 없다.

과학, 예술, 기술 그리고 그 밖의 모든 것은 지배 의식이 주입하는 강장제를 마시며 생명을 유지한다. 이 강장제가 부족하면 유럽인은 기력이 점차 쇠약해진다. 유럽인은 그 동안 모든 삶의 방면에서 위대한 새로운 사고를 획득하도록 대담하고 끈질기게 활기를 불어넣어 주었는데 이제는 그런 신념을 더 이상 갖지 않게 된다. 유럽인은 그날그날 살아가는 하루살이 인생을 면치 못할 것이다. 유럽인은 창의적이고 전문적인 노력을 하지 못하고 항상 과거의 관습과 일상을 답습할 뿐이다. 유럽인은 비잔틴 시대에 몰락한 그리스인처럼 평범하고 인습적이며 공허한 피조물로 전락하게 된다.

창조적 삶은 엄격한 정신 건강, 높은 수준의 품행 그리고 인간의 존엄성 의식을 활성화시키는 자극을 끊임없이 불어넣어준다. 창조적 삶은 곧 활력이 넘치는 삶이다. 이런 삶은 지배자가 되든가 (우리가 지배 기능을 수행하는 전권을 인정하는) 누군가의 지배를 받는 위치에 있다는 것을 느끼든가, 즉 지배를 하든가 복종을 하든가 두 가지 상황 중 어느 하나에 있어야만 가능하다. 복종한다는 것은 묵묵히 순종하는 것이 아니라 (그렇게 하는 것은 자기 비하 행위다) 반대로 지배자를 존중하고 그의 지도를 수용하며, 그와 연대의식을 같이 하며 그의 깃발 아래 열정적으로 참여하는 것이다.

5.
　이제 이 글의 출발점, 즉 최근 유럽의 몰락을 두고 엄청나게 많은 이야기가 오가는 기묘한 사실로 되돌아가 보자. 여기서 놀라운 사실은 이런 몰락 현상은 외부인이 먼저 제기한 것이 아니라 유럽인 스스로가 발견했다는 점이다. 유럽대륙 밖에서는 아무도 유럽 몰락에 대해 생각하지 않고 있는데 독일과 영국, 프랑스의 일부 사람들 사이에서 "우리가 몰락하고 있는 것은 아닌가?" 하는 생각이 어렴풋이 떠오르고 있다. 그 생각은 훌륭한 기삿거리가 되었고, 오늘날에는 모든 사람들이 유럽의 몰락이 마치 기정사실인양 거침없이 이야기하고 있다.
　그런데 유럽의 몰락을 알리는 전단을 붙이고 다니는 사람을 불러서 그렇게 진단하는 구체적이고 명백한 근거가 뭔지 물어보라. 그러면 당신은 그가 모호한 몸짓을 하며 마치 조난당한 사람들처럼 수많은 사람들을 향해 마구 팔을 흔드는 모습을 보게 될 것이다. 사실 그는 무엇을 근거로 대야 할지 모르고 있는 것이다.
　지금 전개되고 있는 유럽의 몰락을 파악하려 할 때 겉으로 드러나는 유일한 사실은 아주 구체적이지는 않지만 오늘날 모든 유럽 국가들이 여러 방면에서 경제적 난관에 직면하고 있다는 것이다. 그러나 이 경제적 난관의 성격을 자세히 살펴보면, 그 어느 것도 부富의 창출에 심각한 영향을 미치지 않으며, 유럽대륙은 이보다 훨씬 더 심각한 위기를 겪어 왔다는 것을 알게 된다.

독일 사람이나 영국 사람은 어느 때보다도 오늘날 아마도 더 많고 더 나은 생산물을 생산할 수 없다고 생각하고 있는 것은 아닐까? 사실은 전혀 그렇지 않다. 그래서 경제 영역과 관련하여 독일 사람이나 영국 사람의 현재 심리상태를 조사해보는 것이 매우 중요하다. 기이한 사실은 그들의 우울한 심리상태가 자신들의 능력이 부족하다고 느낀 데 있는 것이 아니라 오히려 어느 때보다 더 유능하다고 생각하는데도 능력을 충분히 발휘할 수 없도록 방해하는 치명적인 장벽에 부딪쳤다고 느끼는 데 연유한다는 점이다.

현재 독일, 영국, 프랑스 경제에 치명적인 곤경을 초래하는 국경은 각 국가 사이의 정치적 국경이다. 그러므로 진정한 곤경의 근원은 현재 당면한 각종 경제 문제에 있는 것이 아니라 경제적 능력의 발달의 바탕이 되는 사회생활의 형태가 그에 부합하지 않다는 데 있다. 지금 유럽의 활력을 무겁게 짓누르고 있는 위축감과 무력감은 유럽의 거대한 잠재력과 그 잠재력을 발휘하는 바탕인 정치 조직의 형태 사이의 불균형에서 비롯된 것이라고 생각된다. 중대하고 긴급한 문제를 해결하라는 자극은 그 어느 때보다도 강렬한데도 그 자극은 작은 새장 안에 갇혀 있다. 즉 지금까지 유럽은 작은 나라들 안에 속박되어 있다.

오늘날 대륙의 정신을 짓누르고 있는 비관주의와 우울증은 마치 새장 속의 새가 날개를 활짝 펴고 창살을 두드리다가 상처를 입었을 때 느끼는 심정과 흡사하다.

이런 사실은 경제적 요인과는 전혀 다른 요인을 가진 모든 분야에서도 같은 상황이 되풀이되고 있음을 입증한다. 지식인의 삶을 예로 들어보자. 오늘날 독일이나 영국, 프랑스의 모든 '지식인'은 자국의 국경 안에서 갇혀 있다고 느끼며 국적을 절대적 한계라고 생각한다. 요즘 독일 교수는 자신이 속한 독일 교수 사회가 강요하는 저술 유형이 불합리하다는 것을 깨닫고는 프랑스 작가나 영국 수필가가 누리는 표현의 자유를 부러워한다. 그와 반대로 파리의 문인은 문학적 학벌주의와 언어의 형식주의 전통의 종말이 다가온 것을 간파하고 그 전통의 장점을 보존해 가면서 독일 교수의 미덕을 본받아 발전시키려 한다.

국내 정치에도 동일한 현상이 나타나고 있다. 모든 대국들의 정치 생활이 왜 그처럼 쇠퇴하고 있는가 하는 아주 기묘한 문제에 대해 아직까지 날카로운 분석이 이루어지지 않고 있다. 민주주의 제도가 신망을 상실했다는 얘기가 여기저기서 들려온다. 그렇다면 왜 그런 얘기가 들려오는지 분명하게 설명할 필요가 있다. 왜냐하면 그렇게 신망을 상실했다는 것 자체가 매우 기이한 일이기 때문이다.

어디를 가든 의회에 대해 비난하고 있지만, 어느 나라에서도 대응 방안을 내놓은 경우를 보지 못했다. 또한 이상적으로는 바람직해 보이는 유토피아 같은 형태의 국가도 존재하지 않는다. 따라서 신망을 정말로 상실했다고 확고하게 믿어서는 안 된다. 유럽에서 악화되고 있는 것은 사회생활의 도구인 제도가 아니라 그 제도를 이용하여 수행하고 있는 각종 사업이다.

유럽은 각 개인의 삶을 제대로 누릴 수 있는 실효성 있는 프로그램이 갖춰져 있지 않다. 여기서 사람들이 착각하는 것이 있는데 이것을 단번에 뜯어고치는 것이 중요하다. 왜냐하면, 의회의 우둔한 행동에 대해 시시때때로 얘기하는 것을 듣고 있노라면 고통스럽기 그지없기 때문이다. 전통적인 의회 운용 방법에 대해서는 타당한 반대 의견이 여러 가지 제시되고 있다. 그러나 그 반대 의견을 하나하나 검토해 보면, 어떤 것도 의회를 폐지해야 한다는 결론을 정당화하지는 않지만 단호하게 개혁할 필요가 있다는 데는 모든 사람이 공감하고 있음을 알 수 있다.

그런데 어떤 것에 대해 인간적으로 말할 수 있는 최상의 방법은 그것을 개혁할 필요가 있다고 말하는 것이다. 그렇게 말하는 것은 새 생명을 얻으려면 개혁이 불가피하다는 것을 의미한다.

오늘날 우리가 타고 다니는 자동차는 1910년산 자동차에 대한 반대의 결과로서 나온 것이다. 그런데 의회에 대한 민중의 불신은 그 같은 반대에서 비롯된 것이 아니다. 일례로 사람들은 의회는 비효율적이라고 말한다. 그렇다면 '왜 비효율적인지' 따져봐야 한다. 효능은 어떤 도구가 좋은 결과를 낳을 수 있는 효력을 말한다. 의회의 최종 목적은 각국의 공적 문제를 해결하는 해법을 도출하는 것이다. 그러므로 의회의 무능을 주장하는 자는 현재의 공적 문제를 해결할 수 있는 대안을 명확하게 제시해야 한다. 만약 그렇지 않다면, 즉 어떤 나라든지 해야 할 일을 명확하게 설정하지 않는다면, 제도의 비효율성을 비난하는 것은 무의미하다.

역사상 어떤 제도도 19세기 의회만큼 강력하고 효율적인 국가를 만들지 못했다는 사실을 상기할 필요가 있다. 이는 너무나 명명백백한 사실이어서 그것을 망각한다는 것은 명백히 스스로가 바보임을 자인하는 것이나 다름없다. 따라서 의회를 '더욱' 효율적으로 만들기 위한 철저한 개혁의 가능성과 시급성을 의회의 무능과 혼동해서는 안 된다. 의회가 신망을 상실한 것은 우리가 잘 알고 있는 의회의 결함과는 관련이 없다. 그것은 정치적 도구로 간주되는 결함과는 거리가 먼 다른 원인에서 비롯된 것이다. 그 결함은 유럽인들이 의회를 운용하는 방법을 모르고, 사회생활의 전통적인 목표를 존중하지 않는다는 사실, 요컨대 자신을 포위하여 포로로 만든 국민국가에 대해 어떤 환상도 가지지 않는 데서 비롯된 것이다.

많은 사람들에게서 회자되고 있는 이렇게 의회가 신망을 상실하게 된 사실을 조금만 주의 깊게 살펴보면, 영국, 독일, 프랑스 어느 나라 시민도 자신의 국가를 존중하지 않는다는 것을 알 수 있다. 존중받지 않는 것은 제도 내의 세부적인 내용이 아니라 권능을 잃은 국가 자체이기 때문에 그런 세부적인 사항을 변경해봐야 아무 소용이 없다.

유럽인은 자신의 경제적·정치적·지적 기획이 국경에 의해 제약을 받게 되었을 때 비로소 자신의 기획(역동적인 가능성)

이 자신을 에워싼 집단의 규모에 비례하지 않는다는 것을 몸소 느끼게 되었다. 그래서 영국인이나 독일인, 프랑스인은 자신이 변방의 주민에 불과하다고 생각하게 되었다. 이전에는 영국인, 프랑스인, 독일인 모두 각자 자신이 인류 전체라고 생각했기에 과거에 비해 '왜소해졌다고' 느끼게 된 것이다.

이것이 오늘날 유럽인이 몰락하고 있다고 느껴 괴로워하는 진정한 원천이라고 생각된다. 그러므로 그런 느낌은 순전히 심리적인 것이며 역설적이다. 왜냐하면 유럽이 몰락하고 있다는 생각은 자신의 능력은 증가했는데 옛 조직이 그 능력을 수용하지 못하고 제한을 받고 있다는 생각에서 비롯된 것으로 보기 때문이다.

앞서 말한 내용을 뒷받침하기 위해 자동차 제조 같은 구체적인 활동을 본보기로 들어보자. 자동차는 순전히 유럽의 발명품이다. 그런데 오늘날에는 미국 제품이 우수하다. 결론적으로 말하면, 유럽 자동차가 퇴조하고 있는 것이다.

그러나 유럽의 자동차 제조업체는 미국의 제품이 뛰어난 것은 미국 사람의 소질이 우수해서가 아니라 미국 제조업체는 1억 2천만 인구에게 무제한 제품을 팔 수 있는 환경을 가지고 있다는 데 기인한다는 것을 잘 알고 있다. 유럽 전체 국가와 이들의 식민지 및 보호령을 아우른 시장이 유럽 자동차 공장 앞에 펼쳐 있다고 상상해 보라. 5~6억 명의 고객을 대상으로 설계한 자동차가 포드 자동차보다 훨씬 우수하고 훨씬 저렴할 것이라는 데 의심하는 사람은 아무도 없다. 미국 기술이 뛰어난 것은 시장의 범위와 동질성에서 비롯된 것이 아니라 오히려 그것은 결과다.

산업의 '합리화'는 시장 규모에 의해 자동적으로 빚어진 결과다.

그렇다면 유럽의 실제 상황은 이렇게 전개될 것이다. 유럽은 장구하고 화려한 과거를 뒤로 하고 모든 것이 증가하는 새로운 단계에 접어들었다. 그러나 그와 동시에 그 과거에서 살아남은 각종 제도가 확장을 방해하는 장애가 되고 있다. 유럽은 소규모 국가들로 이루어졌다. 어떤 면에서 보면 민족 이념과 정서가 유럽의 가장 특징적인 발명품이라 할 수 있다.

이제 유럽은 자신을 뛰어넘어야 할 시점이 되었다. 이것이 곧 다가올 미래에 상연될 거대한 드라마의 줄거리다. 유럽은 과거의 잔재를 쓸어버릴 것인가 아니면 영원히 그것의 포로가 될 것인가? 역사적으로 위대한 문명이 전통적인 국가 개념을 대체하지 못해 사멸한 예는 이미 존재했다.

6.

다른 곳에서 그리스-로마 세계의 수난과 몰락에 대해 얘기한 적이 있는데 거기서 말한 내용을 좀 더 구체적이고 자세하게 살펴보자.[8] 지금은 다른 관점에서 이 문제를 논의하고자 한다.

그리스인과 로마인은 벌집 속의 꿀벌처럼 도시(폴리스)안에 거주한 상태에서 역사에 등장한다. 이것은 비록 그 기원은 신비에 싸여 있지만 더 이상 고민 없이 출발점으로 삼아야 하는 단

---

8 El Espectador, VI.

순한 사실이다(마치 동물학자가 땅벌은 혼자서 떠돌아다니며 사는 반면 황금벌은 벌집 속에서 무리를 지어 생활한다는 단순한 사실에서 시작하는 것처럼).

우리는 발굴 작업과 고고학을 통해 아테네와 로마가 들어서기 전에 그 땅에 무엇이 존재했는지 알 수 있다. 그러나 순전히 들판으로 이루어졌고 특별한 특징이 없는 선사시대에서 두 반도[로마의 이탈리아반도와 그리스의 발칸반도]에서 생성된 새로운 결실인 도시로 이행하게 된 과정은 여전히 베일에 가려져 있다. 또 선사시대 사람들 그리고 광장을 건설하고 주위가 들판으로 둘러싸인 도시를 건설하는 등 인류 역사에 일대 혁신을 일으킨 이 기묘한 공동체 사이에 인종적으로 어떤 연관이 있는지도 불분명하다. 왜냐하면, 도시urbs와 폴리스polis를 아무리 정확하게 정의하더라도 그런 정의는 마치 구멍을 뚫고 주위를 철사로 단단히 감으면 대포가 된다고 말하는 것처럼 우스꽝스러운 꼴이 되기 때문이다.

그래서 도시나 폴리스는 포럼이나 아고라 같은 빈 공간에서 시작되고, 나머지는 모두 그 빈 공간을 확보하고 경계를 설정하는 수단이 될 뿐이다. 폴리스는 기본적으로 주거 단지가 아니라 시민을 위한 만남의 장소이자 공적 기능을 위한 별도의 공간이었다. 도시는 오두막이나 집처럼 비바람을 피하고 자녀를 기르는 등 개인이나 가정의 일을 위해서가 아니라 공적인 일을 논의하기 위해 지어졌다. 아인슈타인의 공간보다 훨씬 더 새로운 종류의 공간을 발명한 것이다.

그때까지는 단 하나의 공간, 열린 들판만 존재했다. 사람들은 이 공간이 주는 조건에 속박되어 살아갔다. 들판에 사는 인간은 식물과도 같다. 그가 살아가는 것, 즉 그가 느끼고, 생각하고, 바라는 것은 모두 식물이 살아가는 것처럼 나른한 상태에서 계속 졸고 있는 모습을 유지하는 것이다. 이러한 관점에서 보면, 아시아와 아프리카의 위대한 문명들은 거대한 식물인간과도 같다고 할 수 있다.

그러나 그리스-로마인은 들판과 '자연', 식물생태계에서 분리되기로 결심했다. 어떻게 이것이 가능했을까? 어떻게 인간이 들판을 벗어날 수 있었을까? 지구는 하나의 거대하고 경계가 없는 들판인데 어디로 갈 것인가? 이에 대한 답은 아주 간단하다. 들판에 담을 쌓고 표시를 하여 경계가 없는 무정형의 공간에 경계로 둘러싸인 닫힌 공간을 세우는 것이다. 이렇게 해서 광장이 생겨났다. 광장은 들판에 존재하는 동굴처럼 위가 닫힌 '내부 공간'인 집과 같은 것일 뿐만 아니라 순전히 들판에 대한 부정이다. 광장은 둘러싸고 있는 담 덕분에 나머지 부분에 등을 돌려 배제하고 그와 대립하는 들판의 일부가 된다.

경계가 없는 들판에서 벗어나 스스로를 지키는 이 자그마한 반항의 들판은 독특한 공간이자 아주 새로운 종류의 공간이다. 그곳에서 인간은 식물계와 동물계에서 벗어나 이들을 밀어내고, 순수하게 인간을 위한 장소, 시민의 공간을 창조한다. 그래서 위대한 도시인이자 폴리스 정신의 정수인 소크라테스는 "나는 들판의 나무들과는 아무런 관계가 없고 오직 도시인들과 관련이 있을 뿐이다"고 말했다. 인도인이나 페르시아인, 중국인, 이집트인은 이런 사실을 전혀 알지 못했다.

알렉산더 시대와 카이사르 시대[9]까지 그리스와 로마 역사는 합리적인 도시와 단조로운 농촌 두 공간 사이의 그리고 입법자와 농부 사이의 끊임없는 투쟁으로 점철되었다.

도시의 기원에 대한 이런 주장을 기껏해야 내가 발명한 상징적 진리라고 생각하지 말기 바란다. 그리스-로마의 도시 거주자들은 기이할 정도로 기억의 심층부에 집단거주synoikismos에 대한 회상을 끈질기게 보존하고 있다(원문에 대해 걱정하지 않아도 된다. 간단한 번역이면 충분하다). 집단거주는 함께 살고자 하는 결의이다. 따라서 엄밀한 이중적 의미에서 보면 그것은 물리적 의미와 법률적 의미가 결합한 것이다.

시민이 식물처럼 들판에 흩여져 있다가 도시로 모여든 것이다. 도시는 동물의 보금자리나 둥지를 초월한 거대한 집이며, 가정집보다 더 높은 차원의 그리고 더 추상적인 실체이다. 이것은 남녀가 아니라 시민으로 구성된 공화국republica 곧 국가politeia. 동물에게나 적용되는 원시적 차원으로 환원할 수 없는 새로운 차원이 인간에게 주어진 것이다. 이전에 단순한 인간에 불과했던 사람들이 그 안에서는 최상의 에너지를 발휘한다. 이렇게 해서 도시가 출현하고, 최초로 국가가 탄생했다.

어떤 면에서 보면, 지중해 연안 전체에서는 항상 국가가

---

9 BC 4세기와 BC 1세기를 말함 - 옮긴이.

자발적으로 이런 유형을 띠는 경향을 보이고 있다. 북부 아프리카(카르타고는 도시를 의미한다)도 어느 정도 동일한 현상을 되풀이했다. 이탈리아는 19세기까지 도시국가 형태를 탈피하지 못했으며, 스페인 동부 해안지역은 (아마도 옛날 영감의 여운이 남은 탓인지) 분리주의 경향이 심하여 자주 분할되곤 했다.[10]

도시 국가는 구성요소가 비교적 적은 편이어서 국가 원리의 구체적인 성격을 명확하게 파악할 수 있다. 한편, '국가'state라는 말은 역사적으로 유명한 세력들이 안정된 균형 상태에 도달했다는 것을 의미한다. 이런 의미에서 보면 '국가'는 역사의 운동과는 반대의 의미를 내포한다. 즉 국가는 사실상 안정되고 제도화된 정태적인 형태를 말한다. 그러나 이렇게 국가를 고정된 것, 즉 확정되고 불변하는 것으로 보게 되면 모든 균형 상태가 그렇듯이 국가가 탄생되고 유지되는 역동성을 감추어 버린다.

한마디로, 그런 식으로 국가를 정의하게 되면, 제도화된 국가 역시 이전의 운동과 투쟁과 노력의 결과일 뿐이라는 사실을 망각하게 된다. 제도화 과정에 있는 국가는 제도화된 국가에 선행한다는 것이 운동의 원리이다.

이렇듯 국가는 선물처럼 이미 만들어진 것이 아니라 공들

---

10 지금 카탈루냐에서는 유럽 민족주의와 초기 지중해 지역에 잔존해 있는 바르셀로나의 도시주의라는 두 대립되는 경향이 어떻게 합작하고 있는지를 살펴보는 것은 흥미로운 일이다. 이미 다른 곳에서 나는 스페인 동부 해안에는 고대인의 잔재가 남아 있다고 말한 적이 있다.

여서 쌓아가야 하는 사회 형태다. 국가는 인간의 노력과 협력 없이 자연에 의해 형성된 혈통에 기초한 유목민 무리나 부족 또는 그 외의 사회 형태와는 다르다. 그와 반대로 국가는 혈통으로 구성된 자연 사회에서 벗어나려고 노력할 때 시작된다. 혈통을 말할 때는 언어 같은 그 외 다른 자연 원리도 포함된다. 국가는 그 기원에서 보면 여러 인종과 언어들이 혼합되어 구성된다. 국가는 모든 자연 사회를 초월한다. 국가는 여러 혈연과 여러 언어들이 혼합되어 구성된다.

이와 같이 도시는 다양한 민족들의 결합에 의해 형성된다. 그리고는 이질적인 생물학적 기초 위에 추상적인 법체계 같은 동질적인 구조를 부과한다.[11] 물론 법적 통일이 국가를 탄생시키는 운동을 추진하는 것은 아니다. 하지만 그 추진력은 단순한 법률상의 의무보다 더 실질적이며, 혈연으로 결속된 소규모 집단보다는 중요한 사업을 훨씬 더 대규모로 전개한다. 어느 국가든 형성될 당시에는 '대기업 설립자' 같은 위대한 인물이 필요하다.

국가가 탄생하기 직전의 역사적 상황을 유심히 살펴보면 항상 다음과 같은 발달 경로가 발견된다. 즉 사회 구조는 내부에서 생활하도록 설계되어 있는 다양한 소규모 집단이 존재한다. 각 사회 형태는 '내부에서만' 공동생활을 할 수 있게 되어 있다. 이를 통해서 보면, 과거에는 이웃과는 어쩌다가 접촉할 뿐 사실

---

11 법적 동질성이 반드시 중앙 집중화를 수반하는 것은 아니다.

상 고립된 생활을 했다는 것을 알 수 있다.

이런 고립 생활을 하다가 특히 경제 영역에서 '외부'와 공동생활을 하게 되었다. 각 집단의 개인은 더 이상 자기 집단에만 의존하지 않고 부분적이긴 하지만 다른 집단의 개인들과 상업적 및 지적 교류를 하기 시작했다. 그 결과 두 종류의 공동생활, 즉 '내부 생활'과 '외부 생활' 사이에 불균형이 발생하게 되었다. 법, 관습, 종교 등 기존의 사회 형태는 내부 생활에 도움이 되지만, 풍부하고 새로운 외부 생활을 하는 데는 방해가 되었다.

이런 상황에서 볼 때 국가 원리는 내부 생활에 기초한 사회 형태를 폐지하고 새로운 외부 생활에 적합한 사회 형태로 대체하려는 운동이다. 이것을 현재의 유럽 상황에 적용하면 이런 추상적인 표현의 윤곽이 뚜렷하게 나타나 더욱 선명하게 보일 것이다.

특정 민족들이 전통적인 공동생활의 구조를 포기하지 않고 지금까지 존재하지 않은 새로운 생활 형태를 상상해내지 않는다면 국가를 창조할 수가 없다. 바로 이런 점에서 국가는 진정한 창조물이다. 국가는 어떤 경우든 상상 활동에서 비롯된다. 상상력은 인간이 소유한 해방의 힘이다. 어떤 민족이 국가를 형성하느냐 아니냐는 상상력의 정도에 달려있다. 그러므로 모든 민족은 자연이 설정한 상상력의 한계 탓에 국가가 발전하는 데 한계가 있다.

그리스인과 로마인은 여러 지방으로 흩어지는 것을 억제하고 도시를 상상해냈지만 이내 도시 장벽에 갇히고 말았다. 그리스-로마 정신을 더욱 확대하여 도시로부터 벗어나려는 시도가 여러 차례 있었으나 모두 수포로 돌아갔다. 브루투스Brutus[12]

로 대표되는 로마인의 상상력의 한계는 고대의 가장 풍부한 상상력을 대표하는 카이사르를 암살하는 결과를 낳았다. 우리의 역사가 그와 동일한 상황에 처해 있으므로 오늘날의 유럽인들은 이런 이야기를 기억해 두는 것이 중요하다.

7.

고대 세계에는 정말로 명석한 두뇌를 소유한 사람은 아마도 테미스토클레스Themistocles[13]와 카이사르 단 두 명의 정치가밖에 없었을 것이다. 물론 그 외에도 철학자, 수학자, 박물학자 등 많은 문제에 대해 명확한 관념을 가진 사람들도 있었다. 그러나 이들의 명료함은 과학적 문제, 즉 추상적인 것에 대한 명료함이었다. 어떤 과학이든 과학이 말하는 것은 모두 추상적이며, 추상적인 것은 항상 명료하기 마련이다. 따라서 과학의 명료함은 과학자들의 두뇌에 있다기보다는 그들이 말하는 내용과 관련된다.

구체적이고 매우 중요한 현실은 정말로 혼란스럽고 복잡

---

12 브루투스(Marcus Junius Brutus, BC 85~BC 42) : 로마의 정치가. 카이사르의 부장(部長)으로 카이사르의 갈리아 정복으로 갈리아 총독을 지냈으나 카이사르의 독재에 항거하여 살해함. 옥타비아누스의 후계자로 결정되었으나 빌립의 전투에서 패하여 자살함 - 옮긴이

13 테미스토클레스(Themistocles, BC 528?~BC 462) : 고대 그리스의 장군이자 정치가. 집정관이 되어 군항건설과 해군증강에 착수, 아테네를 그리스 제일의 해군국으로 만듦. 또한 아테네 함대를 지휘하여 페르시아 해군을 격파하는 공을 세움 - 옮긴이

하며 그때마다 항상 독특하다. 이런 현실을 이해하고 삶의 방향을 명확하게 설정할 수 있는 사람, 즉 혼란에 빠진 중대한 상황에서 그 아래에서 숨어 있는 움직임을 인지하는 사람, 한 마디로 삶의 방향을 잃지 않는 사람이야말로 진실로 명석한 두뇌의 소유자다. 주위에 있는 사람들을 살펴보면 삶의 방향을 잃고 방황하는 모습을 보게 된다. 그들은 자신에게 어떤 일이 일어나고 있는지 조금도 근심하지 않고 행운 또는 불운의 한복판에서 몽유병자처럼 헤매고 있다.

당신은 그들이 자신과 주위 환경에 대해 단정적으로 말하는 것을 듣게 될 것이다. 이는 그들이 해당 문제에 대해 나름의 견해를 가진 것으로 볼 수도 있다. 그러나 그들이 가진 견해를 분석해 보면 그 견해들은 그것이 언급하고 있는 현실을 전혀 반영하지 않고 있다는 사실을 알게 된다. 좀 더 깊이 분석해 보면 그들은 그런 견해를 현재의 현실에 적용하는 시도조차 하지 않는다는 사실을 발견하게 된다.

그와는 정반대로 그런 개인은 이런 견해를 통해 자신의 삶 자체의 비전마저 차단하려 한다. 왜냐하면, 삶은 애초부터 혼돈 상태에서 방황하는 것이기 때문이다. 그 개인은 이를 의심하면서도 끔찍한 현실에 마주치는 것이 두려워 모든 것이 분명하게 보이는 환각의 장막으로 현실을 감추려 한다. 그는 자신의 '견해'가 진실하지 않다는 데 개의치 않고, 현실이 두려워 쫓아내는 허수아비처럼 그것을 자신의 삶을 보호하는 참호로 사용한다.

두뇌가 명석한 사람은 그런 환각적인 '견해'에서 벗어나 현실을 직시하고 그 안에 있는 모든 것이 문제를 안고 있음을 깨닫고 자신이 길을 잃었다는 것을 자각하는 사람이다. 산다는 것은 길을 잃은 것이라고 느끼는 것은 단순한 진리이다.

그러므로 이를 받아들이는 사람은 이미 자신을 발견하기 시작했으며, 확고한 기반 위에 서기 시작한 것이다. 그는 조난자처럼 본능적으로 뭐든지 붙잡으려고 노력한다. 처참하고 무자비하면서도 애타게 구조를 바라는 진지한 시선은 혼란에 빠진 그의 삶을 질서정연하게 해준다. 이것이 유일하게 진정한 생각, 즉 조난자의 생각이다. 나머지는 모두 수사이자 변죽, 익살이다. 진정으로 길을 잃었다고 느끼지 않는 사람은 어김없이 길을 잃게 된다. 즉 그런 사람은 결코 자신을 발견하지 못할 뿐만 아니라 현실에 맞서지도 않는다.

이것은 모든 면에 해당되며, 심지어 본질적으로 삶으로부터 도피하는 성질을 가진 과학에도 해당된다. (대다수의 과학인들이 과학에 전념하는 것은 삶에 직면하는 것을 두려워하기 때문이다. 그들은 명석한 두뇌의 소유자가 아니다. 그래서 그들은 구체적인 상황에 대해 우둔하기로 유명하다.) 과학적 사고는 어떤 문제에 대해 헤매고 있다고 느낄수록 높은 평가를 받는다. 또 그것의 성질이 불확실하다는 것을 알게 되었을 때 그리고 기존의 처방이나 잠언, 단순한 말 등이 별 도움이 되지 않는다는 것을 깨달았을 때 높은 평가를 받는다.

새로운 과학적 진리를 발견한 사람은 기존에 배웠던 것을 거의 모두 분쇄해야 한다. 또 무수히 많은 진부한 지식을 살육하여 피로 물든 손을 가질 때 새로운 진리에 도달한다.

정치는 인간이 원하든 그렇지 않든 갑자기 나타나는 독특한 상황들로 구성되어 있다는 점에서 과학보다 훨씬 현실적이다. 그러므로 정치는 누가 명석한 두뇌 소유자인지 누가 우둔한지를 잘 구별할 수 있게 해주는 시금석이다. 카이사르는 인류가 겪은 가장 혼란스러운 시기 중 하나로 꼽히는 혹독한 혼란의 시대에 현실의 실체를 이해하는 능력을 가진 최고의 인물로 알려져 있다. 운명의 여신은 카이사르를 더욱 돋보이게 하고 싶었던지 사물을 혼란스럽게 만드는 데 일생을 바친 탁월한 '지성인' 키케로Cicero[14]를 카이사르 옆에 세워 두었다.

로마의 정치 제도는 지나친 행운 탓에 제대로 작동하지 못했다. 이탈리아, 스페인, 북아프리카, 고대 및 헬레니즘 시대 동방 지역을 거느린 여왕 티베르Tiber에 의해 도시는 산산조각 났다. 그곳의 공공기관들은 지방자치단체의 성격을 띠고 있었으며, (마치 요정이 자신을 보호하는 나무가 말라비틀어지지 않게 찰떡같이 붙어 있는 것처럼) 도시와 떼어놓을 수 없는 관계에 있었다.

민주주의는 그 유형과 범위가 어떠하든 초라하기 그지없는 기술적인 세부 사항 즉 선거 절차에 좌우되었다. 나머지 사항

---

14 키케로(Marcus Tullius Cicero, BC 106~BC 43) : 고대 로마의 정치가·작가. 뛰어난 웅변가로 유명하며 정치, 철학, 웅변 등 다양한 분야의 책을 남김. 정의롭고 살기 좋은 나라 '공화국'을 주장했으나 독재 옹호자들에 의해 살해됨 - 옮긴이

은 모두 부차적인 것들이다. 선거제도가 성공한다면, 즉 그것이 현실에 부합한다면 모든 것이 잘 될 것이고, 그렇지 않다면 나머지가 훌륭하게 작동하더라도 모두 잘못될 것이다.

기원전 1세기 초에 로마는 대적할 적수가 없을 정도로 막강하고 부유했다. 그런데도 로마는 어리석은 선거제도를 계속 고집한 탓에 파멸 직전에 있었다. 선거제도가 부실하면 어리석은 제도가 된다. 당시에는 도시만 투표를 하고 농촌 주민들은 선거에 참여할 수 없었다. 로마제국 전역에 흩어져 살고 있는 사람들은 말할 것도 없다. 진정한 선거가 불가능했기 때문에 선거를 조작할 수밖에 없었다. 그리하여 후보자들은 퇴역 군인이나 서커스 단원으로 구성된 갱단을 조직하여 유권자들을 위협했다.

진정한 참정권이 뒷받침되지 않으면 민주주의 제도는 허공에 떠 있게 된다. 말은 허공에 떠 있으며, "공화정은 말장난에 지나지 않는다." 이것은 카이사르가 한 말이다. 행정관은 아무런 권위가 없다. 좌파와 우파 장군들(마리우스 Marius[15]파와 술라 Sulla[16]파)은 하는 일 없이 공허한 독재정권 아래서 쉴 새 없이 서

---

15 마리우스(Gaius Marius, BC 156~BC 86) : 로마의 장군·정치가. 호민관, 법무관, 에스파냐 총독을 역임, 111년 아프리카 유구르타 전란에서 빈민을 모아 조직한 군대를 이끌고 진압에 성공, 104년 이후 통령으로서 여러 파벌과의 전투에서 승리하여 명망이 높아짐. 88~87년 벌족파(閥族派)의 대표인 술라와 투쟁에서 패한 후 로마를 떠났으나, 87년 로마에 귀환하여 술라파를 대학살하고, 86년 7차 집정관직에 복위했으나 곧 병사함 - 옮긴이

로 공격하며 괴롭혔다.

카이사르는 자신의 정책을 설명한 적이 한 번도 없었지만 이를 수행하느라 늘 분주하게 움직였다. 그의 정책은 카이사르 자신이 직접 제시한 것이지 나중에 등장한 카이사르 전체정치 편람에 나오는 것이 아니었다. 그 정책을 이해하고 싶다면 카이사르의 행적을 찾아내서 거기에 그의 이름을 붙여주는 방법밖에 없다. 그 비밀은 그의 주요 공적인 갈리아[17] 정복에 있다. 갈리아 정복에 착수하기 위해 그는 기존 권력에 대항하여 선전포고를 해야 했다. 왜 그랬을까?

당시 권력은 공화주의자 즉 도시국가에 충실한 보수주의자 수중에 있었다. 그들의 정치는 두 가지로 요약된다. 첫째, 로마의 사회생활의 혼란은 로마의 과도한 팽창에서 비롯되었다. 로마 도시로는 그렇게 많은 민족을 다스릴 수 없었다. 새로운 정복은 모두 공화정에 대한 범죄 행위다. 둘째, 국가 제도가 와해되는 것을 방

---

16 술라(Lucius Cornelius Sulla, BC 138?~BC 78) : 고대 로마제국 장군 겸 정치가. 보수 성향의 인물로서 로마의 정권을 장악한 후 종신 독재관이 되어 호민관 및 민회의 권한을 축소하고 원로원 지배체제의 회복을 위한 각종의 개혁을 단행함. 마리우스파와의 권력투쟁에 패해 몰살함 - 옮긴이

17 갈리아(Gallia) : 고대 로마인이 갈리아인이라 부른 켈트족이 BC 6세기부터 살던 지역으로 북이탈리아·프랑스·벨기에 일대를 말함, 포도주·곡물·식료품·도기(陶器) 생산, 직물업·금속업 등으로 크게 발달했으나 마르쿠스 아우렐리우스 황제 때부터 게르만족, 4세기에 알라만족·프랑크족·작센족, 5세기에 부르군트족·서고트족의 침입으로 5세기 말에는 갈리아 전체가 게르만에 점령됨 - 옮긴이

지하기 위해서는 일인 군주Princeps가 필요하다. 우리가 말하는 '군주'prince는 로마인이 말하는 '군주'princeps와 거의 정반대의 의미를 가진다. 로마인은 그를 나머지 사람들과 똑같이 시민으로 이해했지만, 공화정 제도가 원활하게 작동하도록 다른 사람들보다 높은 권력을 부여했다. 키케로는 『공화정』De Republica에서 살루스티우스[18]는 카이사르 회고록에서 국가 통치자, 고위직 관료, 원로원 의장에게 자문을 구하여 모든 정치인들의 사상을 요약한다.

카이사르의 해결 방식은 보수주의자의 해결 방식과는 정반대다. 카이사르는 지금까지의 로마 정복의 결과를 교정하려면 이 엄숙한 운명을 전적으로 수용하여 계속 정복을 수행하는 길밖에 없다고 생각했다. 무엇보다 머지않은 장래에 나약한 동방의 민족보다 더 위험스러운 서방의 새로운 민족을 정복해야 했다. 카이사르는 서방의 야만 민족들을 철저하게 로마화해야 한다고 선언했다.

슈펭글러에 의하면, 그리스-로마 사람들은 시간 개념이 없어서 삶이 시간 속에서 확장되는 것을 볼 수가 없었다. 그들은 현재의 순간에만 살았다. 내가 보기에는 이런 진단은 부정확하

---

18 살루스티우스(Gaius Sallustius Crispus, 86~35 BC) 이탈리아 평민 출신의 로마 역사가·정치가. 사비니어에서 태어나 카이사르 호위대를 지냄. 그는 라틴어로 된 로마 역사서 중 가장 오래된 것으로 알려진 『카탈리나 전쟁』과 『유구르타 전쟁』은 지금도 남아 있음. 주로 그리스 역사가 투키디데스의 영향을 받았으며 아프리카 총독을 지내며 부정 축재로 막대한 부를 축적했다 - 옮긴이

며 적어도 두 가지를 혼동하고 있다. 그리스-로마 사람들은 놀라울 정도로 미래에 대한 안목이 부재했다. 색맹이 붉은색을 못 보는 것처럼 그리스-로마 사람들은 미래를 보지 못했다. 그 대신 그리스-로마 사람들은 과거에 뿌리를 두고 살았다.

그들은 지금 어떤 일을 하기 전에 마치 투우사 라가르티호Lagartijo가 황소를 죽일 준비를 할 때처럼 한 발 뒤로 물러났다. 그리스-로마 사람들은 과거에서 현재 상황에 맞는 모델을 찾고, 자신을 보호하기 위해 과거의 잠수복으로 위장하여 현재의 물결 속으로 뛰어든다. 이와 같이 그들의 삶은 모두 재생再生이다. 그것은 고풍스러운 틀에 박힌 사람의 삶이며, 고대인의 삶은 항상 그러했다. 그러나 그들이 시간에 무감각하다는 것은 아니다. 그런 삶은 다만 미래는 발달이 위축되고 과거는 비대하게 발달하는 불완전한 '시대감각'을 의미할 따름이다.

유럽인들은 항상 미래에 중심을 두었고, 미래야말로 진정한 실체를 가진 시간 차원이라고 생각한다. 우리는 '이전'의 시간이 아니라 '이후'의 시간을 향해 출발한다. 그러므로 그리스-로마인의 삶은 당연히 '시대착오적으로' 보일 수밖에 없다.

현재의 모든 것을 과거 모델의 집게로 잡아내고 싶어 하는 이런 편집증이 고대인에서 현대의 '문헌학자들'로 전이되었다. 현대의 문헌학자들도 미래를 보지 못한다. 그들 또한 뒤를 돌아보며 거기서 모든 현실의 선례를 찾고 있다. 그리고는 자신이 지은 서정시의 언어로 그 선례를 '근원'이라 일컫는다. 내가 이렇게 말하는 이유는 카이사르 초기의 전기傳記 작가들조차 카이사르가 알렉산더를 모방하려고 시도했으며 이 위인을 제대로 이해하려 하지 않았기 때문이다.

그들은 그런 식으로 이해할 수밖에 없었다. 즉 알렉산더가 밀티아데스의 월계관을 생각하며 잠을 이루지 못한 것처럼 카이사르도 알렉산더의 월계관 때문에 불면증에 시달릴 수밖에 없었다. 이 일은 이후에도 계속 이어진다. 항상 뒤로 물러나서 어제의 발자국을 따라 오늘의 발을 내디딘다. 현대의 문헌학자는 고대의 전기 작가를 반영한다.

카이사르가 알렉산더가 이룬 업적을 그대로 따르고자 했을 것이라고 생각한다면 (거의 모든 역사가들이 그렇게 생각했다) 이는 분명 카이사르에 대해 진정하게 이해하기를 포기하는 것이나 다름없다. 사실 카이사르는 알렉산더와 거의 정반대로 행동했다. 그 두 사람의 공통점은 만국을 하나의 왕국으로 건설하려는 생각 단 하나뿐이었다. 그러나 이런 구상은 알렉산더 자신의 생각이 아니라 페르시아에서 넘어온 것이다.

알렉산더의 구상이 카이사르로 하여금 과거의 명성을 한껏 안고 있는 동방으로 향하도록 자극했을 수도 있다. 카이사르가 서방으로 향하기로 결심한 것은 마케도니아 왕[알렉산더]에 반기를 들고 있음을 보여준다. 게다가 카이사르가 품은 뜻은 단지 만국의 왕국이 아니다. 그의 목표는 더 심오한 것이었다. 카이사르는 로마만이 아니라 주변 지역과 속주를 포함한 로마제국의 건설을 원했다.

이는 도시국가의 완전한 초월을 의미한다. 즉 다양한 민족이 협력하여 연대감을 느끼는 국가를 의미한다. 그것은 중심부가 명령을 내리고 주변부가 복종하는 것이 아니라 각 요소가 동시에 국가의 능동적·수동적 주체인 거대한 사회조직체이다. 그것이 바로 근대국가의 모습이며, 이는 카이사르가 미래를 내다보는 비범한 재능을 가졌음을 보여준다. 그것은 공화정의 과두제와 그 군주(이는 동료 중에 1인자일 따름이다)를 초월하는 로마 외부의 반-귀족적 세력을 전제로 한다. 그 같은 보편적 민주주의의 행정 및 대의 권력은 로마 외부에 존재하는 군주정을 형성할 때만 가능했다. 공화정과 군주정! 이 두 용어의 진정한 의미는 역사의 변천과 함께 끊임없이 변화해 왔다. 그렇기 때문에 그것이 지닌 진정한 의미를 파악하려면 각 시대를 하나하나씩 분해하여 해석할 필요가 있다.

카이사르의 충성스런 추종자이자 최측근에서 보필한 사람들은 도시에 거주하는 고풍스러운 정신에 젖어 있는 거물급 인물들이 아니라 속주 주민들 또는 정력적이고 유능한 개인들 같은 새로운 인물이었다. 카이사르의 진정한 충복은 대서양 카디스Cadiz[19] 출신의 사업가 코르넬리우스 발부스Cornelius Balbus였다. 그런데 이 새로운 국가에 대한 구상은 시대를 너무 앞서나가서

---

19 카디스(Cadiz) : 에스파냐 안달루시아 지방에 있는 카디스 주(州)의 주도(州都). 남쪽에서 카디스만(灣)을 둘러싼 듯이 대서양으로 돌출한 반도 끝에 위치하며 BC 11세기경 페니키아인이 건설, 로마가 지배했고, 4세기에 서고트족, 8세기에 아랍인이 지배함 - 옮긴이

사고가 느린 라티움Latium[20] 사람들로서는 그 새로운 구상을 따라갈 수 없었다. 도시 이미지는 감각적인 물질주의로 가득 차서 로마인들이 새로운 정치조직을 '이해하지' 못하게 방해했다. 도시에 살지 않은 사람들이 어떻게 국가를 형성할 수 있단 말인가? 이토록 미묘하고 신비한 새로운 종류의 통일은 어떤 것일까?

거듭 말하지만, 국가는 혈연으로 결합된 사람들이 자발적으로 형성한 공동체가 아니다. 국가는 자연스럽게 흩어져 있던 집단이 공동생활을 할 수밖에 없다고 느낄 때 시작된다. 이러한 의무는 폭력에 의한 것이 아니라 피할 수 없는 목적, 즉 흩어진 집단 앞에 놓인 공동의 과제이다. 국가는 무엇보다도 행동 계획이자 협력 프로그램이다. 사람들은 뭔가를 같이 하기 위해 모인다. 국가는 혈연집단도 언어 통일체도 아니고 영토 통일체도 인접한 거주지도 아니다. 국가는 물질적인 것도, 비활동적인 것도, 고정된 것도, 제한된 것도 아니다. 국가는 순전히 역동적인 것(뭔가를 공동으로 하려는 의지)이다. 이 때문에 국가 이념은 어떤 물리적 제약도 없다.

우리에게 잘 알려진 사아베드라 파하르도Saavedra Fajardo[21]의 재치 넘치는 정치적 구호를 보면 거기에는 화살표가 그려져 있고 그 아래에는 "그것은 흥할 때도 있고 망할 때도 있다"는 문구가 적혀 있다. 그것은 바로 국가the State다.

---

20 라티움(Latium) : 이탈리아 반도 중부 서안에 위치한 곳으로, 테베레 강 유역, 아펜니노 산맥과 티레니아 해 사이에 있는 넓은 평야지대. 초기 고대 로마가 이곳을 중심으로 성장함 - 옮긴이

국가는 [고정되어 있는] 사물이 아니라 [움직이는] 운동이다. 국가는 순간순간 출현했다가 사라진다. 국가는 여느 운동과 마찬가지로 시작점과 종착점이 있다. 어떤 시점에서든 국가의 생애를 분해해 보면 특정한 물질적 속성이나 여타의 것들 즉 혈통, 언어, '자연 경계' 등에 기초한 공동생활의 고리가 발견된다. 정태적 측면에서 보면 "그것이 곧 국가"라고 말할 수 있다. 그러나 이 인간 집단[국가를 말함]은 다른 민족을 정복하여 식민지를 건설하고, 다른 국가와 연합하는 등 공동 작업을 하고 있다는 것을, 즉 매시간 그것이 물질적 원리로 통일된 것이 아니라는 것을 보여주려고 노력하고 있음을 금세 알 수 있다. 그렇게 함으로써 진정한 국가라는 종착점에 도달하게 된다.

진정한 국가의 통일은 자연에 의해 주어진 모든 단일성을 극복할 때 이루어진다. 전진하는 충동을 멈추게 되면, 국가는 자동적으로 굴복하고, 이전에 존재했던 그리고 그 통일의 원천이었던 인종, 언어, 자연 경계 등 물리적 근간은 쓸모없게 되어 국가는 분해, 분산되고, 원자화되고 만다.

매 순간 나타나는 이런 국가의 이중적 측면(이미 존재하는 통일과 구상 중인 통일)만이 국민국가의 본질을 이해할 수 있게 해

---

21 사아베드라 파하르도(Diego de Saavedra Fajardo, 1584~1648) : 스페인 외교관이자 문인으로 신학교 졸업 후 하급 성직자로 있다가 1606년에 장관으로 발탁, 이후 로마 주재 대사관으로 부임함. 신교도와 구교도 간의 30년 전쟁(1618~1648) 시기에 합스부르크 왕가의 몰락(1618)으로 국력이 약화된 스페인의 외교관으로 활약함 – 옮긴이

준다. 국민nation이라는 단어는 근대 이래로 일반적으로 통용되고 있음에도 아직까지 제대로 정의하는 데 성공하지 못한 것 같다. 도시국가는 눈에 확연히 보이는 분명한 개념이다. 그런데 독일인과 갈리아인들 사이에서 생겨난 새로운 유형의 공적 통일 같이 서구의 정치적 영감에 의한 통일은 아주 막연하고 모호하기 짝이 없다.

오늘날의 역사가에 해당하는 당시의 문헌학자는 고풍스러운 표현을 즐겨 사용하고 있어서 눈앞에 전개되는 이 무시무시한 사실을 보고는 마치 카이사르나 타키투스[22]가 알프스나 라인 강 심지어 스페인 너머에서 출현하고 있는 국가들을 로마 용어로 표현하려고 했을 때만큼이나 당혹감을 느꼈을 것이다. 그들은 어느 표현도 적합하지 않는다는 것을 알면서도 그 국가들을 두고 키비타스civitas[23], 겐스gens[24], 나치오natio[25] 등으로 지칭했다.[26] 그것들은 도시가 아니라는 단순한 이유에서 키비타스가 아니다.

---

22 타키투스(Cornelius Tacitus, 55(?)~117(?)) : 로마 시대의 역사가·정치가로 도미티아누스 황제의 공포 시대에 원로원 의원, 97년 네르바 황제 때 최고 행정기관을 지냄. 원수 정치 제도에 반대하고 공화제를 이상으로 삼음. 만년에는 주로 저술 사업에 종사하여 원시 게르만 인의 풍속·습관을 기록한 『게르마니아』는 귀중한 역사 자료로 남아 있음 - 옮긴이

23 키비타스(civitas) ; 도시국가, 시민공동체를 뜻하는 라틴어 - 옮긴이

24 겐스(gens) : 씨족, 종종을 뜻하는 라틴어 - 옮긴이

25 나치오(natio) : 민족, 국민을 뜻하는 라틴어 - 옮긴이

26 다음 글을 보라. Dopsch, Economic and Social Foundations of Europem Civilisation, 2nd ed., 1914, Vol. II, p. 3, 4.

하지만 모호한 용어를 가지고 한정된 영역을 지칭하는 데 사용할 수는 없다. 새로운 민족들은 자신들이 차지하고 있는 땅을 때로는 확장하고 때로는 축소하는 등 자유자재로 변경한다. 그것들은 민족 통일체 ethnic unities(젠스, 나치오)도 아니다, 아무리 먼 옛날로 거슬러 올라가더라도 새로운 국가들은 태생이 서로 다른 집단들로 구성되었다. 그것들은 서로 다른 혈족들이 결합되어 형성되었다. 국민이 혈연 공동체도 아니고 영토를 공유하는 공동체도 아니며 이런 성질을 가진 그 어떤 것도 아니라면 도대체 어떤 것이란 말인가?

항상 그렇듯이 이 경우도 사실을 눈여겨보면 실마리를 얻을 수 있다. 프랑스, 스페인, 독일 같은 '근대국가'의 발전과정을 연구할 때 어떤 점이 눈에 띄는가? 답은 간단하다. 처음에는 민족성의 바탕으로 보였는데 나중에는 그것을 부정한다는 것이다.

처음에는 부족을 국가로 생각했지만 이웃 부족은 국가로 생각하지 않았다. 그런 다음에는 두 개의 부족이 국가를 구성하고, 나중에는 하나의 행정구가 되며 이어 백작령, 공국, 왕국 순으로 발전한다. 레옹León[27]은 국가이지만 카스티야Castilla[28]는 국가가 아니었다. 그 후로 레옹과 카스티야는 국가가 되었지만 아

---

27 레옹(León) 왕국 : 10세기부터 13세기까지 이베리아 반도 북부에 있던 봉건 가톨릭 왕국으로, 718년 건국한 아스투리아스 왕국의 후신 국가로 성장했으며, 1017년 나바라 왕국의 히메네스 왕조 지배권에 있다가 1230년 카스티야 왕국에 통합됨 - 옮긴이

라곤Aragón[29]은 국가가 되지 못했다.

여기에는 분명 두 가지 원리가 있다. 하나는 각자의 언어나 방언을 가진 부족, 지방, 공국, 왕국 같이 가변적이고 끊임없이 교체되는 것이다. 다른 하나는 영구적인 것으로, 이것은 모든 경계를 자유롭게 가로질러 처음에는 근본적으로 대립하는 것까지도 공동으로 협조하는 것으로 가정한다.

문헌학자들(오늘날 '역사가'라고 자칭하는 사람들에게 내가 붙인 명칭이다)은 덧없이 지나간 2~3세기에 이미 서유럽 국가들이 출범하여 베르킨게토릭스Vercingetorix[30]가 프랑스를 생말로Saint-Malo[31]에서 스트라스부르Strasburg[32]까지 그리고 엘 시드 캄

---

28 카스티야(Castilla) 왕국 : 이베리아 반도 북부의 부르고스를 중심으로 시작된 가톨릭 국가로, 1035년 백작령에서 왕국이 되었으며, 1230년 레온 왕국과 연합하고, 1479년 아라곤-카탈루냐 왕국과 연합을 이루어, 1516년 스페인 통일 왕국의 주역으로 역사에 새롭게 등장함 - 옮긴이

29 아라곤(Aragón) 왕국 : 1035년에 라미로 I세가 이베리아 반도의 동북부에 세운 나라. 1479년에 카스티야 왕국과 합쳐 후일 에스파냐 왕국을 이룸 - 옮긴이

30 베르킨게토릭스(Vercingetorix, BC 82~BC 46) : 갈리아 아르베르니족 부족장. 기원전 52년 로마 공화정 카이사르에 맞서 갈리아인 총궐기를 시도했으나 패배하여 포로가 됨. 로마로 압송되어 카이사르 개선식 거행된 후 처형됨 - 옮긴이

31 생말로(Saint-Malo) : 영국해협과 접한 프랑스 북서부 브르타뉴지방의 성벽에 둘러싸인 항구 도시 - 옮긴이

32 스트라스부르(Strasburg) : 프랑스-독일 국경인 라인 강의 4km 서쪽에 있는 도시 - 옮긴이

페아도르El Cid Campeador[33]가 스페인을 피니스테레Finisterre[34]에서 지브롤터Gibraltar[35]까지 확장하기 위해 분투하고 있다고 주장하는데 이것이야말로 어리석기 짝이 없는 주장이다. 이 문헌학자들은 순진한 극작가들처럼 거의 항상 그 영웅들이 30년 전쟁에 출정하기 위해 출발하는 모습을 보여주고 있다.

그들은 프랑스와 스페인이 어떻게 형성되었는지 설명하기 위해 프랑스인과 스페인인의 영혼 깊숙한 곳에 이미 통일체가 존재했다고 가정한다. 마치 프랑스와 스페인이 형성되기 전에 프랑스인과 스페인인이 존재했던 것처럼! 즉 마치 프랑스인과 스페인인이 2천 년 동안 애를 써서 다져온 결과가 아닌 것처럼 말이다!

분명한 사실은 근대국가는 끊임없이 교체될 수밖에 없는 운명에 처한 가변적인 원리가 현재 표출되고 있을 뿐이라는 것이다. 이제는 그 원리가 혈통도 아니고 언어도 아니다. 왜냐하면, 프랑스나 스페인의 혈통 및 언어공동체는 국가 통일의 결과이

---

33 엘 시드(El Cid, 1043?-99) : 11세기경 그리스도교 옹호자로서 무어인과의 전투에서 큰 공을 세운 스페인의 영웅 로드리고 디아스(Rodrigo Díaz) 부여한 칭호 - 옮긴이

34 피니스테레(Finisterre) : 스페인 북서쪽에 위치한 곳으로 오스트리아 왕위계승을 두고 영국과 프랑스 사이에서 전투(1747년)가 벌어진 곳임 7년 전쟁(1761년), 나폴레옹전쟁(1805년) 때(이때는 프랑스-스페인 연합함대)도 양국 사이에 전투가 벌어짐 - 옮긴이

35 지브롤터(Gibraltar) : 이베리아반도 남단에 있는 영국의 해외 영토로 아프리카대륙 사이에 해협이 있으며 지중해에서 대서양으로 나가는 통로로 전략적 요충지 - 옮긴이

지 원인이 아니기 때문이다. 현재는 그 원리가 '자연국경'natural frontier이다. 논리 전개에 능숙한 외교관은 이 자연국경 개념을 자기 논거를 확인하는 최후 수단으로 사용해도 좋다. 그러나 역사가는 그것을 영구적인 보루로 삼아 그 뒤에 숨어서는 안 된다. 그것은 영구적이지도 아주 특별하지도 않다.

위에서 엄밀하게 재기한 그 질문이 무엇을 뜻하는지 잊어서는 안 된다. 지금 우리는 오늘날 흔히 국가nation라고 불리는 국민국가the national State가 도시국가나 그와 정반대인 아우구스투스[36]가 창건한 제국 같은 다른 유형의 국가와 어떻게 구별되는지를 찾고 있다.[37]

---

36 아우구스투스(Augustus, BC 63~AD 14) : 고대 로마의 초대 황제로 황제권을 확립하고 41년간의 통치하면서 내정의 충실을 기하여 로마의 평화시대를 구축하고 라틴문학의 황금시대를 탄생시킴 – 옮긴이.

37 아우구스투스의 제국은 그의 양부인 카이사르가 건설하고자 했던 것과는 정반대라는 것은 잘 알려진 사실이다. 아우구스투스는 카이사르의 정적인 폼페이우스*의 방식을 따랐다. 메이어(E. Meyer)의 『카이사르의 군주정』(The Monarchy of Caesar)과 『폼페이우스의 원수(元首) 정치』(Principate of Pompey. 1918)이 지금까지 그 주제를 다룬 최고의 저작이다. 비록 그 책이 최고이긴 하지만 내가 보기에는 매우 불충분하다. 그 책은 생소한 것이 아니다. 오늘날 어디에서도 그만큼 범위가 넓은 역사가들을 찾을 수 없다. 메이어의 책은 대단한 역사가로 알려진 몸젠(Mommsen)*에 반대하여 쓴 책이다. 그가 몸젠이 카이사르를 이상화하여 초인적인 인물로 만들었다고 말하는 데에는 나름의 이유가 있긴 하겠지만 나는 몸젠이 메이어 자신보다 카이사르 정책의 본질을 더 잘 간파했다고 생각한다. 이것은 놀랄 일이 아니다. 몸젠은 뛰어난 '문헌학자'인데다가 미래주의자로서의 기질이 풍부했기 때문이다. 과거에 대한 통찰력은 미래에 대한 비전에 거의 비례한다.

이 문제를 좀 더 명확하고 간결하게 표현하고 싶다면 다음 같이 말할 수 있다. 어떤 현실적인 힘이 작용했기에 수백만 명의 사람들이 지금 프랑스나 영국, 스페인, 이탈리아, 독일과 같은 공적 권위의 주권 하에 공동생활을 하게 되었을까? 그 공동체는 이질적인 서로 다른 혈족들로 채워졌기 때문에 나라들은 예전의 혈연 공동체가 아니다. 그 공동체는 한 국가 아래 여러 민족들이 모여 서로 다른 언어를 사용하고 있기 때문에 언어 통일체도 아니다. 오늘날 그들이 누리고 있는 인종 및 언어의 상대적 동질성은 그 전에 이루어진 정치적 통일의 결과다. 결과적으로 혈통이나 언어가 국민국가를 태동시키는 것이 아니라 오히려 국민국가가 혈통 및 분절된 언어의 차이를 말끔히 해소시켜 준다.

그런 일은 항상 일어났다. 국가와 예전의 혈통 및 언어 정체성이 일치한 경우는 간혹 있긴 하지만 매우 드물다. 오늘날 스페인은 전국에서 스페인어를 사용하기 때문에 단일 국민국가가 아니다.[38] 아라곤과 카탈루냐 역시 단일 국민국가가 아니다. 왜

---

* 폼페이우스(Gnaeus Pompeius Magnus, BC 106~48) : 고대 로마 장군·정치가. 오랫동안 로마를 괴롭히던 해적을 소탕하고 동쪽을 정벌하여 많은 전공을 세움. 카이사르, 크라수스와 함께 1차 삼두정치를 개시하고, 후에 카이사르와 권력 다툼을 하다 암살당함 – 옮긴이

* 몸젠(Theodor Mommsen, 1817~1903): 독일의 역사가. 고대 로마사를 실증적으로 광범위하게 연구하여 현대 로마 사학의 기초를 확립하고 1902년 노벨 문학상을 받음 – 옮긴이

38 모든 스페인인이 스페인어를 말하고, 모든 영국인이 영어를 말하고 모든 독일인이 표준 독일어를 말한다는 것은 전혀 실제 사실이 아니다.

냐하면, 일정 기간 동안 그 주권이 미치는 영토의 경계가 아라곤어나 카탈루냐어를 사용하는 영토의 경계와 일치했기 때문이다. 모든 현실에서 제기하는 궤변을 받아들여 다음과 같이 추정한다면 우리는 진실에 더 가까이 다가가게 된다. 즉 일정한 영토 안에 있는 모든 언어 통일체는 거의가 과거에 이루어진 정치적 통일의 산물이다.[39] 국가는 항상 위대한 통역관이었다.

이런 사실은 이미 오래전에 밝혀졌다. 그러므로 혈통과 언어를 국가의 토대로 간주하는 고정관념을 고집하는 것이야말로 이상한 일이다. 내가 보기에는 그런 고정관념을 고집하는 것은 부적절할 뿐만 아니라 배은망덕한 처사다. 왜냐하면 프랑스인은 자신이 살고 있는 현재의 프랑스를, 스페인인은 현재의 스페인을 혈통과 언어에 기반한 협소한 공동체를 뛰어넘도록 촉구하는 X원리에 빚지고 있기 때문이다. 따라서 그런 관점에서 보면 오늘날 프랑스와 스페인은 이들 나라를 가능하게 한 것과는 정반대로 구성되었을 것이다.

통일 원리를 혈통과 언어가 아니라 '자연국경' 같은 지리

---

39 여기서는 민족 언어가 아닌 국제 언어인 코이논(Koinón)*과 프랑크 언어(lingua franca)*는 고려하지 않았다.

 * 코이논(Koinón) : 공동 또는 공공을 의미하는 common이 유래한 그리스어 – 옮긴이

 * 프랑크 말(lingua franca) : 이탈리아어·프랑스어·그리스어·스페인어의 혼합어로 레반트(Levant) 지방(동부 지중해 연안 국가; 시리아·레바논·이스라엘 등)에서 사용하는 말로 일반적으로 국제 공통어를 지칭함 – 옮긴이

상의 신비함에서 찾고 영토에 기초하여 국민국가 개념을 설정하는 경우에도 유사한 오류를 범한다. 여기서도 앞서 말한 것과 동일한 착시 현상이 나타난다. 이른바 대륙의 광활한 땅이나 인접한 섬에 세워진 나라들에서 실제 상황의 위험이 나타난다. 사람들은 이런 현실적인 경계를 항구적이고 정신적인 경계로 만들고 싶어 하고, 그 경계들을 자연국경이라고 부르며, 그 '자연성'에 의해 역사가 사전에 신비롭게 결정된다고 본다.

그러나 이런 신비함은 혈통 및 언어 공동체를 국가의 기원으로 보는 추론을 무력화시키는 것과 동일한 추론을 따르면 즉시 사라지고 만다. 몇 세기 전으로 거슬러 올라가 보면 프랑스와 스페인은 불변의 '자연국경'에 의해 여러 소국들로 분리되어 있음을 다시 발견된다. 산악지대의 국경은 피레네 산맥이나 알프스 산맥보다 높지 않고, 수중 장벽은 라인 강이나 도버 해협, 지브롤터 해협보다 넓지 않다. 그러나 이것은 다만 국경의 '자연성'은 상대적일 뿐임을 보여줄 따름이다. 국경의 '자연성'은 당대의 경제적 및 군사적 수단에 좌우된다.

이 유명한 '자연국경'이라는 역사적 실재는 단지 A민족이 B민족으로 팽창할 때 장애가 될 뿐이다. 자연국경은 A민족에게는 공동생활이나 군사행동의 장애물이지만 B민족에게는 방어물이다. 따라서 '자연국경' 개념은 일반적인 국경보다 훨씬 더 자연적이며, 민족 간의 확장 및 무제한 융합의 가능성을 전제로 한다. 그것은 단지 이를 방해하는 물질적 장애물일 따름이다. 오늘날에는 어제의 국경이 프랑스나 스페인 국가의 기초가 되지 않고,

그와 반대로 그것은 통일 과정에서 오히려 장애가 될 뿐이다. 그러나 새로운 운송수단과 전쟁으로 장애물로서 국경의 효과가 무산되었음에도 사람들은 오늘날의 국경에 명확하고 근본적인 성격을 부여하려고 애쓰고 있다.

그러면 국경이 국민국가 형성 과정에서 적극적인 기반으로서 기여하지 못했다면 어떤 역할을 했을까? 그 답은 명확하다. 도시국가와 대조되는 진정한 국가 개념을 이해하는 것이 매우 중요하다. 국경은 이미 달성한 정치적 통일을 계속 공고하게 하는 데 기여해 왔다. 따라서 국경은 국민국가의 출발점이 아니었다. 그와 반대로 처음에는 국경이 장애물이었으나 이를 극복하고 나면 통일을 강화하는 물질적 수단이 된다.

인종과 언어도 역시 동일한 역할을 한다. 국민국가를 구성하는 것은 이런저런 자연 공동체가 아니다. 오히려 국민국가는 통일 과정에서 항상 아주 많은 장애물에 부딪치듯이 다양한 인종과 언어의 반대에 부딪친다. 일단 이런 장애물을 확실하게 극복하고 난 다음에는 인종과 언어가 비교적 통합되어 통일이 공고화된다.

그러므로 전통적으로 국민국가 개념에 따라다니는 그릇된 관념을 불식하고, 국민국가를 구성하는 세 가지 요소를 국민국가의 근본적인 장애물로 간주하는 것 말고는 다른 방법이 없다. (물론 이러한 그릇된 관념을 불식하는 지금 내가 그 오류를 범하는 것처럼 보일 수도 있다.) 국민국가의 비밀은 생물학적 또는 지리적 특성 같은 외적 원리에서가 아니라 국가로서 국민국가 고유의 특징과 국민국가 고유의 정책에서 찾아야 한다는 점에 유의해야 한다.

현대 국민국가가 가진 불가사의한 성질을 어째서 인종이나 언어, 영토 같은 것에 기초하여 이해해야 한다고 생각하는 것일까? 그것은 다만 그 속에서 고대 국가에는 알려지지 않은 개인과 공적 권력 사이의 근본적인 친밀감과 연대감이 발견되기 때문이다.

아테네와 로마에서 국가는 소수의 개인들만이 차지했고, 나머지 즉 노예, 동맹국 주민, 속주 주민, 식민지 주민 등은 그 신민일 따름이었다. 영국, 프랑스, 스페인에서는 아무도 국가의 단순한 신민이 아니었으며 모두가 항상 국가의 참여자이자 동반자였다. 이들이 국가 내에서 연합하는 형식과 동반자로서의 국가의 형식, 무엇보다도 법적 형식은 시대에 따라 매우 달랐다. 특권계층과 비특권 계층 간에 신분과 지위의 차이가 매우 컸다. 그러나 각 시대의 정치적 상황의 실제 현실을 살펴보고 그 정신을 되살려보면, 개인 각자가 국가의 능동적 주체로서 참여자이자 협력자라는 느낌을 가지고 있었음을 분명하게 알 수 있다.

국가는 그 형태가 원시적이든 고대적이든 중세적이든 근대적이든 항상 어느 한 집단이 모종의 공동 사업을 수행하기 위해 다른 집단에게 보내는 초대장이다. 그 사업은 중도에 그만둘 수도 있지만 장기적으로 보면 일정한 유형의 공동생활을 조직했다. 국가와 생활 계획 및 인간 활동 또는 행동 프로그램은 떼어놓을 수 없는 관계에 있다. 한 집단이 다른 집단들과 어떻게 협력하느냐에 따라 다양한 종류의 국가가 생겨난다. 고대국가는 다른 국가와 융합하는 데 성공하지 못했다. 로마는 이탈리아 사람과 속주 주민을 다스리고 교육했지만, 자신과 연합하는 수준으로 발전시키지는 않았다.

도시에서도 시민들과의 정치적 융합을 시도하지 않았다. 공화정 시대에는 엄밀히 말해 원로원의 로마와 평민의 로마 두 개의 로마가 있었다는 사실을 망각해서는 안 된다. 단지 서로 모르는 집단들끼리 왕래하는 것만으로는 국가통일을 결코 이룰 수가 없다. 그리하여 다른 집단의 애국심을 기대할 수 없는 [로마] 제국은 위협 상태에 처했을 때 오직 행정과 전쟁 같은 관료제적 조치를 통해서 대처해야만 했다.

이처럼 그리스와 로마의 집단 모두 다른 집단들과 융합할 수 없었던 것은 여러 가지 심오한 원인에서 비롯되었다. 여기서 그 원인들을 일일이 확인할 수는 없지만 하나의 원인으로 집약할 수 있다. 고대인들은 단순하면서도 소박하게 국가는 통치자와 피통치자 이원 체계로 구분되고 필연적으로 이 둘의 협력을 통해서 구성되는 것으로 해석했다.[40] 로마는 통솔하는 위치에 있었지 복종하는 위치에 있지 않았다. 나머지는 복종하는 위치에 있었지 통솔하는 위치에 있지 않았다. 이렇게 국가는 담으로 둘러싸인 물리적 경계로 설정된 성채 즉 포모에리움pomoerium[41]으

---

40 이것은 언뜻 보면 모순되는 것처럼 보이는 사실, 즉 제국의 모든 주민에게 시민권 부여하는 사실에 의해 확인된다. 그런데 이것은 시민권 부여가 정치적 지위의 성격을 상실하고 국가에 대한 부담 및 봉사로 전락하거나 민법상의 단순한 명의로 전락했을 때 확인되었다. 노예제에 기초한 국가는 그 어떤 것도 기대할 수 없다. 반면에 우리의 '국가들'에게 노예제는 단지 잔재에 지나지 않는다.

로 구체화되었다. 그러나 새로운 민족들은 국가를 물질적인 것으로 해석하지 않는다.

국가는 공동 사업을 계획하는 등 순전히 역동적이며, 뭔가를 수행하는 행동하는 공동체이다. 이렇게 보면, 모든 사람이 국가의 구성원이며, 공동 사업에 참여하는 정치적 주체이다. 인종, 혈통, 지리적 위치, 사회계급 — 이 모든 것은 부차적이다. 국가는 기억이 가물가물할 정도로 오래된 전통적인 (한 마디로 운명이 정해져 있는 고정불변의)정치적 친교단체 같은 과거의 공동체가 아니라 명확한 행동 계획을 가진 미래의 공동체다. 우리가 국가 안에 함께 모이는 것은 어제 함께 했기 때문이 아니라 내일을 향해 나아가고 있기 때문이다. 따라서 서구의 정치적 통일은 고대국가에서 갇혀 있던 모든 한계를 쉽게 뛰어넘는다. 유럽인은 고대인과 달리 미래를 보고 행동하고, 미래를 의식하며 살고, 미래를 바라보며 현재의 행동을 결정한다.

이런 정치적 경향은 필연적으로 아무런 방해를 받지 않고 보다 광범한 통일을 지향하게 된다. 또한 융합하는 능력은 무한하다. 민족들 사이에 융합이 이루어질 뿐만 아니라 (국민국가의 특징적인 현상인) 각 정치집단 내의 모든 사회계급이 융합하게 된다. 국가가 영토 및 민족적으로 확장됨에 따라 내부의 협력은 더

---

41 포모에리움(pomoerium) : 로마시의 성역 (주로 성벽 주위의 빈터로 제례 의식의 장소로 사용됨 - 옮긴이

욱 공고해진다. 국민국가는 그 차이가 정부 형태상의 모든 차이보다 훨씬 확고하다는 점에서 근본적으로 민주적이다.

과거의 공동체를 바탕으로 국가를 정의할 때 혈통, 언어 같은 공통의 전통에다가 '일상적인 국민투표'라는 새로운 속성을 추가했다는 이유로 항상 르낭Renan[42]의 공식을 최상의 정의로 받아들이는 것으로 끝맺는 것을 보면 신기할 따름이다. 그런데 이런 표현의 의미를 명확하게 이해하고 있는 것일까? 그런데 우리는 이제 르낭이 제안한 기호와는 반대되는 의미를 지닌 보다 진실한 기호를 그것에 부여할 수는 없을까?

8.

"과거의 영광과 현재의 의지를 공유하며 거대한 사업을 함께 하고 더 거대한 사업을 추구하는 것이 국민국가 구성에 필수적인 조건이다. 과거는 영광과 회한의 유산을 남기고 미래에는 거대한 사업 계획을 추진한다. 국가의 존재는 일상적인 국민투표에 있다."

---

42 르낭(Joseph-Ernest Renan, 1823~1892) 프랑스의 사상가이자 종교사가·언어학자. 프랑스 실증주의 대표자의 한 사람. 일찍이 신학교를 다녔으나 신학보다도 독일 철학, 특히 헤겔·헤르더에 흥미를 가지게 되어 성직자를 단념, 신학교를 떠남(1848). 이후 화학 등 과학에 관심을 가지고 학술 탐험 여행을 하며(1860~61), 예수 그리스도를 영감을 철학자로 그려 정통 신앙에 위배된다는 이유로 파면됨(1862). 약 10년 뒤에 겨우 복직(1871). 사회비평가로서 그는 종교에서는 초자연적 설명을 배척, 자연 곧 신적(神的)이라 하고, 인간 본래의 자연성을 도덕적이라고 보는 점에서 자연주의적 성향을 띰 – 옮긴이

이것은 우리가 잘 알고 있는 르낭의 말이다. 어떻게 해서 이 말이 놀라울 만큼 유명해졌을까? 분명 마지막 구절 때문일 것이다. 국가가 '일상적인 국민투표'로 구성된다는 생각은 우리에게 해방감을 느끼게 한다. 혈통과 언어, 공동의 과거는 정태적 원리로서 숙명적이고 경직되며 고정되어 있으며, 감옥이나 진배없다. 국가가 이러한 것들로만 구성되어 있고 그 이외의 것은 아무것도 없다면 국가는 우리 배후에 놓이게 되며, 따라서 우리가 관심을 기울일 필요가 없다. 즉 국가는 존재하는 것이지 행동하는 것이 아니다. 따라서 국가가 공격을 받더라도 그것을 방어하는 것은 의미가 없다.

인간은 삶이 좋든 싫든 끊임없이 미래에 깊은 관심을 가진다. 지금 이 순간에도 우리는 다음에 어떤 일이 일어날지 관심을 기울인다. 그러므로 산다는 것은 중단 없이 쉬지 않고 행동하는 것이다. 왜 모든 행동이 미래에 어떤 결과를 가져온다는 것을 깨닫지 못하는 것일까? 과거에 사로잡혀 있으면 그렇게 된다. 우리는 다음 순간에 어떤 일을 실행하기 위해 지금 순간에 과거를 상기한다. 그것이 단지 과거를 다시 살고자 하는 즐거움일 뿐일지라도 말이다. 이 소박하고 은밀한 즐거움이 얼마 전 그토록 바라던 미래의 것으로 우리 앞에 나타났다. 그래서 우리는 "과거의 일을 회상하게 된다." 그러므로 과거를 미래를 향해 나아가도록 하지 않으면 아무런 의미가 없다.[43]

국가가 과거와 현재로만 구성되어 있다면, 국가가 공격을 받더라도 아무도 국가를 방어하는 데 관심을 가지지 않게 된다. 그와 반대로 주장하는 사람이 있다면 위선자이거나 정신이상자일 것이다. 그러나 실제로는 국가는 과거의 매력을 (실재하는 것이든 상상의 것이든) 미래에 투영한다. 미래에도 국가가 계속 존재하는 것이 바람직하다. 때문에 우리는 국가를 방어할 때 적극 동참한다. 이는 혈연이나 언어 또는 공동의 과거 때문이 아니다. 국가를 지키

---

43 이런 관점에서 보면, 인간은 체질상 불가피하게 미래지향적이다. 즉 인간은 기본적으로 미래 속에서 그리고 미래를 위해 산다. 그럼에도 불구하고 나는 고대인은 미래에 상대적으로 폐쇄적이며 유럽인은 상대적으로 개방적이라고 말함으로써 그 둘을 대비했다. 그런데 이러한 구분에는 명백한 모순이 존재한다. 이런 모순은 인간이 양면적인 존재라는 사실을 망각할 때 나타난다. 인간은 한편으로는 있는 그대로의 모습으로 존재하고, 다른 한편으로는 자신이 자신의 진정한 실제 모습과 어느 정도 일치한다고 생각한다. 우리의 생각, 선호, 욕망이 우리의 진정한 존재를 무효화할 수는 없지만 이를 복잡하게 만들거나 변경할 수는 있다. 고대인과 현대인 모두 미래에 관심을 가지고 있지만, 전자는 미래를 과거 체제에 예속시키는 반면 우리는 미래, 즉 새로운 것에 더 많은 자율성을 부여한다. 이런 대비는 존재에서가 아니라 선호에서 나타나며, 현대인을 미래지향적으로, 고대인을 과거지향적으로 규정하는 것을 정당화한다. 유럽인은 '현대'에 들어섰을 때 스스로를 자각하지 못하고 주체를 파악하지 못했다는 것은 주지의 사실이다. 알다시피 '현대'는 새로운 것, 즉 고대 관행을 부정하는 것을 의미한다. 이미 14세기 말에 당대에 가장 민감한 사안들에서 현대성을 강조하기 시작했다. '신비 신학의 전위'의 일종인 현대적 경건주의 운동(devotio moderna)*을 그 예로 들 수 있다.

* 경건주의 운동(devotio moderna) : 유럽 중세 말기에 일어났던 신앙쇄신운동. '현대적 신심(信心)'이라는 뜻으로, 개인적·내면적 그리스도교 신앙을 추진, 1379년 이후 네덜란드의 사제 G. 그로테를 중심으로 정신과 생활을 함께 하는 단체인 '공동생활 형제회'에 의해 추진됨. 그 후 일반 신도운동으로 발전함 – 옮긴이

는 것은 어제를 지키는 것이 아니라 내일을 지키는 것이다.

이 말은 국가란 내일을 위한 훌륭한 계획이라는 르낭의 구절을 그대로 반향한다. 국민투표가 미래를 결정한다. 이 경우 미래가 과거의 지속으로 구성되어 있다는 사실이 문제의 본질을 조금도 바꾸어놓지 않는다. 그것은 다만 르낭의 정의가 과거지향적임을 보여줄 따름이다. 그러므로 국민국가는 고대 폴리스나 혈연에만 기초한 아랍인 '부족'보다 순수한 국가 개념에 더 가까운 원리를 지니고 있다.

실제로 국가 개념 속에는 과거, 토양, 인종과 관련된 요소가 상당히 내포되어 있다. 그러나 이런 이유에서 볼 때 매혹적인 생활 계획에 기초하여 인류를 통일하고자 하는 정신적 원리가 항상 그 안에서 승리한 것을 보면 놀라울 따름이다. 뿐만 아니라 나는 과거의 짐, 즉 물질적 원리의 상대적 제약은 서구의 정신에서 자생적으로 발생한 것이 아니라 낭만주의들이 국가 개념을 현학적으로 해석한 데서 비롯되었다고 말하고 싶다.

만일 중세시대에 19세기 식 국가 개념이 존재했다면 영국, 프랑스, 스페인, 독일은 탄생하지 않았을 것이다.[44] 왜냐하면, 그런 식의 해석은 국가를 추진하고 구성하는 것과 단순히 국가를 통합하고 보존하는 것을 혼동하기 때문이다. 분명히 말하지만 국가를 형성하는 것은 애국심이 아니다. 이와 반대로 생각한

---

44 국민국가 원리는 연대기적으로 18세기 말에 나타난 낭만주의의 첫 징후 가운데 하나이다.

다면 이는 앞서 내가 언급한 바 있고 르낭의 유명한 정의에서도 인정하는 천진난만한 생각이라 할 수 있다.

국가가 존재하는 데 어느 한 인간 집단이 공동의 과거를 되돌아보는 것이 필요하다면, 오늘날의 관점에서 볼 때 과거인 현재에 살고 있는 그 집단을 무엇이라고 불러야 할지 묻고 싶다. 그 집단이 "우리는 하나의 국가다"라고 말할 수 있으려면 분명 공동의 삶이 점차 소멸되어야 한다. 여기서 문헌학자와 기록관 리원의 잘못된 버릇, 즉 과거가 아니면 현실을 인식하지 못하게 방해하는 직업상의 결함이 발견되지 않는가?

문헌학자가 되기 위해서는 과거의 삶이 필요하다. 국가의 경우는 그렇지 않다. 그와는 반대로 국가는 공동의 과거를 갖기 전에 공동의 삶을 이루어야 했고, 또 공동의 삶을 이루기 전에 그것을 꿈꾸고, 갈망하고, 계획해야 했다. 국가가 존재하기 위해서는 설사 달성하지 못하고 숱하게 좌절되더라도 미래에 향한 결의만 있으면 충분하다. 그런 경우를 요절한 국가라 말하는데 부르고뉴[45]가 대표적인 예다.

스페인은 과거와 언어, 인종 면에서 중남미 여러 민족들과 많은 공통점이 있다. 그런데도 스페인은 그들과 함께 하나의 국가를 형성하지 않았다. 왜 그랬을까? 한 가지 본질적인 것은 미

---

45 부르고뉴(Bourgogne): 프랑스 동부의 주(州). 주도는 디종으로 포도주로 유명함. 6세기에 이곳에 있었던 부르군트 왕국에서 지명이 유래함 – 옮긴이

래의 공통점이 없기 때문이다. 스페인은 생물학적으로 유사한 중남미 민족의 관심을 충분히 끌만한 미래를 위한 집단 프로그램을 고안해내지 못했다. 미래를 위한 국민투표는 스페인에 불리했고, 기록보관소, 기억, 선조, '모국 모두 아무 소용이 없었다. 국민투표를 실시할 경우, 그 밖의 다른 것들을 통합하는 데 도움이 되지만 그 이상의 역할은 하지 않는다.[46]

그래서 나는 국민국가 속에는 본질적으로 국민투표의 역사적 구조가 있음을 보았다. 국민투표를 제외한 모든 것은 그 가치가 일시적이고 유동적이며, 국민투표가 매순간 필요로 하는 내용과 형식, 통합을 대변한다. 르낭은 찬란하게 빛나는 마법적인 단어를 발견했다. 이 단어를 통해 우리는 국가의 내면을 음극선을 통해 보듯이 깊숙이 들여다 볼 수 있게 되었다. 그 내면은 두 가지 요소로 구성되어 있다. 하나는 공동 사업에 의한 공동생활의 계획이고, 다른 하나는 사람들이 그 매력적인 사업을 전폭적으로 지지하는 것이다.

이런 전폭적인 지지를 통해 국민국가는 내적으로 더욱 더 견고해진다. 이런 점에서 국민국가는 고대국가와 구별된다. 고대국가는 여러 이질적인 집단에 외부의 압력을 가함으로써 형성되

---

46 지금 우리는 실험실에서 하듯이 거대하고 중대한 실험에 참석하려고 준비하고 있다. 우리는 영국이 대영제국의 각기 다른 부분들에 매력적인 생활 계획을 제시하여 그들을 공동생활을 하는 하나의 주권국가로서 통일을 유지하는 데 성공하는지 지켜보고 있다.

고 유지되는 반면, 국민국가는 '국민들'의 자발적이고 내면적인 응집력에서 활력이 생겨난다. 실제로 이제는 국민이 곧 국가이며, 국가(이것은 민족에게는 새로운 것이자 불가사의한 것이다)를 자신과 무관하다고 생각할 수 없게 된다. 그런데 르낭은 이미 형성된 국가의 지속성을 결정하는 회고적 요소를 국민투표에 부여함으로써 자신의 정의가 성공할 수 있는 기회를 무산시켰다. 나는 그 자취를 바꿔서 지금 막 생성하고 있는 국가에 활력을 불어넣어주고자 한다.

이런 견해는 대단히 중요하다. 사실 국가는 형성되는 경우도 있고 그렇지 않은 경우도 있다. 이런 점에서 볼 때 국민국가는 여타 유형의 국가와는 다르다. 국가는 언제든지 형성, 해체된다. 제3의 상태는 없다. 국가는 특정 시점에서 중대한 사업의 실시 여부에 따라 지지자를 얻기도 하고 잃기도 한다.

따라서 서구 집단들의 열광을 계속 분출시키는 일련의 통일 사업을 되살펴보는 것은 매우 유익한 일이다. 그렇게 하면 유럽인들은 사회생활뿐만 아니라 개인 생활에서도 이런 식으로 생활했으며, 눈앞에 어떤 사업이 펼쳐지는지에 따라 어떻게 활기를 얻는지 알 수 있다.

이 연구는 또 한 가지 점을 명확하게 보여준다. 고대국가에서 국가사업은 그 사업에 참여하는 인간 집단으로부터 충분한 지지를 받지 않았으며, 국가는 항상 자신의 필수적인 한계(부족 또는 도시)에 의해 제약을 받았지만 그 사업은 사실상 아무런 제약을 받지 않았다.

그리하여 페르시아, 마케도니아, 로마 같이 어느 민족이든 지구의 전체를 하나의 주권 단위로 만들 수도 있었다. 그런 통일은 내부적으로 진정한 통일도 아니고 확고하지도 않았기 때문에 정복자는 군사적 및 행정적 방법 외에 다른 어떤 방법도 이용할 수 없었다. 그런데 서구에서 국가 통일 과정은 일련의 냉혹한 단계를 거쳐야만 했다. 유럽에서는 페르시아 제국이나 알렉산더 제국, 아우구스투스 제국 등이 도달한 광대한 제국이 더 이상 가능하지 않다는 사실에 놀라지 않을 수 없다.

유럽에서 국가형성 과정은 항상 다음과 같은 단계를 거쳐 전개되었다.

제1단계 : 이 단계에서는 다양한 민족을 정치적, 도덕적으로 통일하여 국가를 형성하려는 서구의 독특한 본능이 지리적으로 인접한 집단과 인종적, 언어적으로 유사한 집단들 사이에서 싹트기 시작한다. 이는 이런 인접성이 국가의 기초여서가 아니라 인접 집단들의 다양성을 극복하는 것이 수월했기 때문이다.

제2단계 : 새로운 국가가 외부에 있는 다른 민족들에 대해 이방인이나 적으로 간주하여 내부를 공고화하는 단계. 이 단계에서는 국가형성 과정에서 내부의 결집을 도모하기 위해 국가 외부의 민족들과 단절하고 배타적인 태도를 취한다. 이를 두고 오늘날에는 한마디로 민족주의nationalism라 일컫는다. 그런데 다른 민족을 정치적으로는 이방인 또는 적대자로 간주하면서도 실은 경제적, 지적, 도덕적으로는 친교를 맺는다.

민족주의 전쟁은 기술적, 정신적 과정의 차이를 해소하는 데 크게 기여한다. 평소에 적대 관계에 있는 민족이 점차 역사적으로 동질화된다. 적대 민족도 우리 국가와 동일한 인간 집단에 속한다는 의식이 수면 위로 떠오르고 있다. 그럼에도 불구하고 그들은 여전히 이민족이나 적으로 간주하여 적대시한다.

제3단계 : 국가가 완전히 통합되어 공고화되는 단계. 어제 적이었던 민족들을 통합하기 위해 새로운 사업을 실시한다. 그들도 도덕과 이해관계가 우리와 유사하다는 확신과 우리와 함께 더 멀리 떨어져 있는 외부 집단에 대항하여 하나의 민족 집단을 형성할 수 있다는 확신이 점점 더 확고해진다. 이로써 새로운 국가 이념이 한층 더 성숙해진다.

한 가지 예를 들어보면 내가 말하고자 하는 바가 분명하게 드러난다. 이미 엘시드El Cid[47] 시대[48]에 스페인(스파니아Spania)에 국가 개념이 있었다고 흔히 주장되고 있는데 이를 입증하기 위해 이미 수세기 전에 산 이시도로San Isidoro[49]가 '모국 스

---

47 엘시드(El Cid, 1043?~1099) : 중세 에스파냐의 명장. 본명은 로드리고 디아스 비바르(Rodrigo Díaz de Vivar). 시드는 아랍어의 군주(cid)가 어원이다. 카스티야-레온 왕 알폰소 6세를 섬기면서 무어 인과의 싸움에서 이름을 떨쳐 '승리자(Campeador)'라고도 불린다. 그 후 사라고사의 무어 왕국 정치고문이 되어 많은 공적을 쌓았으며 발렌시아를 정복한 후에는 왕과 동등한 지위를 구축함-옮긴이

48 Rodrigo de Bivar, ca. 1040-1099.

49 산 이시도로(San Isidoro, 560~636) : 세비야의 성인으로 중세 말까지 유럽을 지배하던 두 축인 교회와 국가 간의 관계를 정비하고, 교회와 국가 어느 한쪽에 치우치지 않도록 하는 데 크게 공헌함 - 옮긴이

페인' 대해 말한 적이 있다고 덧붙이고 있다. 내가 보기에 이것은 잘못된 아주 어리석은 역사적 관점이다. 엘시드 시대에 레온-카스티야 국가León-Castile State[50]는 아직 형성 중에 있었다.

그래서 이 두 국가의 통일이 그 당시에는 정치적으로 유효한 국가 개념이었다. 반면에 스파니아는 주로 학문적 개념이었으며, 어찌 되었든 로마제국이 서유럽에 심은 풍부한 개념 중 하나였다. '스페인사람들'은 로마가 후기 제국의 한 교구와 행정 단위로 설정해놓은 데 길들여졌다. 그러나 이런 지리적-행정적 개념은 단지 외부로부터 수용한 것이지 내부에서 우러나온 영감이나 미래를 향한 열망에서 나온 것이 아니다.

이런 11세기의 개념에 아무리 많은 실체를 부여하더라도 4세기에 그리스인들이 헬라스 (Hellas : 그리스의 옛 이름-옮긴이) 개념에 부여한 활력과 정확성에는 미치지 못한다는 사실을 인정해야 할 것이다. 그렇더라도 헬라스는 결코 진정한 국가 개념이 아니다. 역사를 올바르게 비교하면 다음과 같다. 헬라스는 4세기의 그리스인을 위한 것이고, 스파니아는 11세기 내지 14세기의 '스페인인'을 위한 것이며, 유럽은 19세기의 '유럽인'을 위한 것이었다.

---

50 카스티야-레온 왕국 : 레온과 카스티야는 11세기부터 12세기에 걸쳐 두 차례 연합왕국을 이루었음. 1198년 카스티야의 공주와 레온 왕 알폰소 9세와 결혼하여, 페르난도 3세를 낳았음. 1217년 어머니에게서 왕위를 이양받은 페르난도 3세는, 1230년 아버지 알폰소 9세의 사망으로 레온의 왕위도 이어받아서 두 왕국이 연합하여 카스티야-레온 연합왕국이 되었음 - 옮긴이

이것은 국가를 통일하려는 시도가 어떻게 그 목표를 향해 마치 멜로디에서 음이 울리듯이 진전되고 있는지를 보여준다. 어제의 단순한 추세가 국가를 형성하려는 열망으로 분출하려면 내일까지 기다려야 한다. 하지만 그때는 분명 다가올 것이다. 이제 유럽인들에게 유럽이 국가 개념으로 전환할 때가 다가오고 있다. 오늘날 이렇게 생각하는 것은 11세기에 스페인의 통일을 예언했던 것보다는 훨씬 덜 유토피아적이다. 서구의 국민국가는 자신의 진정한 영감을 충실히 따를수록 거대한 대륙 국가 안에서 더욱 확실하게 완성될 것이다.

9.
서구 국가들은 유럽이 그 주위에서 일종의 배경으로 떠오르기 시작할 당시에는 현재의 모습을 갖추지 않았다. 이것이 바로 서구 국가들이 르네상스 이래로 통일을 지향하여 움직여 온 풍경이다. 이렇게 유럽이 서구 국가들에게 배경으로 떠오르자 이들 나라는 은연중에 호전적인 성격을 탈피하기 시작했다.

프랑스, 영국, 스페인, 이탈리아, 독일은 서로 싸우는 과정에서 서로에 대항하기 위해 연맹을 결성했으며, 또 새로운 연맹의 결성과 해체를 거듭했다. 이 모든 것은 평상시에는 물론이고 전쟁을 할 때도 대등한 위치에서 서로 협력하며 살았음을 의미한다. 그러나 로마인은 전시에는 물론 평화 시에도 켈트인이나 갈리아인, 브리튼인, 게르만인과 협력을 할 수가 없었다.

역사학은 갈등을, 일반적으로는 정치를 가장 전면에 내세우고, 통일의 씨앗이 싹트는 토양은 항상 맨 끝에 배치한다. 그러나 한 지역에서 전투를 벌이고 있는 동안에도 다른 백 곳에서는 적과 교역을 하고, 사상과 예술, 신앙을 교류했다. 일각에서는 전쟁의 충돌은 단지 하나의 장막일 뿐이고, 그 배후에서는 평화가 분주하게 작동하여 적대국들의 삶을 서로 뒤섞어놓는다고 말하기도 한다. 세대를 거듭할수록 인간의 정신은 점점 더 비슷해져 간다.

좀 더 정확하고 조심스럽게 이렇게 말할 수도 있다. 즉 프랑스인, 영국인, 스페인인의 정신은 당신이 생각하는 만큼 서로 다르고, 앞으로도 다르겠지만, 그들의 심리 구조는 동일하다. 무엇보다도 그들은 내용 면에서도 점진적으로 유사해지고 있다. 또한 그들은 살아가는 데 의지하는 정신적 요소인 종교, 과학, 법, 예술, 사회적·정서적 가치도 공유한다. 그리하여 모두 동일한 주형에 넣고 찍어냈을 때보다도 정신적 동질성이 더 커지게 된다.

오늘날 우리의 정신 구조(의견, 기준, 욕망, 가정)의 목록을 작성해 보면, 그 대부분이 프랑스의 것은 프랑스에서 나오고, 스페인의 것은 스페인에서 나온 것이 아니라 유럽 공동의 구조에서 나왔다는 것을 발견하게 된다. 사실 오늘날 우리는 프랑스, 스페인 등 각 나라 특유의 것보다 유럽 공통의 것에 더 큰 영향을 받는다. 만일 우리가 각자의 '국가' 속에 갇혀 사는 가상의 실험을 하여 평균적인 프랑스인으로부터 대륙의 다른 나라의 영향을 받아 평소에 사용하고 생각하고 느끼는 모든 것을 박탈한다면 그는 두려움에 휩싸일 것이다. 그는 그렇게 혼자서 살 수 없으며, 또한 자신의 정신적 자산의 5분의 4가 유럽의 공동 재산이라는 것을 알게 된다.

지구의 일부에 살고 있는 우리는 지난 4세기 동안 유럽이라는 말이 함축하고 있는 약속을 이행하는 것 외에 다른 어떤 중대한 일을 할 수 있을 것이라고 생각할 수 없다. 이에 반하는 것은 오직 옛 '국가'에 대한 편견, 즉 과거에 바탕을 둔 국가 개념뿐이다. 머지않아 우리는 유럽인이 롯Lot[51] 아내의 후손처럼 뒤로 돌아보며 역사를 만들어가기를 고집할 것인지 지켜볼 것이다.

지금까지 로마에 대해, 일반적으로는 고대 세계에 대해 언급한 것은 우리에게 경각심을 불러일으킨다. 특정 유형의 사람이 일단 자기 머릿속에 국가 개념이 들어오면 버리기가 매우 어렵다. 의식적으로든 아니든 유럽인이 세상에 퍼뜨린 국민국가 개념은 다행스럽게도 문헌학자들이 설교를 할 때 내놓는 학문적인 개념이 아니다.

이제 이 글의 주제를 요약해보자. 오늘날 세계는 심각한 혼란 상태에 빠져들고 있다. 여러 징후들 가운데서 가장 두드러진 전혀 의외의 현상은 대중의 봉기다. 그 기원은 유럽의 혼란에서 비롯되었다. 유럽이 혼란을 겪게 된 데는 여러 가지 원인이 있

---

51 롯(Lot): 구약성서 《창세기》에 나오는 인물로 하란의 아들이며 데라의 손자이고 아브라함의 조카임. 그가 살던 소돔은 죄악이 가득 차서 아브라함의 간구에도 불구하고 야훼의 심판으로 멸망했으나 롯의 가족만은 아브라함의 간구로 구원을 받고 소돔을 탈출. 그러나 롯의 아내는 천사의 훈계를 어기고 뒤를 돌아보다가 소금 기둥이 됨 – 옮긴이

다. 그 주요 원인 가운데 하나는 유럽 대륙이 나머지 세계와 자신에 대해 행사하던 권력이 다른 곳으로 이동한 것이다. 유럽은 더 이상 자신이 지배한다고 생각하지 않고, 나머지 세계도 지배받는다고 생각하지 않는다. 역사적인 통치권이 분산된 것이다. 19세기처럼 명확하고 미리 고정된 명백한 미래를 상정하는 '절정의 시대'는 더 이상 존재하지 않는다. 당시에는 사람들이 내일 무슨 일이 일어날지 안다고 생각했다.

그러나 이제는 누가 지배할지, 권력이 세계를 어떻게 조직할지 알 수 없기 때문에 새로운 미지의 방향으로 지평이 다시 펼쳐지고 있다. 그 누구란 어떤 민족 또는 집단을 말하는가? 즉 어떤 유형의 인종, 어떤 이데올로기, 어떤 선호 체계 · 규범 · 생활양식을 말하는가?

가까운 장래에 인간사가 어느 방향으로 흘러갈지는 아무도 모른다. 따라서 세상의 삶은 매우 일시적이다. 일부 특정 과학의 특정 분야를 제외하면 오늘날 공적 분야 및 사적 분야에서 행해지는 모든 일, 심지어 내면의 양심까지도 일시적이다. 목하 선언되고 지지받고 시행되어 찬사를 받고 있는 모든 것을 신뢰하지 않는 자가 현명한 사람이다.

스포츠에 대한 열광에서 정치 폭력에 이르기까지 그리고 '신예술'에서 우상을 숭배하듯이 유행을 좇는 해변의 일광욕에 이르기까지 모든 것이 나타나자마자 곧바로 사라진다. 그런 것들은 모두 뿌리가 없다. 그것은 나쁜 의미에서 보면 순전히 꾸며낸 것으로 유행 따라 바뀌는 변덕과도 같다. 그것은 견고한 삶의 토대 위에 세워진 창조물이 아니며, 진정한 자극이나 욕구도 아니다. 한마디로, 삶의 관점에서 보면, 그것은 허위다.

우리는 진정한 모습을 보이려고 노력하는 동시에 위선적인 행동을 하는 모순적인 생활양식 속에 있다. 진실한 행동이 진정으로 필요하다고 느끼는 삶에만 진실함이 있다. 오늘날 정치인들 가운데서 자신의 정책이 불가피하다고 느끼는 자는 아무도 없으며, 그의 태도는 극단적이고 경솔할수록 운명의 영향을 덜 받는다. 오직 대지에 뿌리가 고정되어 있는 삶, 즉 오직 자생적으로 살아가는 삶만이 불가피하게 행동하는 삶이다. 나머지 모든 삶, 즉 우리 힘으로 취하거나 버리거나 다른 것으로 교체하는 삶은 모두 그저 거짓된 삶이다.

오늘날의 삶은 과거의 조직과 미래의 조직 두 역사적 지배 사이의 공백기가 낳은 결실이다. 때문에 오늘날의 삶은 본질적으로 일시적이다. 남자들은 어떤 제도를 진정으로 섬겨야 하는지 모르고, 여자들은 어떤 유형의 남성을 진정으로 따라야 하는지 모른다.

유럽인은 거대한 통일 사업에 뛰어들지 않고서는 살아갈 수가 없다. 그렇게 하지 않으면, 퇴화하고, 느슨해져 정신이 마비된다. 오늘날 우리 눈앞에 이런 일이 벌어지고 있다. 오늘날까지 국가로 알려진 집단의 팽창은 약 한 세기 전에 정점에 달했다. 이제는 그 이상으로 진화하는 것 말고는 아무것도 할 일이 없다.

그것은 유럽 주위에 있는 모든 것을 끌어 모아 가두어놓은 과거에 다름 아니다. 우리는 그 어느 때보다 자유를 맘껏 누리고 있으면서도 국가 안에 밀폐된 공기 속에서 호흡곤란을 느끼고 있다. 이전에는 국가nation가 하늘에서 부는 바람에 모든 것이 열려 있었는데 지금은 하나의 지방 즉 밀폐된 공간으로 변모했다.

삶의 새로운 원리가 필요하다는 것은 누구나 느끼고 있다. 그러나 위기 상황에 처했을 때 언제나 그렇듯이 어떤 사람들은 이미 효력을 상실한 원리를 인위적으로 강화하여 위기 상황을 벗어나려 한다. 최근 몇 년 사이에 분출한 '민족주의'가 대표적인 경우다. 거듭 말하지만, 현실은 언제나 그렇게 전개되었다. 마지막 불길이 가장 오래 가고, 마지막 탄식이 가장 깊게 마련이다. 군사적·경제적 국경은 소멸되기 직전에 더욱 강화된다.

그러나 민족주의는 모두 막다른 골목이다. 그것을 미래에 투사해서 어떤 일이 일어나는지 지켜보라. 그것은 빠져나갈 출구가 없다. 민족주의는 항상 국가 건설의 원리와는 반대 방향으로 가려고 노력한다. 민족주의는 배타적인 경향을 띠지만 국가 건설 원리는 포용적인 경향을 띤다. 그렇지만 국가가 공고화되는 시기에는 민족주의가 고결한 규준으로서 긍정적인 역할을 한다.

그러나 유럽에서는 모든 것이 공고화가 완료된 상태이기 때문에 민족주의는 일종의 강박관념일 뿐이다. 즉 그것은 새로운 뭔가를 그리고 어떤 거창한 사업을 발명해야 할 필요성을 회피하기 위한 구실에 지나지 않는다. 민족주의는 그 원시적인 행동 방식과 그것을 찬양하는 사람의 유형을 보면 역사 창조에 반한다는 것이 드러난다.

대륙의 여러 민족 집단이 하나의 거대 국가를 건설하겠다고 결의할 때만 유럽의 맥박이 다시 뛰게 된다. 유럽은 다시 자신을 신뢰하고, 많은 것을 요구하며 자진해서 단련하기 시작할 것이다. 그런데 일반적으로 느끼는 것보다 상황이 훨씬 심각하다. 유럽은 해를 거듭할수록 지금 퇴조하고 있는 삶에 점점 익숙해져서 다른 나라도 자신도 지배하지 않는 데 길들여질 위험에 처해 있다. 그렇게 되면 유럽의 모든 미덕과 높은 능력이 허공으로 사라져 버리고 만다.

그러나 국가-형성 과정에서 늘 그랬듯이 보수적인 계급은 유럽의 통합에 반대한다. 보수적인 계급은 유럽의 통합이 파국을 초래한다고 생각한다. 왜냐하면 그렇게 되면 유럽은 확실히 쇠퇴하여 모든 역사적 동력을 잃을 것이라는 일반적인 위험에다가 보다 구체적이고 임박한 위험이 하나 더 추가되기 때문이다. 러시아에서 공산주의가 최종적으로 승리하자 많은 사람들은 서구 전체가 붉은 물결에 휩싸일 것이라고 생각했다. 나는 이런 견해에 동조하지 않는다. 반대로 그때 나는 러시아 공산주의는 전 역사에 걸쳐 개인주의를 지키기 위해 모든 에너지를 쏟아부은 유럽인에게는 어울리지 않는다고 썼다.

세월이 흐르면서 한동안 두려움에 휩싸였던 사람들이 평정을 되찾았다. 하마터면 평정을 완전히 잃었을 수도 있는 바로 그 순간에 평정을 되찾은 것이다. 왜냐하면, 지금이야말로 압도적인 승리를 거둔 공산주의가 유럽 전역에 퍼질 수 있는 때이기 때문이다.

예전과 마찬가지로 지금도 러시아 공산주의 신조는 유럽인들에게 아무런 관심도 매력도 없을 뿐만 아니라 바람직한 미래를 가져다주지도 않을 것이다. 이는 고집이 세고 부주의하며 사실을 무시하는 공산주의 사도들이 자주 엉뚱한 주장을 하는 사소한 이유 때문이 아니다. 서구 부르주아지는 공산주의가 없더라도 자신의 수입만으로 살다가 자녀들에게 물려줄 수 있는 사람이 날마다 줄어든다는 것을 아주 잘 알고 있다.그렇다고 유럽이 러시아 사회주의의 신조에 대해 면역력을 가지고 있는 것도 아니고 두려움을 가지는 것은 더더욱 아니다.

20년 전에 소렐Sorel[52]이 자신의 폭력 전술의 기초로 삼았던 기반이 오늘날에는 아주 어리석은 것으로 보인다. 부르주아지는 소렐이 생각한 것처럼 겁쟁이가 아니며, 오늘날에는 노동자들보다 더 폭력적인 경향을 보이고 있다. 볼셰비즘이 러시아에서 승리한 것은 러시아에 부르주아가 부재했기 때문이라는 것은 누구나 아는 사실이다.[53]

---

52 소렐(George Sorel, 1847~1922) : 프랑스 사회주의 운동가이자 무정부주의 사상가. 에콜 폴리테크니크를 졸업하고 25년간 토목기사로 근무하다가 1895년부터 문필생활을 시작, 노동운동의 이론적 근거를 구축하여 프랑스의 대표적 사회주의자로 발돋움하며 혁명적 생디칼리슴의 이론적 기초를 세움. 1910년경부터 프랑스 노동운동이 의회주의로 기울어지자 실망하여 파시즘 옹호자로 변신, 만년에 러시아혁명에 자극을 받아 다시 사회주의로 돌아오는 등 마르크스, 프루동, 베르그송, 니체 등을 융합한 복합적인 사상가로 알려짐. 주요 저서로 『폭력론』(1908), 『레닌의 변명』(1919), 『실용주의의 효용』(1921) 등이 있음 - 옮긴이

53 이것은 마르크스주의적 사회주의와 볼셰비즘이 공통분모를 거의 갖지 않는 별개의 역사적 현상이라는 것을 충분히 확인시켜 준다.

프티부르주아 운동의 일종인 파시즘은 모든 노동운동을 합해놓은 것보다 더 폭력적인 모습을 보여주었다. 이런 사실이 유럽인을 공산주의에 빠져드는 것을 막아주는 것이 아니다. 거기에는 훨씬 단순한 한 가지 이유가 있다. 유럽인들은 공산주의 조직 안에서 인간의 행복이 증진되는 것을 보지 못했기 때문이다.

그럼에도 거듭 말하지만 앞으로 몇 년 사이에 유럽은 볼셰비즘에 크게 열광할 수도 있다. 이는 볼셰비즘[의 장점] 때문이 아니라 볼셰비즘이 [단점이 있음에도] 불구하고 그럴 것이다. 소비에트 정부가 엄청난 노력을 기울여 추진하는 '5개년 계획'이 기대를 충족하여 러시아 경제상황이 회복되고 나아가 훨씬 번영할 것이라고 상상해보라.

볼셰비즘은 그 내용이 어떠하든 거대한 인간 사업을 표방한다. 그 속에서 사람들은 그 개혁의 목적을 결연히 받아들이고 그 신념이 주입하는 규율 아래서 긴장하며 살아간다. 만일 인간의 열정에 전혀 영향을 받지 않는 자연의 힘이 이런 시도를 좌절시키지 않고 자유롭게 행동할 수 있는 기회를 부여한다면, 불가사의한 성질의 거대한 사업은 마치 새롭게 타오르는 별자리처럼 대륙의 지평선을 밝게 비추어줄 것이다.

그러는 사이에 유럽은 새로운 삶에 대한 아무런 계획도 없이 지난 몇 년 동안 식물처럼 무위도식하고 운동 부족으로 근육이 쇠약해졌다. 만일 이런 상태가 지속된다면, 들불처럼 사방으로 번지고 있는 그 굉장한 사업의 영향력에 어떻게 대응할 수 있겠는가? 반대의 깃발을 내세울 만한 대의명분도 없는데 새로운 행동을 촉구하는 소리를 태연하게 듣기를 기대하는 것은 유럽인을 잘못 이해하고 있기 때문이다. 무언가가 삶에 의미를 부여해준다면 공산주의에 대한 반대를 철회하는 것이 불가능하지만은 않다. 이는 그 신조의 내용 때문이 아니라 그것이 행동의 열기를 고취시키기 때문이다.

내가 보기에는 유럽을 거대한 국민국가로 건설하는 일이야말로 [러시아 공산주의의] '5개년 계획'의 성공에 맞설 수 있는 유일한 사업이 될 것이다. 정치경제학 전문가들은 그 계획이 성공할 가능성은 거의 없다고 확신한다. 그러나 반공주의가 적이 물질적 곤경에 처하기만을 기대한다면 그것이야말로 쇠락의 징조가 될 것이다. 공산주의가 실패한다면 그것은 인류 전체의 파멸에 맞먹을 수도 있다. 공산주의는 엉뚱한 도덕규범이긴 하지만 분명 하나의 도덕규범이기 때문이다. 그 슬라브족의 규범에 대해 유럽인의 새로운 규범으로, 즉 새로운 생활 프로그램을 고취시켜 대항하는 것이 훨씬 가치 있고 유익한 일이 아닐까?

제15장 현실적인 문제에 도달하다

문제는 유럽에 도덕규범이 사라졌다는 데 있다. 즉 대중은 낡은 도덕규범을 폐기하고 새로운 도덕규범으로 교체한 것이 아니라 자신의 생활방식의 중심에 어떤 도덕규범도 갖지 않고 살아가기를 열망하고 있는 것이다. 젊은이들이 '새로운 도덕'에 대해 얘기하더라도 한 마디도 믿어서는 안 된다. 나는 오늘날 대륙의 어느 구석에도 도덕규범을 갖춘 새로운 에토스에 고취된 집단이 존재한다는 사실을 단호히 부인한다. 사람들은 겉으로는 '새로운 도덕'을 얘기하면서도 실은 부도덕한 행동을 하고 밀조하기 위한 손쉬운 수단을 찾는데 골몰하고 있다.

  때문에 오늘날 사람들에게 도덕규범이 부족하다고 비난하는 것은 순진한 생각일 수도 있다. 그렇게 비난하더라도 그는 전혀 신경 쓰지 않고, 오히려 우쭐한 표정으로 부도덕한 행동을 일삼는다. 부도덕하게 행동하는 것은 그에게 일상사가 되었고, 그렇게 하는 것을 모든 사람에게 자랑하고 다닌다.

  만일 이 글에서 얘기한 대로 과거로부터 살아남은 모든 집단(기독교인, 이상주의자, 종래의 자유주의자)을 제외하면, 현재 시대를 대표하는 모든 집단들은 온갖 권리를 행사하면서도 의무는 전혀 이행하지 않으려 한다. 그들이 반동주의로 위장하든 혁명주의로 위장하든 아무런 상관이 없다. 그들은 능동적으로든 수동적으로든 한 두 차례 비틀고 단호하게 모든 의무를 무시하고 아무런 이유도 없이 무한한 권리를 가졌다는 정신 상태에 빠지게 된다.

그런 정신에 빠지면 그 내용이 어떠하든 동일한 결과를 낳고, 어떤 구체적인 목적에도 순응하지 않겠다는 구실로 변모한다. 만일 어떤 사람이 반동주의자나 반자유주의자라고 자처한다면 이는 국가 State를 구원하는 일이라면 다른 모든 권리를 억제해도 되고, 나아가 이웃이 아무리 뛰어난 인격체라하더라도 억압할 수 있는 권리를 가진다는 것을 단언하기 위해서일 것이다. 그가 혁명가를 자처하더라도 결과는 동일하다. 그는 육체노동자, 고통 받는 자, 사회정의에 대한 열정을 내세워 예의범절과 정직함을 거부하고 무엇보다도 뛰어난 개인에 대한 존경이나 존중 등 모든 의무를 거부하도록 조장하는 가면으로 이용한다.

단지 지성을 멸시하고 지성에 경의를 표하는 것을 회피하기 위해 이런저런 노동자조직에 가입한 사람들이 있는데 나는 그들을 아주 잘 알고 있다. 우리는 지금까지의 독재 정권들은 대중의 취향에 영합하기 위해 우월하다고 보이는 것이라면 모두 짓밟아 버리는 것을 심심찮게 목격해 왔다.

이처럼 모든 의무를 회피하는 것은 우리 시대의 '청년' 강령에서 나타나는 한편으로는 우스꽝스럽고 한편으로는 수치스러운 현상을 부분적으로 설명해준다. 우리 시대에는 아마도 이만큼 우스꽝스러운 광경도 없을 것이다. 사람들은 우습게도 자신을 '청년'이라고 부른다. 왜냐하면 청년은 원숙한 성년이 될 때까지 의무 이행을 미룰 수 있어서 청년에게는 의무보다 권리가 더 많다고 들어왔기 때문이다.

청년은 과거나 현재나 항상 중요한 결정에서 면제되는 것으로 간주되었다. 청년은 항상 신용으로 살아 왔다. 그것은 청년이 아닌 사람이 손아랫사람에게 베푸는 반쯤은 얄궂고 반쯤은 인정 많은 일종의 허위 권리였다. 그런데 지금은 놀랍게도 청년들은 이미 어떤 업적을 이룬 사람만이 가지는 다른 모든 권리를 자신의 권리라고 주장하며 그 허위 권리를 실제 권리로 받아들이고 있다.

거짓말처럼 보일 수도 있지만, '청년'은 일종의 공갈chantage 같은 것이 되었다. 사실 우리는 폭력과 풍자가 서로 보완적인 관계에 있는 시대에 살고 있다. 어떤 태도를 취하든 목표는 항상 동일하다. 요컨대 하위계층, 즉 대중은 상위계층에 대한 모든 복종에서 벗어나려 한다.

현재의 위기를 두 종류의 도덕 또는 문명 간의 갈등, 즉 쇠퇴하는 도덕 또는 문명과 싹트고 있는 도덕 또는 문명 간의 갈등으로 제시하더라도 그것은 고상하게 보이지 않는다. 대중에게는 단지 도덕이 없을 따름이다. 이때 말하는 도덕이란 본질적으로 항상 어떤 것에 복종하고자 하는 느낌을 가지는 것, 즉 어떤 것을 섬기고 의무를 의식하는 것이다. 그러나 '단지'라는 말을 붙이는 것은 잘못된 생각일 수도 있다. 왜냐하면, 이런 유형의 인간[대중]에게는 도덕 없이 행동하는 것만이 문제가 아니기 때문이다.

그의 행동을 너무 쉽게 처리해서는 안 된다. 도덕을 그렇게 힘들이지 않고 손쉽게 없앨 수는 없다. 무도덕amorality이라는 단어는 문법상으로 맞지 않을 뿐만 아니라 존재할 수가 없다. 어떤 규범에도 복종하지 않으려면 좋든 싫든 모든 도덕을 거부하는 규범에 복종해야 한다. 이것은 무도덕한 amoral 것이 아니라 부도덕한 immoral 것이다. 그것은 텅 빈 형식만을 간직하고 있는 도덕의 부정a negative morality이다. 어떻게 해서 무도덕한 삶을 믿고 따르게 되었을까? 확언컨대 모든 근대 문화와 근대 문명이 그런 믿음을 심어주었기 때문이다. 유럽은 지금 자신의 정신적 행동이 뿌린 결과를 고통스럽게 거두고 있다. 유럽은 웅장하긴 하지만 뿌리가 없는 문화를 맹목적으로 받아들였다.

이 글에서는 주로 특정 유형의 유럽인이 행하는 행동을 그가 태어난 문명에 관련하여 분석함으로써 그의 모습을 묘사하고자 했다. 이렇게 하는 이유는 그런 개인은 옛 문명과 싸우는 다른 문명을 대표해서가 아니라 단지 그것에 대한 부정만을 대표하기 때문이다. 그러므로 그의 심리구조의 초상을 "근대 유럽 문화의 근본적인 결함은 무엇인가?" 같은 거창한 질문과 뒤섞어놓는 것은 우리의 목적에 부합하지 않는다. 왜냐하면, 현재의 지배적인 인간 유형도 처음에는 분명 결함을 가졌기 때문이다.

이런 거창한 문제를 이 글에서 다루는 데는 일정한 한계가 있다. 이 문제를 다루려면 중심 사상의 경우처럼 인간에게 속삭이며 주입되어 뒤섞인 교리를 하나하나 파헤쳐 가야 한다. 어쩌면 머지않아 그 교리를 큰 소리로 외치게 될 것이다.